叶俊 著

狂欢与希望

“村超”的文化想象力

学习出版社

图书在版编目（CIP）数据

狂欢与希望 ： “村超”的文化想象力 / 叶俊著.
北京 ： 学习出版社， 2025. 6（2025. 7 重印）. -- ISBN
978-7-5147-1326-8

Ⅰ. G843

中国国家版本馆CIP数据核字第2025T1D679号

狂欢与希望：“村超”的文化想象力

KUANGHUAN YU XIWANG: “CUNCHAO” DE WENHUA XIANGXIANGLI

叶　俊　著

责任编辑：李　琳
技术编辑：刘　硕

出版发行：学习出版社
北京市崇外大街11号新成文化大厦B座11层（100062）
010-66063020　010-66061634　010-66061646
网　　址：http://www.xuexiph.cn
经　　销：新华书店
印　　刷：北京中科印刷有限公司

开　　本：710毫米×1000毫米　1/16
印　　张：17.75
字　　数：264千字
版次印次：2025年6月第1版　2025年7月第2次印刷

书　　号：ISBN 978-7-5147-1326-8
定　　价：76.00元

当我们讨论“村超”时我们在讨论什么

余清楚

一年内，我曾5次到榕江县看“村超”，有幸被聘为贵州“村超”品牌发展顾问。叶俊与我同是江西老表，他请我作序，我欣然答应。从2023年5月开始，贵州省榕江县“村超”火爆出圈，全网综合浏览量超850亿次。习近平总书记在2024年新年贺词中，特别赞扬“村超”“村晚”活力四射，诠释了人们对美好幸福的追求，也展现了一个活力满满、热气腾腾的中国。2025年3月全国两会结束后，习近平总书记立即到贵州考察，指出，贵州“村超”“村BA”这些文体活动群众喜闻乐见，一定要完善好培育好发展好。

榕江乡村足球赛事，有悠久的历史，有深厚的群众基础。县委书记徐勃也是江西老表，在鄱阳湖畔长大，年轻有为，敢想敢干，创新策划，适时推出一项全新的乡村足球超级联赛。两年来，“村超”从最初的自制球场到如今火爆全网，不断演变和发展榕江的足球文化，成为具有广泛影响力的乡村体育文化现象。目前“村超”的赛事规模不断扩大，从最初几个村庄之间的友谊赛，到如今吸引来自全省乃至全国的球队参与的大型赛事，再到全世界许多国家的球员和足球爱好者蜂拥而至。“村超”已成为我国乡村振兴的一个标志，成为我国对外交往的一张名片。“村超”是乡村振兴的生动阐释和基层实践，也是中国式现代化视阈下乡村振兴的一个典范。

忽如一夜春风来，千树万树梨花开。近年来，在“村超”“村 BA”带动下，“村”字头赛事在贵州全省各地如火如荼地开展起来，为贵州的乡村文化、乡村振兴增加了新的赛道，平添了新的风采。据了解，除了“村超”“村 BA”，凯里的“村 T”、务川的“村光大道”、三都的“村马”、丹寨的“村舞”、黎平的“村歌”等“村”字头赛事正勃然兴起，在黔贵大地的山山水水、村村寨寨铺展开来，呈现出贵州乡村经济发展的繁荣局面，铺展开农村文化振兴的美丽画卷。相关研究论文与专著也纷纷面世，涉及“村超”的参与人员、运作方式、传播效果等诸多方面与细节，对其出圈原因和可复制性的论证已相当充分。

“村超”的火爆出圈为乡村振兴研究者和田野调查学者带来一系列可供挖掘、可供研究的课题。为何榕江成为“村超”的发源地？当地政府、球队、群众、游客在“村超”中扮演了怎样显眼或隐蔽的角色？到底是什么因素和元素影响、推动“村超”成为大众喜欢、媒体关注的“爆款”现象？

青年学者叶俊以榕江这片神奇的土地和“村超”发展的故事为背景，从理论和历史两个维度详细解答了上述问题。作者以细腻的笔触和生动的叙述，将“村超”赛事的起源、发展及其与当地自然环境、民族文化、社会变迁之间的紧密联系娓娓道来。本书通过田野调查、深度访谈、座谈等研究方法，对“村超”所在地榕江县委及宣传部门有关负责同志、主流媒体、“村超办”、新媒体专班以及球员、村民、市民、游客、企业家等群体进行了访谈，深入了解“村超”的历史渊源、文化传承、台前幕后，从而分析“村超”出圈所蕴含的文化内涵。

在互联网广泛应用、人工智能日新月异、全球性问题层出不穷的今天，知识和信息的过度分化与复杂化，使得人们的认知愈加碎片化，信任在这片信息海洋中变得稀缺且脆弱。正如德鲁克所言，在知识社会中，知识的不断创新、累积、应用与分化，促进产业进步，引导个人、组织和社会的成长与发展，但知识的不确定性和复杂性增加了风险的多样性，信任成为社会合作与文化传承的脆弱环节。

在这样的背景下，文化怎样维系着人与人之间的信任，推动社会的稳定与发展？群体狂欢中的希望文化成为某种意义上的“救赎”。“村超”之所以能够在短短时间内迅速出圈，并引发广泛讨论，其背后有着深刻的社会文化动力。“村超”不仅符合当下社会对于新型文化事件的需求，更能满足个体在信息化、碎片化时代中渴望情感认同和归属感的深层心理需求。在一个信息过载、情感疏离的时代，群体狂欢成为一种文化现象，让个体在短暂的集体行动中重新找到了与社会、与他人、与自己连接的方式。群体的力量不再仅仅体现在经济和政治上，它通过这种文化活动被凝聚、释放，并转化为对社会、对文化、对未来共同发展的“希望”。“村超”不再是简单的娱乐活动，而成为社会文化的一个再生产过程，通过共享的情感体验，重塑了人们对共同体的信任与认同，回应了社会的焦虑和不安，成为推动社会文化复兴的重要力量。

作者论述了传统乡村文化的集体主义基因，这种集体文化的激发，为“村超”火爆奠定了历史文化基础，而无形的政府之手与群众路线、草根文化元素推动了“村超”的火爆，进而展现出群众的狂欢心态和快乐文化。“村超”的文化外溢作用，带动了榕江县的乡村振兴、农文体旅商融合、基层治理、民族团结、国际传播等诸多方面的发展，为村寨注入了活力，为人的现代化提供了动力。这些发生在中国大地上的生动实践，在学者、媒体的建构之下，意义越发凸显。

基于这种文化的逻辑，作者提出了“希望文化”的概念。“村超”不仅为榕江县的现代化发展提供了希望，也让人们看到了群众文化的主体回归，看到了中国农民精神的生动一面，看到了中华优秀传统文化的民族性与世界性。更为重要的是，“村超”的群体狂欢体现出人们在民间体育中追求身体健康及健康带来的幸福生活，追求闲暇生活中的平淡快乐所蕴含的人生梦想，以及在狂欢中释放压力、彰显活力，从而持续追求人生希望的美好生活向往。这种“希望文化”不仅存在于“村超”，也存在于广袤的中国乡村和都市工作生活。这正是“村超”文化想象力的体现。

本书兼具学术专著的扎实严谨和大众读物的风趣通俗，不仅是一部挖掘“村超”故事的传播学著作，也是一部从文化视角探索乡村振兴之路的文化著作，还是一次对社会变迁中个体希望的哲学探索。感谢学习出版社为读者提供了一本论证严谨、故事生动的好书。我愿意向每一位关心乡村文化及“希望传播”议题的读者推荐本书。

青年才俊出书，表示衷心祝贺！

是为序。

2025 年 4 月

（作者系人民网原总编辑，贵州大学舆情与社会治理研究院院长）

走进“村超”深处

胡 钰

“村超”是2023年5月在贵州榕江发端的文化现象，短短两年时间，这一文化现象不但“出圈”，而且“出国”，不但产生文化效应，而且产生经济效应与社会效应。“文化现象”成为“现象级文化”，主流媒体的点名表扬，网络浏览的千亿次点击，乃至国外媒体的普遍好评，都让这个小县域的“小举措”有了“大影响”，其实践价值与理论价值可圈可点，引人入胜。叶俊博士的这本著作成为“村超”研究的新成果。

我是在2024年5月去榕江实地调研的，刚好是“村超”周岁的日子。那种生机勃勃的场面至今让我记忆犹新，那种热气腾腾的感觉至今依然鲜活。调研期间适逢巴西球星卡卡深入榕江赛场与当地民众亲切互动，没有世界级球星与中国乡村村民的隔阂感，没有南美与中国的距离感，有的是其乐融融、其情浓浓。为什么一个球赛会有如此大的带动力？为什么一个中国西南部的县城会有如此大的吸引力？这两个问题成为我关注的焦点。

在调研中，与非遗传承人、普通村民、返乡青年的交流给了我许多新鲜的信息，而与县领导徐勃等当地干部的交流更是给了我许多深刻的启示。对于乡村文脉的挖掘方式、乡村文化产业的发展路径、乡村文化建设的重要意义，都能从榕江的“村超”探索中找到思考的切入点。“村超”的快速成长，其基本实践逻辑是“挖掘老文脉，打造新文脉，形成新人脉，增强新动能”，其基本理论逻辑是“以人文要素带动发展要素，以乡村文化振兴带动乡村全面振兴”。

中国的乡村发展已经从“脱贫攻坚”走到了“全面振兴”的新阶段。在这个新的发展阶段里，“输血型”的经济模式是不行的，“空心化”的社会结构是不行的，如何找到乡村内生动力、培养乡村内生人才、形成乡村内生优势，显得越发重要。这种乡村发展的“内生性”都将目光指向了乡村的文化。

与城市相比，乡村的独特内生资源有二：一是生态，二是文化。生态是显性的资源，文化是隐性的资源。与西方社会相比，中国社会的传统文化植根于乡村，保留在乡村，中国乡村的文化基因是深刻的，文化生命力是旺盛的。以文化作为中国乡村全面振兴的着力点，可谓找到了独特的“窍门”与“法门”。

“村超”的发展创造了典型的人文经济实践，提供了足球赛事这一优质的人文公共品，提高了民众的人文效率，增强了所在区域的人文效用，让榕江成为一片“快乐热土”，吸引了四面八方的人才与资源。聚焦“村超”，可以研究新时代人文经济学的榕江样本，探索以人为本、以民为本的“乐经济”与“暖发展”。

“村超”的影响搭建了崭新的国际传播平台，提供了中国乡村体育赛事与民间非遗、民族文化的传播内容，让世界看到中国乡村之美、中国文化之美、中国人民之美。一方面，来自法国、利比里亚、阿根廷等数十个国家的上千名球员到“村超”赛场交流，成为国际人文交流新景观；另一方面，包括各大西方媒体在内的诸多国外媒体关注“村超”，予以正面报道，成为对外传播新亮点。聚焦“村超”，可以研究新时代中国国际传播效能提升的新路径，探索“多样性”与“小叙事”的国际传播新理念。

以“村超”作为中国式现代化进程中的典型样本进行研究，无疑是具有重要学术意义与现实意义的。推动“村超”的研究，需要交叉学科的视野，需要通过经济学、传播学、社会学、民俗学等多个学术视角挖掘研究对象。由此，研究者可以立足中国实践、提炼中国理论、传播中国道路，体现出中国式现代化的独特内涵与丰富实践。

“村超”现象呈现出具有无限可能与旺盛活力的中国乡村，展现着城市与乡村的融合发展。“村超”成为乡村发展的新引擎，推动了经济增长、提升了社会活力、激发了市场动力，具有出乎意料的带动性与辐射性意义，是文化产业赋能乡村振兴的典型。“村超”的健康发展要进一步凸显人文经济内涵，融合乡村文化、民族文化、体育文化、国际文化，进行创造性转化，在内生动力与综合效益上下功夫，推动这一新探索稳定深化，推动“村超”发展由“大火”成为“炭火”，保持长时间热度，实现可持续发展。在此进程中，需要社会各界的关注与指导，特别是学术界、理论界的研究与参与。

叶俊博士通过自己的一手调研，全景式地梳理了“村超”的发展历程，对“村超”中的传统文化、草根文化、快乐文化等的提炼与分析深入透彻，书中的许多细节真实细腻，许多论述让人产生共鸣。我现在还记得，一次在清华大学开会期间，叶俊博士“抓住”我讨论“村超”时的热情与专注，不仅体现了他对这一现象的关注，也体现了他对中国乡土、文化的情感与希望。

期待这本书成为记录与研究“村超”的新文献，成为观察当代中国乡村振兴与文化建设的新窗口。

期待更多人走进“村超”深处，期待“村超”走向更远处。

是为序。

2025年4月6日于清华园

（作者系清华大学新闻与传播学院教授、学术委员会主任，清华大学文化创意发展研究院院长）

目 录 Contents

绪 论 乡土、文化与希望 001

什么是“村超”？ 002

文化里的“村超” 007

城乡之间的“村超” 010

乡土中的希望哲学 014

第一章 传统文化的现代性 020

鼓楼与花桥 021

议榔栽岩 029

大山里的非物质文化遗产 033

小节天天有 038

斗牛、篮球与足球 044

乌格水寨的“流动村集” 053

蓝染与百鸟衣 055

集体主义文化的崛起 060

第二章 文化何以被激发 063

长期主义者 064

第六次尝试 070

新媒体“万人军团” 077

寻找底层逻辑 082

媒介聚合与组织化传播 086

第三章　农民主体的草根文化……094
从大喇叭到社交媒体……095
草根的本色……099
守护"村超"……102
三份倡议书和两封公开信……107
乡村文化的群众路线……116
第四章　狂欢中的快乐文化……122
群众体育的嘉年华……123
最原始的拉拉队……130
梦想的力量……136
从快乐经济学到人文经济学……141
第五章　文化外溢与变迁中的社会活力……147
乡村振兴的助推器……148
农文体旅商的融合剂……155
基层治理的共同体……161
民族团结的大舞台……165
国际传播的新思路……169
村寨活力与人的现代化……175

第六章　意义建构与人的幸福感……187

现代化的生动实践……188
幸福图景的呈现……193
读懂乡村的故事现场……199
来自现代性的冲击……203
超越网红的意义建构……211

第七章　乡村赛事的仪式化与景观化……215

学习“村超”……216
以赛为媒……224
“村超”的媒介景观……228
传播力就是生产力……231

结　语　基于狂欢的希望文化……236

“村超”中绽放的五朵花……237
群众文化的主体回归……239
农村精神的未来图景……241
文化的民族性与世界性……245
群体狂欢中的希望文化……249

后　记……265

绪论 乡土、文化与希望

读懂中国，首先要读懂乡村。中国的乡村因其教化模式、风俗礼仪等文化传统延续，形成一个“乡土中国”的文明形态。在现代化社会条件下，乡村不断面临着种种冲击，甚至出现空心化现象。在城市繁华而又紧张的工作生活下，人们又有很多的无奈。在很多中国人心中，乡村也因此成为共有的情感归宿和精神家园。

在这种社会语境下，乡村成为社会关注焦点。2016 年春节前后，一位名为“想说又说不出口”的网民在某网站发帖《有点想分手了……》，并配发图片，称自己是上海女孩，春节前去男朋友家乡江西某农村过年，被第一顿饭“吓一跳”而逃离。据此而撰的《上海女孩逃离江西农村》网文在网上热传，经某都市报官方微博把故事当事实报道后，引发大量媒体跟风转载。

不久之后，一篇网帖《霸气媳妇回农村：光干活不让上桌，掀翻了自己做的一桌子菜》广为流传。网帖称，第一次回农村丈夫家过年的媳妇，辛苦做了一桌子菜却被叫去厨房吃饭，因而怒掀桌子。这一举动获得众多网友的点赞，把乡村陋习、女权主义等议题推向公众视野。

在两篇贴文被热议的同时，《财经》杂志微信公众号刊发《春节纪事：一个病情加重的东北村庄丨返乡日记》一文，描绘了东北某乡村里，父亲溺死儿子却用低保金“行乐痛快”、媳妇辱骂婆婆、低保夫妇不顾儿子常年酣战牌桌等“礼崩乐坏”的现象，引起广泛转发和争议。

奇怪的是，几乎在同一时间，这三篇火遍全网的文章矛头都直指乡村。这三篇文章的共同点是，以虚构故事或细节描述真实社会现象，利用了现实生活中的城乡差异、阶层差异、贫富差异等议题，故意夸大了乡村的滞后性，击中公众情绪的同时撕裂了社会情绪。最终，这三篇文章都被证实是虚构之作，属于虚假新闻。

尽管如此，对乡村的讨论仍在继续，“乡村凋敝”也成为一种论调广为流传。公众关注乡村，是因为延续数千年的农耕文明塑造了中国人的乡村情感。而现代化改变了乡村生产、生活方式，大量人口流出乡村，乡村文化在延续传统的过程中，发生了诸多变化。一方面，城市化带动大量乡村人口流向城市，村民在农民、农民工、返乡农民工的角色变化中，为传统乡村带来了经济文化生活的冲击；另一方面，以互联网和智能手机为代表的新媒介从城市走向农村，为乡村提供了新型的休闲娱乐、文化生活方式，也带来信息、知识、认知方式的巨大改变。

当乡村生活不断面临着冲击和革新的时候，当城市生活因快节奏、压力、内卷而无法逃避时，人们开始关注以下问题：中国乡村何去何从？如何得到快乐和幸福？个体如何寄托希望？社会又如何寻找希望？现代人的心灵何去何从？

以球赛为载体的“村超”，以小小足球撬动了一个地方的乡村文化，营造出一种全新的文化形态。经过现代化的媒介传播之后，“村超”红遍了大江南北，走向了国际舞台，成为一个现象级的文化事件，转变了乡村文化的社会形象，并把群众拉进了文化范畴，让乡村与城市、传统与现代在碰撞中融合，在狂欢氛围中感受快乐，在快乐文化中寄托着未来希望。

什么是“村超”？

在2024年新年贺词中，习近平总书记点赞“村超”“村晚”活力四射。当围坐着观看电视直播的贵州省榕江县党政干部、足球运动员、“村超”组委会成员听到这里时，现场一阵欢呼，大家十分激动，热泪盈眶，彻夜未眠。只有他们知道，“村超”成功背后的酸甜苦辣。

提及“村超”，100个人有100个“村超”印象。有人认为，“村超”是一种网红现象，总有一天会风平浪静；有人认为，“村超”是一种民间足球比赛，大家纯粹是凑个热闹；有人认为，“村超”是政府打造的一个民间活动，为的是出圈；还有人从网红出圈、城市形象、群众文化、群体活动等各种视角进行解读。那么，“村超”到底是什么？为什么能火？带来了什么影响？反映出了哪些社会心理？这一切得从“贵州‘村超’”说起。

2023 年 5 月 13 日，由民间自发组织举办的“榕江（三宝侗寨）和美乡村足球超级联赛”在贵州省黔东南苗族侗族自治州榕江县城北新区体育馆开幕，一万多名观众观看了开幕式表演和足球比赛。这场比赛经由自媒体、短视频传播后，迅速进入公众视野，红遍全网，官方及媒体也纷纷点赞：国家体育总局点赞“贵州榕江（三宝侗寨）和美乡村足球超级联赛开幕”，央视新闻联播点赞“黔东南‘村 BA’很出彩，‘村 FA’不断上新”，《光明日报》点赞“继‘村 BA’后，这里的‘村超’再出圈”，人民网贵州频道点赞“‘村 BA’刚落幕，‘村 FA’就来上分啦”……短短几天，这

2025 年贵州“村超”开幕式现场（杨文斌 / 摄）

项足球联赛得到各大主流媒体争相报道，连续多日登上各大社交媒体热搜榜。

“村超”并不是一开始就叫“村超”。开始时，有人称之为“寨超”联赛；也有人提议效仿此前已经走红的隔壁台江县的“村BA”（乡村篮球联赛），叫“村FA”；还有人参照“英超”“中超”等命名规则，将榕江乡村足球超级联赛称为“村超”。正因如此，赛事刚开始阶段，媒体点赞和网民讨论时的概念使用也比较混乱。最终，为了避免效仿“村BA”之嫌，也为了与国际接轨，经过激烈讨论，榕江县将这场赛事定名为“村超”。

什么是“村超”？自“村超”火爆之后，榕江县委书记徐勃经常被问起这个问题。在调研座谈会、学术研讨会、接受采访等各种交流中，他都会系统性介绍“什么是‘村超’”。在他看来，“村超”就是“全民参与闯新路”，核心是“闯新路”。之所以强调“全民”，是因为“村超”从一开始，就是村民们“你10块钱、他20块钱、他30块钱捐出来的”。在“村超”中，38.5万榕江人共同为一个城市的荣誉而奋斗，榕江人民热爱这个共同的荣誉。[1]

谁是“村超”背后的英雄？人民群众是“村超”真正的英雄。“村超”的重要参与者是一个个榕江老百姓。90多岁的侗族老奶奶，给“村超”球员捐了50块钱喝水；80多岁的杨老赶是摆贝苗寨的寨老，只要“村超”有重大赛事，他都会带着几百名村民，身着13年一次的牯藏节盛装，举着神秘的旗幡，到现场巡游，当拉拉队，所有费用都是村民自己出，只为给“村超”作贡献，老人家为了宣传“村超”、推荐榕江，还专门到了天安门；7岁的萌萌是“村超”最小的摄影师和传播者；“水木年华”的缪杰，每次到“村超”，坐在小三轮上，贴着“百香果在手、榕江随便走”的宣传语，以接地气的方式出现，宣传榕江的农特产品。

“村超”在传播什么？“村超”传播的永远是平凡而感人的真实故事，是一个个平凡的人物，而不仅仅是足球。农村妇女网红“西瓜妹”成为

1. 以上内容来自2024年10月30日的座谈。

"村超"的"最美的服务员";"村超吴姐"吴翠云是江苏退休的老师，到榕江一年半都不愿意走，天天为"村超"做免费的公益直播;"村超"球员董永恒带着球队打造"村超"美食市场，发展"村超"球迷经济。

"村超"水平怎么样？尽管"村超"球员不是职业的，但其体育精神让人印象深刻。2024 年，党相村组织"村超"明星足球队对阵阿尔及利亚的国家职业队，最终以"5：3"的成绩赢了阿尔及利亚队两个球，比赛过程中还有一名球员受伤。徐勃认为，这体现出"我们是有血性的、是拼搏的、是奋斗的"，只有这样，足球才有可能赢。"村超"的血性和拼搏，让大家觉得有可看的地方。

"村超"踢的是什么？"村超"球场里面踢比赛，球场外面发展周末经济，足球只是"村超"的载体。在徐勃看来，"足球只占了'村超'10%"。考虑到旅游可能有淡旺季，榕江县主打五一、国庆、暑假、周六，使之成为"村超"旺季，高峰时有 1.6 万多个免费帐篷摊位，民众只需登记摇号就可以获得。一个炒河粉、卖卷粉的摊位，高峰期一天能卖 1 万多元，其他卖小商品的，一天也能卖五六千元，一个帐篷背后就是一个家庭，甚至是一个大家庭。对榕江县的老百姓来说，这就是就业机会。"村超"实现了"群众干、政府帮"，调动了大家勤劳致富的积极性。

为什么叫"贵州'村超'"？位于榕江的"村超"之所以叫"贵州'村超'"，体现的是"村超"格局。自"村超"火爆以来，榕江县接待了近 1800 万名游客，只有不到 10% 的人可以在榕江找到住的地方，另外 90% 的人都要跑到贵阳、凯里和周边的县区。"村超"带来了巨大的流量，仅仅靠榕江根本无法承接，只有整个贵州省来接才能接得住。正因如此，榕江县从一开始就有高站位，将这一赛事命名为"贵州'村超'"，而且从没变过。

为什么"村超"能从"乐子"变成"路子"？作为娱乐的"村超"转眼成为榕江县老百姓发家致富的路子，这是全国各地到"村超"取经的重要原因。或许外界看到的只是流量、游客、收入，但根本在于"村超"走了群众路线。从网约车司机、外卖员到党员干部，所有榕江人民默默参与其中，这是"村超"的精华所在。从 2023 年开赛以来，"村超"踢了 1800

多场比赛，接待了近1800万人，没有出一起安全事故，靠的是谁？徐勃认为，靠的是村干部，以及“村超”背后庞大的社会组织体系和群众组织路线。每一支球队和拉拉队从村寨出来之前，村寨都要开“院坝会”[1]，强调安全意识和文明观赛。这就是群众路线，是党建引领下庞大的社会组织体系。

“村超”是如何火爆出圈的？全员动员、全民参与是“村超”出圈的核心所在。全员动员是基础。为此，榕江县推出“三步走”战略。第一步是头脑风暴。各级层面、各个系统、各个协会、各家公司都要搞头脑风暴会。坚持以人民为中心，人民主体、人民主创、人民主推，主接流量、推广宣传、创作节目，创作优质感人的内容 ，让每个人都成为“村超”品牌的参与者、创建者、荣誉者、自豪者。第二步是如何守护“村超”。榕江县发动群众，让每个人都转为“村超”的安全员、志愿者、守护者。第三步是如何让“村超”可持续。围绕“‘村超’氛围”概念，榕江县致力于建设成为世界足球文化之城，把“村超”流量导入村村寨寨，把足球作为榕江发展的第一产业、第一事业、第一战略、第一赛道。全民参与是动力。榕江县顺势系统地推出“村超”的“行动三步走”战略：第一步，自己跟自己先玩，玩出圈，形成一个流量风口，再拿出来分享，吸引流量；第二步，利用流量平台吸引全国人民一起来玩；第三步，通过美食吸引带动全世界一起玩。在这个过程中，每一步都有一个系统的谋划。例如，“村超”世界杯，就提出先搞“一带一路”友谊赛，搞“村超”小世界杯，再搞“村超”世界杯。

“村超”创新体现在哪些方面？在现场，拉拉队巡游、民族文化展示、美食展示、节目表演、官方直播、解说员解说、现场互动等构成“村超”核心元素，还会根据赛事情况安排烟花等特殊表演，或邀请明星、名人表演或担任解说员、主持人。这些都是“村超”的创新玩法。“村超”创新的关键在于“打组合拳”，因为“单打”打不过别人。“单打”打不过，就

1. 院坝会，榕江县的一种基层议事方式。院坝会上，村民可以说出操心事、烦心事、揪心事，由驻村工作队、村寨组织协调解决。院坝会已成为一种动员广大群众参与村务决策、管理，共建共治共享的基层治理模式。

把所有的优点全整合在一起。当大家按照“村超”的规则做品牌时，“村超”又推出新的玩法，与其他地方形成差异化的发展优势。徐勃说，很多地方在学“村超”，学得很好，但是不怕，因为“村超”永远在更新迭代。

“村超”到底是什么？“村超”是改革的有益探索，是真正以问题为导向的全面改革，把原来政府的各种行政职能全部转变、就地转变，全部变成服务性职能，通过组织调动、氛围营造等方式，为“村超”发展营造条件。

随着“村超”火爆，全国各地纷纷把乡村足球赛事命名为“村超”，举办了系列“村超”赛事。尽管叫法上一样，但在形式和内容上却有诸多不同。鉴于这种情况，本书作出以下说明：本书研究的“村超”，指的是贵州省榕江县打造的“贵州‘村超’”；为了更加全面地反映乡村社会发展面貌，本书会兼顾其他省份推出的“村超”比赛及类似的乡村赛事；本书的研究对象是贵州“村超”，但研究的不只是贵州“村超”，而是以贵州“村超”为代表的乡村文化活动，由此探讨乡村文化活动火爆背后的社会动因、社会心理和精神追求。

文化里的“村超”

乡村文化关乎农民的生活、风貌，体现着农村的风气、精神，是了解中国乡村的窗口。乡村赛事本身是一种民间文化形式，当其借助媒介广泛传播时，这种赛事很容易被视为乡村文化的代表而获得象征意义。在榕江县委书记徐勃看来，“‘村超’跟足球是不对等的，足球哪里都有，至于社会足球，哪个县都有，但‘村超’不是，因为‘村超’是全民参与的文化足球现象，文化是核心”。这简短的一句话道出了“村超”的文化本质。

“村超”的优势在于其文化建构。从足球来看，榕江没有绝对优势。尽管早在 20 世纪 40 年代，国立贵州师范学校和广西大学进入榕江古州二小时，就把足球文化带到榕江，榕江也有一支较为庞大的民间足球队伍，浓厚的足球文化传统为“村超”奠定了群众基础。但徐勃明白，如果只比足球，榕江县的足球比不过都匀足球小镇[1]，比不过凯里、比不过遵义、比不过贵阳，更不用说梅州、大连、青岛等地。看惯“英超”“中超”的观众，也不至于千里迢迢赶到榕江看“村超”。而从文化来看，榕江的民族文化也不是最突出的。尽管榕江县民族众多，被誉为“中国民间文化艺术之乡”，但对贵州这样一个多民族的省份来说，其民族优势比不过省内很多地方。徐勃意识到，对榕江县来说，苗族文化比不过台江和西江苗寨，侗族文化比不过肇兴侗寨，水族文化比不过三都。面对看似毫无优势的比较，徐勃想到，“单打”打不过他们，那就整合全部优点，发挥整体优势。

在整合思维的主导下，榕江县把各民族文化搬到了球场，实现了民族文化的聚合，并成为“村超”的一个重要组成部分。在“村超”舞台上，足球比赛是一个载体，榕江县的侗族、苗族、瑶族、水族等各民族文化展演，为“村超”注入了文化灵魂。在“村超”的中场休息时间，各民族晒出自己的服饰、舞蹈、音乐、美食，不同的民族文化聚合在一起为观众呈现出一场文化盛宴，丰富多彩的民族文化表演让现场球迷和游客目不暇接，使“村超”现场成为民众狂欢、释放的地方。由此，球场成为民族文化的秀场。这种整合是“村超”突出重围的重要方式。这种优势在徐勃看来，别的地方很难模仿和超越，因为很多地方没有这些文化基础，有文化基础的则没能有效整合。当一些地方按照榕江县规则策划、做品牌，试图模仿“村超”时，榕江县又有了新的思路。“人无我有、人有我优，人优我变、人变我新，人新我转”，成为榕江县创新发展“村超”的基本策略，而民族文化聚合成为“村超”区别于多数乡村体育赛事或其他网红现象的重要元素。

在“村超”里，我们还能看到群众文化的聚合。作为一种社会性文化，群众文化是“人民群众以满足自身的精神生活和知识需求为目的的自娱自乐、自我教育、自我学习、自我完善和掌握文化、创造文化艺术的活

1. 2018 年 7 月 28 日，位于贵州省黔东南苗族侗族自治州的“南奥·都匀国际足球文旅小镇”正式对外开放，在此基础上，当地还打造了“国际球迷节”。

2025 年 5 月 3 日，党民村队与乔亥村队激战正酣

动”[1]。作为一种文化现象，群众文化对社会群体具有“娱乐、交流功能，仪式、团结功能，群体认同功能，象征、符号功能”[2]。与其他形态文化相比，群众文化强调人民群众在活动中的主体性。对榕江来说，群众文化有悠久的历史基础。斗牛、篮球、足球这些活动在榕江有广泛的群众基础。“村超”传播总策划欧阳章伟认为：“‘村超’是榕江县乃至贵州全省老百姓闯出的路，根本动力是全民参与、全民受益的新理念和新思路。”[3]

在民族文化和群众文化背后，“村超”还蕴含着浓厚的集体文化色彩。榕江县为了出圈，作出了各种出圈尝试，这些尝试的背后实则有一条主线，即如何在传统文化中寻找引爆点。无论是群众性的斗牛、篮球、

1. 李锦坤、杨立新：《群众文化活动的时代价值及其管理创新》，《湖北社会科学》2005 年第 9 期。

2. 胡守勇：《群众文化的社会功能和文化价值浅析》，《河南大学学报（社会科学版）》2010 年第 4 期。

3. 以上内容来自 2024 年 11 月 9 日对欧阳章伟的访谈。

足球，还是民族性的牯藏节、萨玛节，抑或现代性的马拉松，都在强调群众参与，是集体性行为。这些文化也表明，榕江县具有集体文化的传统。“村超”的成功一定程度上正是基于这种集体文化的逻辑。一方面，作为民间足球赛的“村超”，主体是群众，但却是以村集体名义组织的足球队，具有集体属性。另一方面，更为重要的是，随着“村超”的出圈及其给榕江县带来的流量和收益，“守护村超”成为每一个榕江人的自觉，这种集体性不再是村落性的，而是县域性的，是“村超”带来的集体文化聚合效应。

自“村超”火爆之后，榕江县各个村寨相继建立自己的足球队，村民们围绕足球队形成了强大的集体意识。在榕江县，下到6岁小朋友，上到90多岁的老爷爷老奶奶，都在用实际行动参与“村超”，支持“村超”。为“村超”宣传的是3万多名“村寨代言人”，为“村超”服务的是每一位村民，以至于榕江的每一位老百姓都认为“村超”是他们干出来的。而每逢节假日从四面八方赶到榕江的游客，很多也不是为了观看足球比赛有多精彩，而是来欣赏榕江的民族文化。特别是重要赛事时，不同的民族文化在这里实现交流、交汇、交融，全国各地文化在这里聚合，让观众在“村超”中领略民族文化以及汉服等中国传统文化，体验聚合的文化盛宴。而对榕江人来说，不出榕江就欣赏到全国各地文化，自是欣喜之事。

透过“村超”可以看到，对当前各地打造的文旅融合项目、网红活动来说，文化都是一个重要元素。当人们在巨变中回头寻找传统文化之根时，文化已成为可以触动人的内心乃至社会脉搏的一根弦。在经济快速发展、物质日益丰富的当下，文化复兴、国风回潮都在表明，人们不希望做“单向度的人”，而是以自己的方式不断地寻求自我价值的实现。

城乡之间的“村超”

乡村足球赛，榕江不是第一家；乡村文化活动，榕江也非最早；即便是“村”字头文化活动，榕江也非首创。比“村超”更早的“村”字头赛事，除了“村 BA”，还有“村晚”——早在 2013 年，湖南省岳阳市湘阴县鹤龙湖镇就举办了全国最早的“村晚”。不同以往的是，“村超”“村 BA”火爆之后，“村”字头开始流行，乡村文化赛事活动无形之中有了统一命名。全国各地纷纷上演“村厨”“村歌”“村排”等众多“村”字头赛事（我们把这些统称为“村赛”），把沉寂的乡村推到了公众的聚光灯下。

人们关注“村赛”，不是因为赛事本身有多么精彩，更多的是这类赛事活动触发了人们内心深处的情感，乡村赛事活动也因此成为一种跨越城乡关系、牵动城乡情感的社会现象。一方面，这些“村赛”虽以“村”命名，但参赛者并非传统意义上的农民，他们或是本地小商贩、外卖骑手、出租车司机、农民工，或是外出务工者、返乡创业者，观众也来自全国各地、各行各业。可以说，“村赛”是乡村与城市、农民与市民的直接交流。“村超”球场并没有设在农村，而是搬到了县城。起初，因为“村超”现场视频中出现了很多高楼，还引发一些网民质疑，认为既然以“村”命名，就不应该在县城举办。为了避免这种质疑，榕江县自媒体在拍摄“村超”视频时，尽量避免去拍摄周边楼房。事实证明，“村超”球场放在县城带来的好处远远超过在农村。特别是当外地游客蜂拥而至时，无论是球场容纳观众数量、现场氛围感，还是接待游客数量上，选址县城都无疑给榕江县带来了更多机遇。也正是因为选址县城，“村超”才有机会做大做强，在交通、住宿、饮食、现场、氛围等各方面得到更有力的保障。因为这种选择，“村”与“城”因“球”而变得更加密切。另一方面，乡村赛事活动暗含城乡文化心理的双向视角。乡村赛事火爆不是在农村火爆，而是在全网火爆，游客也并非都来自农村，而是大量来自城市。这种赛事既是乡村自我展示的精神需求，也是都市人寻求乡村寄托的情感需求。总体来看，“村超”之火爆，“乡村”和“足球”是两个基本元素，两者都能在当下社会语境中触发人们的情感共鸣。

乡村承载了中国传统的乡村情结。在中国传统文化中，“采菊东篱下，悠然见南山”这种乡村生活备受文人隐士推崇，诗歌史上也有数不清的望乡、思乡、归乡类作品。或因传统深厚的乡土情结，或因旅途、仕途中的坎坷际遇，归乡得到了理想化的建构。经过近百年的社会结构变迁及其带来的人地关系、乡村制度变革，“中国已经从以农为本、以土为生、以村而治、根植于土的‘乡土中国’，进入乡土变故土、告别过密化农业、乡村变故乡、城乡互动的‘城乡中国’”[1]。特别是20世纪90年代以来，大规模农村劳动力的流动与转移改写了“乡土中国”的发展轨迹，留守儿童、空巢老人、农业凋敝等农村虚空化问题日益凸显，并衍生出一系列社会问题。在这些问题背后，那些“根植并存活于乡土社会的生活观念和价值体系”[2]，才是乡村文化危机产生乃至“处于崩溃边缘”的根本。乡村被赋予新的隐喻——落后、凋敝、弱势、底层，谈论乡村也不再只是乡村情怀的象征，还有一种人文关怀的价值取向。

在城乡快速转型的社会语境下，乡村从“情结话语”转向为“问题话语”。如何看待乡村社会特别是乡村文化，成为全社会关注的话题。一些人认为，“政府、市场和传统等多方力量的博弈，影响着乡村文化的走向，乡村文化的生产和传承变成一个动态的过程”[3]。而在乡村文化建设中，“城市化、工业化进程中农村公共文化空间的普遍弱化”[4]的问题尤为突出，各地农村文化建设出现主体的空心化，公共文化供给失衡，乡土文化价值出现认同危机。针对乡村文化的困境，有学者提出农村文化传播的内生性视角，从文化主体的实践、文化与社会的互动，以及文化传统内部生长出来的文化属性。[5]与内生性视角相比，发展主义和“他者”视角则从城乡文化关系思考乡村文化振兴，强调一种“过程相嵌—资源共享—主体合作”的乡村文化振兴实施框架。[6]悄然之间，学术中的乡村味道发生了变化：在

1. 刘守英、王一鸽：《从乡土中国到城乡中国——中国转型的乡村变迁视角》，《管理世界》2018年第10期。

2. 孙庆忠：《离土中国与乡村文化的处境》，《江海学刊》2009年第4期。

3. 李佳：《乡土社会变局与乡村文化再生产》，《中国农村观察》2012年第4期。

4. 陈波：《公共文化空间弱化：乡村文化振兴的“软肋”》，《人民论坛》2018年第21期。

5. 沙垚：《乡村文化传播的内生性视角：“文化下乡”的困境与出路》，《现代传播（中国传媒大学学报）》2016年第6期。

6. 张学昌：《城乡融合视域下的乡村文化振兴》，《西北农林科技大学学报（社会科学版）》2020年第4期。

传统乡村情结中，乡村是中心，讲述者是向往心态；而在乡村问题的视角下，乡村是被建构者，讲述者多为精英主义心态。

“村超”集中体现出城乡转型进程中的乡村文化气象和逃离都市的社会心理。正是这个“村”字把乡村带入了公众视角和互联网世界，让乡村文化展现了有别于“凋敝论”“虚空论”的全新面貌。在“村超”，主体是农民，载体是民间体育、文化、美食，处处体现了乡村文化元素。在“村超”火爆之后，乡村、农民以崭新姿态入世，而被忽略的是：源源不断的海内外游客蜂拥而至，他们是来看“村超”的吗？当然不是。正如榕江县委书记徐勃所言：“来看‘村超’的99%都不是奔着足球来的，所有来助力‘村超’的榕江人民，90%是不懂足球的。”[1]那么他们看的到底是什么？就外地游客来说，很多人是冲着“村超”氛围、“村超”文化而来。面对快节奏的学习、工作、生活，吐槽“996”难以释放压力，而“村超”为他们提供了一个远离城市喧嚣又可尽情狂欢的舞台。正如有研究指出，“乡村旅游背后蕴含着由逃离都市的旅游需求、纯真生态的乡村供给所构成的‘推拉’动力机制”[2]。即便是在城市里，无论是成都、重庆、西安、长沙这些网红城市，还是淄博烧烤、哈尔滨冰雪的出圈，何尝不是现代都市人渴求烟火气、人情味的一种行为艺术。

可以说，“村超”这类乡村文化活动是乡村自我叙事的崛起，使乡村逐渐摆脱被叙事、被建构的处境。有人说，乡村文化是一种内卷文化，乡村文化与现代化是异质的。[3]这种声音主张，要在文化现代性框架中，通过重塑乡村文化主体，实现乡村文化的性质与功能的转换。然而，“村超”这种基于乡村文化、以农民为主体的现象，不但没有内卷化，还以独特魅力吸引着来自城市的游客，充分体现出乡村叙事的主体性，也体现出乡村文化的现代性张力。作为一种现象级活动，“村超”不仅是球场在城乡之

1. 以上内容来自2024年10月30日对徐勃的访谈。

2. 何伦凤、曾睿：《流量经济视角下乡村旅游发展的内生动力与运行逻辑——以“丁真”现象为例》，《旅游研究》2022年第6期。

3. 季中扬：《乡村文化与现代性》，《江苏社会科学》2012年第3期。

间，其参与者也来自城乡之中，蕴含的文化亦跨越城乡之隙。这是一种城乡共享的公共文化空间。有学者提出建构“现代城乡文化共同体”[1]，以乡村文化与城市文化的互补交融发展，为乡村文化复兴寻求内在理据。而“村超”在很大程度上已成为一种城乡之间的文化共同体。

乡土中的希望哲学

了解“村超”之后，人们不禁思考：为什么那么多村民愿意参与到“村超”球队、拉拉队中来？为什么那么多来自全国各地的球队要来榕江“村超”球场踢球？为什么“村超”会吸引国内球星、明星乃至国际球星来现场？为什么那么多的游客要来榕江看“村超”？为什么那么多志愿者和基层干部默默投入到“村超”的秩序维护中？是因为足球？是因为文化？还是为了快乐？这些“为什么”的背后到底是一种什么追求？

比较“村超”及其他“村赛”可以发现，这些赛事的一个共同点是聚焦乡村、聚焦农民，暗含着底层叙事的逻辑，极易引发情感共鸣。这个共鸣的情感基础就是希望。在乡村日益凋敝和城市快节奏的生活压力下，人们不断寻找心灵寄托、寻找人生希望。乡村情感意味着对根的追寻，寻找乡村具有寻根的内涵；而农民叙事在一定程度上代表着底层对未来的追求，这种希望可谓是社会希望的缩影。从这个意义上来说，“村”字头赛事是乡村寻找未来、农民寻找希望、民众寻找寄托的缩影。

这种希望是超越现实与个体的，是抽象的、精神的、哲学的，是对当下压力的释放、快乐的满足以及对幸福生活和美好未来的向往。自尼采喊出“上帝死了”之后，基于工业革命兴起的国家留下了价值虚无的深渊，以至于20世纪被视为“人性严重扭曲、精神普遍衰退的世纪”[2]。与这种听

1. 范玉刚：《乡村文化复兴与乡土文明价值重构》，《深圳大学学报（人文社会科学版）》2019年第6期。

2. 梦海：《一个更美好生活的梦——论恩斯特·布洛赫的未来希望哲学思想》，《求是学刊》2006年第3期。

天由命、悲观绝望和虚无主义相反，德国哲学家恩斯特·布洛赫提出的“希望哲学”，“是一种面向未来、积极进取、富于挑战的思想”[1]。所谓“希望”，是人的某种期待情绪，而非现实。从神学上看，希望则是与人生态度息息相关的某种神学德性；从历史哲学上看，希望指历史过程的某种终极目标；从心理学上看，希望是指向未来的某种“强烈的情绪”；在希腊语、拉丁语中，希望意味着某种愿望的实现。[2]这四种对希望的解读融合在一起，是对希望的最好解释，即希望意味着对目标有期待，对生活有热爱，对未来有情绪，直至实现内心的愿望。

在《希望的原理》一书中，布洛赫在开篇写道：“我们是谁？我们来自何处？我们走向何处？我们期待什么？什么东西在等待我们？”[3]面对这些问题，许多人只会感到困惑迷茫、不知所措，而解答这些问题的关键在于希望。在布洛赫看来，“人的欲求总是寻求和渴念之中的某种空心的、匮乏的东西，并借助于外部世界的事物来填满自身所渴望的东西”[4]。布洛赫在其另一部代表作《乌托邦的精神》中也鲜明指出：“生命就在我们手中。生命本身早就空空如也。这种生命毫无意义不过是行尸走肉……因此我们需要形成共同体，借助于此，我们才能找到实践的正当性，找到生命的正当性，团结一致，拥有时间。我们专注于此，割断虚幻之路，寻求并呼唤尚未存在的东西，把房屋建在蓝天里、建在我们自身的心坎里，在纯粹事实消逝的地方，我们探求真理。”[5]

---

1. 梦海：《一个更美好生活的梦——论恩斯特·布洛赫的未来希望哲学思想》，《求是学刊》2006 年第 3 期。

2. 梦海：《一个更美好生活的梦——论恩斯特·布洛赫的未来希望哲学思想》，《求是学刊》2006 年第 3 期。

3. [德] 恩斯特·布洛赫：《希望的原理（第一卷）》，梦海译，上海，上海译文出版社 2012 年版，第 1 页。

4. [德] 恩斯特·布洛赫：《希望的原理（第一卷）》，梦海译，上海，上海译文出版社 2012 年版，第 30 页。

5. E. BLOCH. Geist der Utopie [M]. Frankfurt a. M. 1977. 1-13.

作为一个马克思主义者，布洛赫的希望哲学“旨在阐明人类精神史的中心，在于预先推定一个更美好生活的梦”[1]，集中体现了人类走向更美好未来的意图。希望是一种可能性，代表人们对一切美好的愿望持有开放的态度，能以好运可能降临的心态面对生活，迎接未来。

尽管布洛赫的希望哲学产生的时代背景发生了巨大变化，但希望哲学与传统哲学思想之间存在一定的理论关联，希望哲学所关注的“时代中的种种社会历史问题，反思其存在的根源与人类理想信念的缺位，对传统形而上学进行深刻的批判，高扬主体的内在精神”[2]，对我们抵制复杂环境带来的不稳定情绪，远离时代的精神困境，具有很多启发意义。

面对蓬勃发展的国家，人们需要希望；面对快速转型的社会，人们需要希望；面对快节奏的都市生活，人们忙碌转场之时不忘内心梦想、追寻生活该有的模样；面对城镇化进程中的乡村问题，人们既有焦虑、怀疑，也有期待、希望，更难以割舍内心深处的乡村情结。在城镇化的推动下，城市文化、乡村文化和城乡文化出现微妙的关系，“农村人想进城，城里人想下乡”成为一种转型期的特殊社会心理，这种“围城”现象的本质是不同人群对幸福和希望的追求。

以“村超”“村 BA”为代表的“村”字头赛事为希望哲学找到了现实的土壤。在“村超”中，乡村文化、民族文化、足球文化得到彰显，都市年轻人的压抑情绪得到了释放。人们把这里当作狂欢舞台的同时，也寄托了对未来的希望。而“村 BA”“村厨”“村歌”等现象，无不是在农村挖掘底层叙事逻辑，在传统中寻求现代性的嫁接，探索乡村的未来可能性。

乡村文化之希望。在乡村文化面临质疑之时，“村”字头赛事呈现出乡村文化的另一面，让人们看到了乡村文化的魅力和未来。就“村超”而言，无论是业余的裁判员、运动员和解说员，还是虽无商业介入却又极其

1. [德] 恩斯特·布洛赫：《希望的原理（第一卷）》，梦海译，上海，上海译文出版社 2012 年版，第 29 页。

2. 任燕红：《恩斯特·布洛赫希望哲学的核心范畴及其时代意义》，《云南社会科学》2020 年第 6 期。

在榕江县兴华乡摆贝苗寨，苗族群众在苗年活动中吹芦笙

狂热的足球氛围，都蕴含着民间对足球最纯粹的爱。有网民亲历“村超”现场后感慨，“村超”充分地展现了贵州基层各民族群众对足球的热爱和浓郁的民族文化，“精彩程度远超其他一些大型赛事，也更有看点”，非常接地气。[1] 贵州省人民政府发布的一篇文章也明确指出：“比赛中，无论是球员还是观众，都是这里的主角；无论他们来自何处，此刻都是耀眼的英雄，共同绘就了中国式现代化乡村的幸福模样。”[2]

民族文化之希望。在全球化进程中，大量的外来文化涌入中国，传统文化、民族文化处于被边缘化的境地。无论是李子柒的走红，还是各种民间艺人的走红，抑或河南卫视的“国风潮”、广东的龙舟赛，大家围观的不是赛事本身的热闹，而是全球化进程中一度被遮蔽的中华优秀

1. 龙言书：《亲历真正接地气的贵州“村超”》，https://baijiahao.baidu.com/s?id=1770678569831719518&wfr=spider&for=pc，2023 年 7 月 6 日。

2.《贵州“村超”为什么火？这里有中国乡村幸福的模样》，http://www.guizhou.gov.cn/ztzl/gzcfa/zxbd/202306/t20230608_80114481.html，2023 年 6 月 8 日。

传统文化。“村”字头赛事看似一场场体育比赛，却把传统的、民族的、民间的文化嵌入其中，赋予了民间赛事浓厚的文化色彩，让人们看见了民族文化。在“村超”舞台上，苗族芦笙表演、侗族大歌等非物质文化遗产走进更多人的视野，实现了传统的、现代的、民族的、潮流的、世界的文化交融，体现出文化穿透时空的影响力和感召力。在“村超”带动下，榕江县的非物质文化遗产、民俗节日和以农耕文化为代表的苗年、侗年、苗族姊妹节等乡村特色文化活动，既展示了民族特色文化的超凡魅力，也营造了良好的文化氛围。不仅如此，各个村寨纷纷兴起“非遗 + 研学”“非遗 + 旅游”等文旅融合模式，推动了传统非遗的市场化运作，让非遗传承人获得更多渠道的经济效益，也让非遗传承深入年轻人，保持民族文化的生命力。以足球之名，让文化唱戏，“村超”带来的巨大流量，坚定了榕江县的开放姿态和文化自信，“让这片希望的田野充满活力”[1]。

未来生活之希望。在古代文人笔下，对乡土情怀保持相当的尊重，但“实际上却通过旅行者的各种遭遇展示了归乡之旅的复杂性”。[2]而当下，人们内心深处的乡村情怀，“城里人想下乡”的社会心理，某种程度上何尝不是对都市生活和工作压力的一种宣泄。“村”字头的赛事点燃了热爱，绘就了希望。在“村超”中，很多人不仅是台下欣赏表演、观看比赛的观众，更积极参与其中，以主角的身份表达对美好生活的向往和热爱。在接受中央广播电视总台中国之声采访时，徐勃也明确表示：“我们希望踢球不单单要踢出健康、踢出友谊，还要踢出文化、踢出希望。这也是我们对乡村足球未来发展的一个希望，或者说是一条新的发展路径。”[3]

1.《“村”字号乡村赛事 让民族文化迎来无限可能》，http://gz.cnr.cn/jiaodiantu/20230717/t20230717_526331810.shtml，2023 年 7 月 17 日。

2. 李萌昀：《乡土情节的颠覆与重构——以古代小说中归乡母题为中心》，《云南大学学报（社会科学版）》2014 年第 2 期。

3.《贵州“村超”为什么火？“踢出了快乐和纯粹”》，https://3w.huanqiu.com/a/569e98/4DFoQEnDUMX，2023 年 6 月 10 日。

希望就是可能，希望就是梦想，希望就是力量。无论是积极向上，还是消极懈怠，很多时候，对我们来说，希望的力量可以比知识的力量更强大。只有心中有希望，知识才能被更好地利用。“一个人，即使他一无所有，只要他有希望，他就可能拥有一切；而一个人即使拥有一切，却不拥有希望，那就可能丧失他已经拥有的一切。”[1]“村”字头赛事蕴含的这种希望哲学，赋予民众希望的力量，也让人们从中感受到乡村振兴和中国式现代化的希望，更让人在沉浸式体验中寻找乡村的希望、文化的希望、人生的希望。

1. 李晶：《关于希望就是力量的哲学思考》，《现代妇女（下旬）》2014 年第 3 期。

第一章 传统文化的现代性

文化是民族之根，“中国人的文化认同是中华民族安身立命之本，也是实现伟大复兴的文化心理基础”[1]。在世界历史的现代化进程中，发轫于西方的现代性突破国家和民族界限，成为一种世界景象。但对中国这样一个拥有5000多年绵延不断文明的大国来说，现代化的历史就是一部“现代的成长与传统的（被）发明”[2]的历史。

在现代化进程中，作为中国文化之根的乡村文化，受到的冲击最为激烈。在先进生产力和资本的冲击下，传统村落文化空间遭到了冲击甚至破坏，乡村文化陷入迷茫，甚至有人认为，“乡村文化与现代化是异质的”[3]。而当我们深入乡村观察乡村文化就可以发现，现代性与乡村文化并不对立，在现代性重构中乡村文化既有机遇也有困境。中国的乡村文化十分丰富，但乡村文化现代产业基础缺失，更多是融入以城市为主导的经济发展逻辑中，乡村社会的文化内涵也日益损耗。在此背景下，“本土价值观的复兴和村民经济利益的诉求为乡村文化的现代性重构提供了契机”[4]，对乡村文化空间和文化意象的“精神性重构”是一种有效路径。在中国式现代化的进程中，乡土文化孕育着希望，而乡村文化的现代化转型则是希望变现的必由之路。

从乡村的现代化实践来看，乡村文化在现代性洗礼历程中，“抵制

1. 佐斌、温芳芳：《当代中国人的文化认同》，《中国科学院院刊》2017年第2期。

2. 郑杭生：《论“传统”的现代性变迁——一种社会学视野》，《学习与实践》2012年第1期。

3. 季中扬：《乡村文化与现代性》，《江苏社会科学》2012年第3期。

4. 李佳：《从资源到产业：乡村文化的现代性重构》，《学术论坛》2012年第1期。

与适应、成效和代价并存，呈现出独特的中国式现代性图景”[1]。对乡村文化的现代性而言，“传统村落文化空间厚植的文化底蕴、先进的生态文明知识、精湛的技艺、建筑美学以及传统美德等是其现代性重构的基础，而与城市空间的良性交流、先进而务实的发展理念是村落文化空间重构的动力”[2]。作为全国文化先进县，榕江县有侗族大歌等11项国家级非物质文化遗产、29个中国传统村落，民族民间节日达25个。这些传统文化有的自身蕴含着现代性，借着“村超”之风开启现代化之旅。

鼓楼与花桥

村民议事是村民自治的基本形式，也是化解乡村社会矛盾、激发乡村内生活力的重要方式。一些村子将议事作为基层民主的核心内容，“由当事人及利益相关者组成村民议事会，让村民在议事中实际行使参与的民主权利，村干部不再独掌村庄治理的权力，而从复杂的利益矛盾中抽身出来，协助村民议事会做好村庄公共事务的治理工作”[3]。这种“村民议事会”的探索“开辟了一条村民自治与政府治理有效结合的路径，从而推动村民自治由选举向治理的转型”[4]。村民议事会的自主性与嵌入性，是继村党支部和村委会之后兴起的“第三种正式组织力量”[5]，在村级利益和权力互动博弈中发挥着重要作用，也是“理解村民理（议）事会促进乡村治理有效的重要维度”[6]。

---

1. 纪丽萍：《变迁视阈中的现代性与中国乡村文化》，《理论月刊》2013年第5期。

2. 李亮：《传统村落文化空间的现代性重构研究》，《新疆社会科学》2021年第6期。

3. 徐勇、沈乾飞：《村民议事会：破解“形式有权，实际无权”的基层民主难题》，《探索》2015年第1期。

4. 杜鹏：《村民自治的转型动力与治理机制——以成都“村民议事会”为例》，《中州学刊》2016年第2期。

5. 孟伟：《第三种力量：村民代表会议在乡村权力结构中的地位与作用——以深圳西乡镇后瑞村“村民议事小组”为例》，《马克思主义与现实》2002年第4期。

6. 侣传振：《村组复合治理：村民理（议）事会推进乡村治理有效的内在机理》，《贵州师范大学学报（社会科学版）》2023年第5期。

在乡村治理语境下，“一些具有某种公共性且以特定空间相对固定下来的社会关联形式和人际交往结构方式”[1]的农村公共空间，成为村民自治和议事的重要场域。这种村落公共空间生成的内在基本规律是“使用功能驱使—交往的形成—公共空间”[2]，而“村庄社会内不同情境的村落公共空间”[3]是乡村社会运行不可或缺的部分。然而，在乡村的现代化进程中，“乡村社会由封闭、静止、同质走向开放、流动、异质，个体逐步从原有的宗族、家庭、阶层、社区、集体之中抽离出来”[4]，传统意义上的乡村公共空间在城市化、工业化及个体化进程中趋向衰败，重塑农村公共空间被视为一种出路。

随着村民议事会的兴起，广布于乡村的亭楼、祠堂、村庙、桥廊等民间的公共场所，或具有议事功能，或是议事的议题，逐渐体现出现代功能。尽管村组织已成为乡村议事的中心，但村干部在重建地方社区传统的活动中，并不具有将传统“回收”为官方文化因素的能力，“反而是在非官方的地方传统创造的过程中被民间力量吸纳的因素”，一些地方围绕祠堂重建展开的家族议事活动，甚至成为“地方社区为了重新确立自身的象征秩序和共同体意识而展开的地方性政治活动”[5]。在这个过程中，农村里的废旧公共空间被活化了，摇身一变，竟成为集议事协商、集中庆祝、常规服务开展等功能于一体的重要场所。[6]

这种公共空间在榕江广布于村寨之中。在黔东南地区，山峦叠翠，云

1. 曹海林：《村落公共空间与村庄秩序基础的生成——兼论改革前后乡村社会秩序的演变轨迹》，《人文杂志》2004 年第 6 期。

2. 王东、王勇、李广斌：《功能与形式视角下的乡村公共空间演变及其特征研究》，《国际城市规划》2013 年第 2 期。

3. 曹海林：《村落公共空间：透视乡村社会秩序生成与重构的一个分析视角》，《天府新论》2005 年第 4 期。

4. 张良：《乡村公共空间的衰败与重建——兼论乡村社会整合》，《学习与实践》2013 年第 10 期。

5. 王铭铭：《地方政治与传统的再创造——福建溪村祠堂议事活动的考察》，《民俗研究》1999 年第 4 期。

6. 梁文婷、张华：《老宗祠变“议事亭”，“议”到村民心坎上》，《中国社会工作》2024 年第 18 期。

雾轻盈缭绕，如画的景致中，大利侗族村寨散落其间，宛如镶嵌在山水之间的珍珠。阳光透过树梢，在青翠的山坡和层叠的梯田之间勾勒出侗寨的轮廓，古老建筑与山川河流自然相融，显现出一种历经岁月的独特质感。侗族人依山而栖，顺水而居，深信“山是林生，水是稻长”的生活哲学，塑造了村寨的空间布局与日常作息，房屋因地势而建，处处体现出对自然的敬畏与智慧。在侗族村寨，承载着侗族历史和文化记忆的鼓楼和花桥，依然作为村寨公共空间而存在。当人们热切关注现代欧洲咖啡馆等城市公共空间之时，侗族的鼓楼、花桥早已作为乡村公共空间延续了上千年。

鼓楼，侗族人最初的村寨议事、报信集结之所。其起源可追溯至侗族定居的早期历史，至今已有数百年的传承。整个鼓楼全用杉木榫合而成，顶梁柱拔地凌空，排枋纵横交错，结构严密坚固，数百年不腐不斜。在古代，侗族鼓楼既是村民议事场所，也有外敌入侵时鸣鼓警示作用。空地高耸的鼓楼，每一根木柱、每一块木板，都承载着历史的厚重与村民的

作为议事场所的鼓楼

期盼。正如布洛赫所言："向内的渴望与向上的渴望彼此趋向、相互贯通，成为一切建筑的尺度。"[1] 在这里，长者与村民围炉共商，制定村规"款约"，评判是非，共同探讨村寨的发展。鼓楼内的火塘旁，庄重而神圣的议事场景代代相传，它不仅见证了无数次共识的达成，更为村寨的未来奠定了坚实的基石。榕江县大利侗寨村委会副主任杨再祥表示，村里会在鼓楼举行议事活动、庆祝节日、唱侗族大歌，冬天会在鼓楼里面的篝火旁围成一圈唱大歌。特别是"村超"火爆之后，很多游客到侗寨的鼓楼里参观游玩，扩大了侗族文化的传播范围，也带动了手工艺品的售卖。[2]

村寨的生活，忙碌中充满温情。节庆盛典、红白喜事贯穿四季，这也是村寨中家家户户的大事儿。而鼓楼，便是村民们卸下疲惫、齐聚一堂、共享欢乐的中心。在这里，劳累与矛盾都在欢声笑语中悄然化解。无论是热闹非凡的侗年庆典、神秘庄重的牯藏节，还是洋溢着丰收喜悦的吃新节，鼓楼前总被装点一新，灯火辉映，热闹非凡。村民们身着华丽的民族盛装，嬢嬢[3]们佩戴着熠熠生辉的银饰，裙摆上的精美刺绣如同花朵绽放，脚下的布鞋轻巧灵动，步履间自带风姿，展现出别具一格的民族风情。年轻的姑娘和小伙们围在鼓楼前，悠扬起声，对唱"嘎老"[4]。楼内，年长者踏着节拍，敲击着简朴的乐器，笑声与歌声交织成村寨最深远、最动人的旋律。鼓楼内外，歌与舞、乐与情相伴共生，欢笑与喜悦将村寨点缀得格外温暖而深情。"仪式性闲暇"与"社会性闲暇"[5]在这里交替呈现乃至融合。

鼓楼的意义远不止于此。这些传统活动不仅加深了村民间的情感，更赋予了鼓楼文化传承的使命。鼓楼内悬挂着经过岁月洗礼的牛角，雕刻着

1. [德] 恩斯特·布洛赫：《希望的原理（第二卷）》，梦海译，上海，上海译文出版社2020年版，第419页。

2. 以上内容来自2024年10月30日对杨再祥的访谈。

3. 贵州方言里通常用来称呼上了年纪的女性。

4. 亦称嘎玛，侗语，即侗族大歌，是一种侗族多声歌。本着名从主人的原则，音乐界把嘎玛汉译成侗族大歌。

5. 王会：《个体化闲暇——城镇化进程中苏北泉村的日常生活与时空秩序》，上海，上海社会科学院出版社2020年版，第157页。

象征吉祥的图案，供奉着先祖的牌位——每一处细节都诉说着侗族人对祖先的崇敬与对自然的敬畏。在鼓楼之下，传统与现代交织，古老的议事传统与现代的民主协商精神相得益彰，共同构筑了侗族村寨独特的治理风貌。古老的世界观与价值观在这一方空间中代代传承。鼓楼，不仅是村寨的精神支柱，更是滋养一代又一代人的心灵家园。它静静伫立，守护着这片土地上的人们，让他们在忙碌与欢聚之间，始终与传统和文化血脉相连。

鼓楼前的广场上，依旧人头攒动，但这份热闹中融入了崭新的面貌和深远的意义。它记录了侗族人的过去——那些围绕火塘的讨论，那些融入大歌的乡土情怀；它也见证着今天的变化——数字技术、创意设计、研学体验，为这座古老的建筑注入了新的活力。

2024 年 10 月底的一天，大利侗寨鼓楼前的广场上开展了一场由公益组织与企业联合举办的织布大赛。来自天南海北的“织女”齐聚于侗寨鼓楼，布匹从独龙江乡、俄亚纳西族乡，经由北京、上海，最终汇聚于榕江。这些承载着各地风土人情与织女心意的斑斓织物，不仅展现了她们对美的追求，更饱含着对传统的深情致敬。鼓楼前广场上，临时搭建的摊位上展示着色彩斑斓、式样多样的布匹、腰带、斗篷。侗族蓝灰挑花布的古朴低调，独龙族明亮织毯的山林活力，纳西族浓烈红色的沉稳厚重，佤族花纹密布的黑色织物宛如夜空般神秘，相互碰撞，又彼此映衬，形成一场跨越地域的视觉盛宴。来自全国乃至全世界的参观者们驻足凝视，每一双眼睛都被这份文化交融的美吸引。一旁的小朋友躲在布后探出头，兴奋地喊道：“像彩虹！”那一刻，传统手工艺的美好力量在孩子天真的目光中焕然显现。[1]年轻的志愿者们忙着用手机、相机记录这一幕幕，通过网络将这幅热闹与文化交织的画面传向远方，屏幕的另一端，有人被技艺的精妙折服，有人被色彩的冲击打动，还有人因此萌生了探寻侗族文化的兴趣。这场活动的热闹不止于观赏。织友们围坐一堂，品尝贵州酸汤，体验蓝染

1.《naze naze 的织布大赛丨赴一场手织布的约会》，https://mp.weixin.qq.com/s/8eNBklJH3kFmpvcO_HYvnw，2024 年 10 月 3 日。

工艺，学习挑花技法。谈笑间，地域的隔阂渐渐消融，纹样与图案成了交流的语言，彼此的故事在针线中流淌，未曾言明的情感也在其中自然流露。织布，在这里超越了劳动与技艺的范畴，成为一门跨越重山的语言，从古老的劳动走向现代的创造，从乡村走向世界，连接起不同文化，让人与人之间的交流自然而然地展开。

从一匹布到一个故事，从一种工艺到一场聚会，鼓楼展示了侗族文化的深厚底蕴与开放包容的历史回响，更是当代交流的脉搏。“鼓楼”已不再只是村寨的议事中心，更成为联结乡村与世界、贯通传统与现代的象征。这里的每一场技艺展示、每一次文化交融，都是一场跨越时间与空间的对话。鼓楼的意义，不仅在于它承载了侗族的过去，更在于它以开放的姿态，成为通向未来的桥梁。这里，传统不是静止的遗迹，而是不断被激活的生命力，为一代又一代人注入力量，延续着这片土地的记忆与希望，连接起故土的根脉与世界的目光。

说到鼓楼，就不得不说“花桥”[1]。中国历史上的桥梁无数，有名的也不少，这些桥“不只是静止的建筑，更是物化的媒介，其本质在于容纳与其相关的人、物、事件和信息”。而在榕江侗寨，随处可见的花桥，则是侗族的一个公共空间，承载着侗族人对幸福与平安的美好期盼，不仅是连接河岸两边的通道，更是村民的生活与交流中心。

在榕江的大利侗寨，花桥静卧于溪流之上，连接着侗寨的两端。薄雾笼罩着山间，溪流在脚下轻吟，侗族木匠以精湛的榫卯技艺，让桥体在没有一钉一铆的情况下坚固屹立。廊亭飞檐翘角，廊檐雕刻着龙凤、花鸟等纹样，与周围的山水环境融为一体，展现了侗族人“天人合一”的理念。从晨雾升起到星光点点，花桥默默伫立，仿佛是村寨的心跳，见证着人们来来往往的足迹，也承载着那些被岁月悄然织进木梁的故事。白日的花桥，宁静而又生动。阳光穿透木板缝隙，洒在桥廊的每一处。长凳上，老人们手捧热茶，聊起过去的故事，伴随着家长里短娓娓道来；妇女们忙

1. 花桥，也称风雨桥。在侗族语言中，花桥被称为“福桥”，意为“赐予幸福吉祥之桥”。

侗寨古花桥

着织布编带，飞速穿梭的手指，让图案在布面上慢慢浮现。孩童们在桥上桥下追逐跑过，笑声打破了桥上的宁静。一位阿姨拿着刚从地里摘的黄瓜递给路过的客人，笑着说："尝尝，好甜！"花桥，不仅是脚步停留之地，更是连接人与人之间的纽带。

每逢节庆，花桥便化作一座欢乐的舞台。彩带、布幔装点着廊亭，村民们围坐一堂，侗族大歌在桥上响起——清亮、纯粹、层次分明的歌声无须伴奏，直击人心。桥下，伴随着芦笙与鼓点，舞者翩然起舞，庆祝着生命与自然的和谐，享受着虔诚的欢乐。那一刻，花桥仿佛是一座天然的剧场，承载着村民的欢笑与期盼，书写着侗寨文化的记忆与延续。

如今，花桥也悄然焕发出新的面貌。桥廊上悬挂着写有民族团结、和谐社会、社会主义核心价值观的横幅、牌匾，鲜艳的红色与雕梁画栋相映成趣，处处彰显着这古老建筑的现代性。桥不再仅仅是通行的廊道，而成为一种新的媒介[1]，连接着传统的文化与现代的思想。一侧，高校艺术专业的学生架起画板，用笔触捕捉廊檐飞翘与清流倒影；另一侧，几位外国游客架起摄影设备，试图定格花桥结构在光影变幻中的独特韵味。桥下的小溪旁，年轻的村民们正指导一群来自城市的学生进行一次特别的研学活动。一旁的老匠人微笑着提醒："每根梁木的位置都要精准，它们就像村里的人，每个人都有自己的位置，大家合作，桥才稳。"孩子们听得入神，像是触摸到了历史的温度，手中的模型也逐渐有了雏形。几位陪同的家长也忍不住加入其中，试图在孩子的帮助下完成一个小型桥梁作品。

花桥最动人的是它在每一位驻足者心中留下的温暖。老人们说，桥是守护村寨的福祉；年轻人说，桥是让世界看见侗寨的窗；而孩子们则用稚嫩的声音说道，"桥是奶奶告诉我侗寨最漂亮的地方"。花桥无声地承载着这些愿景，用木梁上的每一道纹路、廊亭间的每一束光，诉说着岁月的深情守望。

花桥连接的不仅是山水两端的路径，更是村寨的昨天与明天。它凝聚着人们对家园的眷恋与希望，成为时间与情感的交会点。在新时代里，它不仅是文化的重生，更是情感的流动、记忆的延续[2]。站在桥上，你会发现，这座桥写满了过去，也写下了未来，而那桥下缓缓流淌的溪水，正如侗寨的生命一样，绵延不息，清澈澄明。

鼓楼与花桥已经成为侗族人连接过去与未来的文化桥梁。在这片古老而丰饶的土地上，侗族人民用世代相传的智慧与汗水，守护着文化的根脉，像秋日枝头的硕果，饱满而光亮，昭示着生命的延续与传承。交流，这一流淌在人类血脉中的本能，自古以来滋养着文明的土壤。鼓楼，矗立于侗寨之中，正是这份交流的象征，而花桥则连接着代际、邻

1. 何雨蕾：《作为媒介的桥梁：文化传承、交互共生与网络再造》，《东南传播》2023 年第 11 期。

2. 李光涵：《贵州大利侗寨的"保护"——以鼓楼和风雨桥为例》，《建筑学报》2016 年第 12 期。

里与外界，让人们在对话与分享中彼此相连，心灵相契。

这里的每一个人，都是一个鲜活的故事。那些看似平凡的生活片段，汇聚成侗族文明的宏大画卷。这些故事，虽微小却饱含深情，它们不仅展现了侗族文化的多姿多彩，更传递出对生活的热爱与执着，让每一个驻足观赏的人都能感受到来自远古的脉动与当下的活力。如此，侗族的文化之树，在交流与传承中，越发枝繁叶茂，焕发出新时代的光辉。

议榔栽岩

作为中国传统文化的一部分，村规民约发轫于宋，推行于明清，成熟于清朝中期，并于清末民初盛极一时。在传统以地缘关系为纽带的乡村社会中，乡规民约是“协调超越家庭、家族关系的社区社会秩序的需要”[1]，维护着中国农村社会中的基本秩序。这些村规民约以宗法礼教为指导，“以劝善惩恶、广教化而厚风俗为己任，以稳固乡村社会秩序为目的，由乡民自行制定，共同遵守”[2]。改革开放后，由于农村社会的阶层结构发生分化，乡村治理面临新的生态，村规民约是农村社会整合的一种重要机制[3]，在乡村治理中发挥着重要作用。随着乡村治理的推进，村规民约作为“推进村民自治的重要载体、整合农民利益的重要平台、农村民主治理的基本规范”[4]，日益受到重视。

在榕江，村规民约有着悠久历史，但具有神秘感的是苗族的“栽岩规约”。苗族自古无文字，原始的苗族社会活动、集会议事所产生的结果，只凭口传心记。在苗族古代社会中，为了体现民族的意志，村民集体决策或

1. 张明新：《从乡规民约到村民自治章程——乡规民约的嬗变》，《江苏社会科学》2006年第4期。

2. 张广修：《村规民约的历史演变》，《洛阳工学院学报（社会科学版）》2000年第2期。

3. 杨建华、赵佳维：《村规民约：农村社会整合的一种重要机制》，《宁夏社会科学》2005年第5期。

4. 周铁涛：《村规民约的历史嬗变与现代转型》，《求实》2017年第5期。

协议某一区域内的规矩，由此便产生了“栽岩议事活动”[1]。苗民每次集会、议事，形成决议或法规之后，就会在村口寨头或集会地栽一块岩石[2]，以作凭据，并警告后人。这就是苗族历史上千古不朽的“石头文字”，也被视为“无字之约”。

栽岩历史悠久。据研究，清雍正年间，随着“开辟苗疆”的实施，原本“不隶版图”“不奉约束”的黔东南乡村社会，逐步归入“王化”的版图。黔东南乡村社会在与国家互动、协商的过程中，治理方式由以“栽岩议事”为主的自治管理，逐步演变成了以“府示立碑”为主的国家治理，“呈现出了国家治理与乡村自治共治的局面”[3]。而在黔东南地区，栽岩比较有名、集中的地方，当数榕江县。据初步调查，现今尚存栽岩数百块之多。尽管这些栽岩分为有字石刻和无字石刻，但作用相似，[4]都是用来规范村民的行为。

2024 年 7 月 18 日，摆贝苗寨举行了古老神秘的“议榔栽岩”仪式，来自榕江县的平江镇高鸟苗寨、三江乡四格苗寨和三都水族自治县都江镇甲雄苗寨等 17 个百鸟衣苗族支系[5]村寨群众齐聚一堂，参与了这场以移风易俗改革为主题的栽岩活动。苗族老人现场公布新的“榔规”——《三榕百鸟衣苗族支习俗改革试行办法》，其内容如“男女双方达到婚姻年龄，男方到女方家报信时，只能带十几斤米酒、几斤肉或一对鸡鸭，不准拉牛送猪报信”“小孩满月时，不允许大操大办满月酒”。随后，栽下石头为

1. 周年荣、龙基成：《榕江苗族的栽岩文化》，《贵州民族研究》1994 年第 2 期。

2. 也叫“埋岩”，将一块长方形的石条埋入泥中，半截露出地面。是苗族村寨的一种公众议事和“立法”活动，实际上是对军事、婚姻、惩戒盗贼、盟约盟誓、调处纠纷、护村护寨、规范行为的立法碑。2011 年 5 月 23 日，苗族栽岩习俗经国务院批准列入第三批国家级非物质文化遗产名录。

3. 谢景连、陈杏烛、伍应滔：《从“栽岩议事”到“府示立碑”：清代黔东南乡村社会治理体系的变迁》，《贵州民族研究》2024 年第 2 期。

4. 龙仕平、周年荣：《贵州榕江苗族栽岩及其文化价值述略》，《贵州师范大学学报（社会科学版）》2021 年第 3 期。

5. 因为这 17 个村都穿百鸟衣，所以叫百鸟衣苗族支系。

摆贝苗寨新栽的石头

证。现代生活节奏快、变化大，很多栽岩的内容已不再适用，这次栽岩仪式是古老文化融入时代之举。

“栽岩”不仅是言行的约束，“更是心灵的归宿”[1]。栽岩是苗族一种古老的村规，也是一种自治的方式，因为苗族没有文字，所以选择通过栽石头来定规矩，然后再将规矩口口相传。在栽岩仪式上，宰一只鸡，把血滴在石头上面，定下的规矩整个村就得遵守。摆贝村党支部书记刘正文介绍，栽岩之所以有 3 颗，是因为中间的一颗管婚姻，就是不准收高价彩礼，不准虐待小孩女人；左边的一颗管山林纠纷，大家要互相尊重，栽了石头以后就代表这一片是你的，那一片是我的，不准乱来；右边的石头管邻里纠纷，邻里之间不能互相争吵。

这次栽岩有 17 个村到摆贝，共同制定了这个规矩。之所以叫 17 个村来，是因为单靠摆贝村影响力较为有限，因此要把百鸟衣支系的苗族村寨凝聚在一起，共同商讨以后怎么发展，怎么进行社会融合，邻里之间怎么

1.《榕江：传承“无字之约”守护治理基石》，https://mp.weixin.qq.com/s/4MI7iZcFrdwGpwmXLs_MwA，2024 年 8 月 19 日。

相处，怎么把感情凝聚起来。刘正文说：“要做好一件衣服，讲好一件衣服的故事，一件百鸟衣绣出民族团结情，促进大发展。”这次栽岩仪式，每个村寨都来了四五十个人，光吃饭就摆了200多桌，长达2公里。通过村里的寨老、村支书、有威望的人召集，每个村来的时候要把各自村的农特产品、最美的百鸟衣带来，做一次大规模的展销，还会带来芦笙舞、举旗幡[1]等活动，由此村寨间的凝聚力更强了，感情更深厚了。在这个过程中，栽岩成为“村民群众自我教育、自我管理、自我约束的行为规范”[2]。

这次活动之所以受到广泛关注，是因为榕江、三都一带的栽岩活动已有五六百年没有开展过了。这缘起于一个传说。在七八百年前，有个村寨在立石头时把中间象征婚姻的石头立得太高了，说明收的彩礼特别高，后来有一半的男人娶不到老婆，引起了社会的不满，村民觉得这个规定不行。隔了200年左右，三都县都江镇又栽了一次，就把石头栽平了，社会才又发展起来。此后，有几百年再也没有立这样的石头了。为了把民族文化传播出去，刘正文就一个村一个村去解释，告诉他们现在社会发展与以前的传统不一样，逐渐得到了各个村寨的认可，并列出了22条需要改的约定，提前在村里商议通过。这次仪式就是把各村寨聚集起来公布约定，让村民一起遵守。

为什么立这么一块石头这么多人就愿意遵守呢？立石头是有规矩的，要请村里最有威望的人来唱，唱的主题是苗族从哪里来、怎么来。因为苗族没有文字，很多文化习俗靠代际相传。所以苗族古歌都是讲苗族怎么来的，什么时候开始有的，怎么迁徙，怎么到这里来的。仪式那天，村里会唱这首歌的老人过来唱，村民通过唱的古歌知道苗族为什么这么艰难，为什么能走到今天，听后很多人会感动流泪。祭祀完成之后，村里会宰一头水牛，把牛的血淋到石头上，大家发誓要共同遵守约定，谁不遵守约定，

1. 幡：用于庄重严肃的场合。打幡的时候很高，用竹竿，尽可能高，为的就是通达上天，告诉祖先神灵愿望和想法，祈求后代的兴盛以及丰收。一般过节、老人去世会用，不会用长的，而是用短的那种，戴在身上进行一些仪式。

2. 于大水：《村规民约之研究》，《社会主义研究》2001年第2期。

违反了约定，就要买一头牛来，把这个石头迁到他所在的村去，重新栽一次。所以大家都不敢不遵守，而且会互相监督。刘正文表示，因为没有文字，传承了以前那种口传就能信、讲了就算的传统，“写出来不遵守也没用”[1]。

相比以前，现在的栽岩在年轻人参与了之后，融入了更多的法律知识。年轻人在栽岩活动中，参与商定栽岩的内容，唱栽岩的歌曲，参与栽岩的过程。“年轻人将自己学习到的法律法规以及新的发展思想融入新的栽岩故事，改变了传统的一些不符合社会发展规律的约定”[2]，使这个古老的苗寨的礼法习俗焕发了新的时代生机。这是传统迈向现代的一个重要变化，现代性在时代变迁中注入了这个古老的民族传统。

大山里的非物质文化遗产

民间歌舞音乐是中国歌舞音乐的体裁形式之一，诗歌、音乐、舞蹈三者紧密结合，“音乐多采用当地的民歌小调，因而具有不同的民族风格和浓郁的地方特色”[3]。如河南西北部地区的“哼小车”是一种古老的民间小调，就“与当地祭祀火神的仪式性活动‘行水’有着密切的关系”[4]。而民族地区的歌舞类活动或仪式，也充满了原始宗教色彩。有学者把文化艺术活动分为三类：一是地区性或跨文化的传统节庆活动，以民俗文化为主体，带有一定的纪念性与祭祀性；二是以狭义的艺术文化为主体的艺术节，目的是发展本民族或世界性的精英文化，促进国际艺术交流；三是以民族文化为导引，以振兴经济为目的的艺术节。[5]不管是什么类型，

1. 以上内容来自 2024 年 10 月 30 日对刘正文的访谈。
2. 以上内容来自 2024 年 10 月 30 日对刘正文的访谈。
3. 杨民康：《论中国民间歌舞音乐艺术与社会文化特征》，《中国音乐》1996 年第 4 期。
4. 丁永祥：《仪式中的舞与歌——河南西北部地区民间歌舞小戏“哼小车”调查与研究》，《戏曲艺术》2008 年第 1 期。
5. 范道桂：《艺术节的文化学思考》，《民族艺术研究》1988 年第 6 期。

文化艺术活动的背后都代表着或反映了一种文化观念。即便是那些出于宗教仪式需要的艺术形式，也表现了各族人民对人与自然相互关系的一种认识。

随着各地文旅热潮的兴起，艺术节出现复兴趋势，掀起了民族文化热，唤起了民众对民间文化的热爱，增强了民族自豪感和自信心。与先民在宗教、祭祀仪式中对人与自然关系的认知不同，民间文化热背后是民众的文化观念与价值观念的改变，以及人们对民族歌舞艺术的全新认识。有学者认为，人们在评价民族文化时，有几种不同的价值尺度：一种是猎奇的观点，因从来没有看到过如此新奇而丰富多彩的民族民间歌舞而感到大开眼界；一种是商业经济观点，视绚丽多彩的民族民间歌舞为商业机遇；一种是学术观点，看到了民族民间艺术的文化价值；一种是政治观点，把民间歌舞艺术作为促进国际文化艺术交流的桥梁；一种是审美观点，认为民间歌舞蕴含着丰富的审美意蕴，有较高的审美价值。[1] 当前乡村社会的文化热潮，兼具了这些不同评价尺度。

随着现代社会快速发展和转型，经济收入、物质享受增长的同时，社会竞争日趋激烈，上升通道有限，人的精神和感情越来越压抑。在拜金主义、消费主义、泛娱乐化等城市喧嚣现象中，传统价值观念、社会道德体系面临危机。在这种几近异化的价值体系下，一些人追求返璞归真，向往朴素自然的乡村生活，憧憬人与自然的和谐景象。因此，深藏于乡村地区、民族地区的诸多民间歌舞类文化艺术，不断借由短视频等载体，呈现在大众视野之中。

在榕江县，“侗族大歌”就是一种最具代表性的民间歌舞艺术。它不仅是国家级非物质文化遗产，更被列入联合国教科文组织人类非物质文化遗产代表作名录。

侗族村寨宰荡村，民族风情浓郁，寨子周围青山环绕，绿树成荫，花桥、鼓楼、石板道、吊脚楼组成了一道亮丽的风景线。走过古老的花

1. 范道桂：《艺术节的文化学思考》，《民族艺术研究》1988 年第 6 期。

侗族大歌国家级非遗传承人胡官美（右二）团队唱大歌

桥和鼓楼，就到了胡官美家。这位身穿侗族传统服饰的70岁老人，面带微笑，体态优雅，是侗族大歌国家级非遗传承人。热情好客的胡官美看见客人，现场就要演唱侗族大歌。因为侗族大歌一个人不好唱，她就拿出手机开始“摇人”，几个电话过后，不一会儿就又来了3位。4个人在一起，没有排练，简单沟通了一下就开始演唱。那配合之巧妙，无论是模拟自然之声，还是鼻腔共鸣、舌尖颤音，抑或清脆响亮的歌声，都让人宛如身临其境。

唱完后，胡官美又介绍，她们唱的是侗族大歌中最具代表性的作品《蝉之歌》，是模仿蝉鸣而形成的和声。难怪听的时候就感觉到它充满了大自然的趣味。而这首歌早在1986年，就已由9位“蝉姑娘”唱出了国门，唱响法国巴黎，赢得了欧洲艺术界的青睐。从此，这种拥有悠久历史的侗族无伴奏多声部的音乐形式名扬世界，欧洲游客不远万里地来到侗寨，只为一睹“蝉姑娘”的梦幻家乡。

侗族大歌是中国较早被发现且被国际认可的一种无指挥、无伴奏的自然多声部合唱音乐。很长一段时间里，西方音乐社会学家认为“只有欧洲才会出现由复调音乐所组成的和声音乐，别的地方没有出现理性化”，并“将乐器的标准化视为西方文化理性化进程的一部分”[1]。20世纪50年代，萧家驹等人组成的“侗歌调查组”意外地发现了一种叫作嘎老的多声部合唱，并将之编成专著《侗族大歌》出版，而后这种独特且极富艺术感染力的演唱方式、调式、多声形态和节奏，受到国内外音乐界广泛关注，打破了“只有欧洲音乐才是理性的”这种知识偏见。

由于侗族没有自己的文字，侗歌的传唱靠的不是某一个传唱人，而是世世代代所有侗族人的共同努力。侗族人从生活中汲取养分丰富创作，农闲时坐在鼓楼里，围在篝火旁，穿着民族服饰演唱着具有浓郁民族特色的大歌。胡官美从小到大会唱的300多首侗歌，至今每一首都信手拈来，不忘歌词。她也已经记不得从几岁开始唱歌了，仿佛是从开口说话、从记事时起，就已经在唱歌。作为国家级非遗传承人，胡官美有较为强烈的使命感，至今已经教过1000多人唱侗歌，宰荡的小孩很多都跟胡官美学过侗歌。[2]

唱歌对侗族人来说就是生活的一部分，歌声贯穿生活，而非为了舞台。对侗族人来说，唱歌是他们表达情感世界的重要方式。侗歌的内容包罗万象，表达了侗族人对命运、爱情、道德等人生议题的理解，甚至还会把反诈骗内容编成歌曲传唱，展现出了侗族生活的方方面面，连接着人们的日常经验与精神追求，也体现出侗族人的人生态度和价值观念。大利侗寨村委会副主任杨再祥表示，共同的热爱是促进侗族大歌传承的重要原因，过年的时候外出务工的返乡人会聚集在鼓楼里，共唱侗族大歌，这成为侗族大歌能够顺利传承的重要环节。他也担心，随着男性外出务工，侗族大歌面临着传承困难的问题。[3]

在“村超”赛场上，万人齐唱侗族大歌，具有穿透力的歌声在足球场上久久回旋，这样的文化视听盛宴让来自不同地方的观众与侗族文化产生

1. 尚媚：《韦伯音乐社会学理论的启示：音程的理性过程与事实》，《北方音乐》2024年第4期。

2. 以上内容来自2024年9月24日对胡官美的访谈。

3. 以上内容来自2024年10月31日对杨再祥的访谈。

芦笙舞

了更加充分的互动与连接。侗族大歌的表演空间从鼓楼扩展到了“村超”赛场上，让越来越多的人了解到了侗族文化，侗族大歌不再是自娱自乐的产物，在这种创新性的发展中与外界文明的交流互鉴与日俱增。空间的转换让侗族文化得以“走出去”，社会中的现代化因素也能更加顺畅地“走进来”。借助“村超”舞台，侗族大歌凭借新媒体和新技术完成了互动与转向，从传统的村寨表演逐渐转向新兴的舞台表演，在演唱形式、活动空间、展演路径和展演功能方面都悄然发生了变化[1]。传统性与现代性由此实现了互联互通，侗族大歌也能在这种现代化社会中重塑传统文化新的辉煌。

1. 尤莉：《从仪式到表演：村超舞台上侗族大歌的互动与转向》，《美与时代（下）》2024 年第 11 期。

“苗族芦笙舞”[1]是“村超”舞台上又一道亮丽的风景线。苗族的芦笙文化源远流长，是苗族历史文化发展的见证。只要有苗族人，就一定能看到芦笙。芦笙舞表演时，且吹且舞，围成圆圈，缓缓向前，演奏方式独特，曲调悲壮肃穆，具有鲜明的民族音乐风格和地域特征，在苗族文化生活中占有非常重要的地位。每逢节庆日，榕江县的苗寨就会邀请周边苗族村寨的芦笙队一起举行芦笙会，苗族群众身着盛装吹芦笙、跳芦笙舞，以芦笙会这种古老、独特的方式表达和谐、团结、欢快的气氛。无论是舞蹈本身的团队形式，还是民众广泛融入的自由舞蹈形式，抑或周边村寨互相捧场的热闹场景，这种集体性活动处处展现出一种集体文化氛围。

在榕江，侗族、苗族、水族、瑶族等民族在大歌、芦笙舞、铜鼓舞、长鼓舞等内容的建构下，以立体的，充满思想与情感的文化形态为外人所看到和理解，并历经千年而不衰，绵延万里而不绝。在今天，这些民间歌舞不断适应时代的变迁，让文化的传统性与社会的现代性相连接，以与时俱进的形式向外部世界生动地讲述着精彩的民间文化故事，文化成为了解民族的桥梁和纽带。

小节天天有

节庆是在特定时间、特定空间将群众聚集，以特定仪式来表达民族精神、民族情感和民族信仰的文化现象。在文化场域中，节庆通过空间秩序、文化秩序和活动秩序的塑造，构建民众对于节庆的认知、态度和行为，从而形成独有的节庆文化空间，以非日常的“集体欢腾”赋予“社会节奏”力量。而节庆文化是节庆活动的深层内核，在一定时间和一定地域范围内表现特定族群的思想、认知、道德、信仰等观念文化内容[2]。

在中华民族5000多年文明史上，节庆民俗数不胜数。作为一种以天人

1. 芦笙舞，又名“踩芦笙”“踩歌堂”等，因用芦笙为舞蹈伴奏和自吹自舞而得名，是苗族人民的传统舞蹈。2006年，芦笙舞被列入国家级非物质文化遗产名录。

2. 范建华：《论节庆文化与节庆产业》，《学术探索》2011年第2期。

乌公侗寨侗年“长桌宴”

相依为起点和原型的民间文化制式，节庆民俗“是族众创造、记忆、分享和传播的生活性文化，是族群认同、归属的生存共同体的显性标识，它统一人们的思想观念和行为方式，维系族群的文化心理边界，是一种可操控的规范性力量”[1]。以乡村节庆文化为代表的乡土文化，对乡村具有“纽带、认同、归属等统合功能”，但这种功能在社会转型语境中逐渐淡化，“人们对节庆民俗文化态度淡然，缺乏应有的重视和尊重”[2]。然而在榕江县，这种节庆文化依然长盛不衰。

作为中国西南部的一个小县城，榕江县有250多个村寨，10多个民族，侗族、苗族、水族、瑶族等民族人口有29.8万。这里被誉为“中国民间文化艺术之乡”，节庆活动数量众多，类目繁复。

2024年11月30日，是榕江县寨蒿镇乌公侗寨过“侗年”[3]的日子。乌公侗寨在榕江县城50公里外，下了高速走过20多公里弯弯曲曲的山路，当马路边赫然出现“创建‘四好’农村路，服务贵州‘村超’”的红色大字，随后富有民族特色的音乐声就会传至耳边。这意味着乌公侗寨到了。

走进乌公侗寨，侗家木屋吊脚楼依山而建，鳞次栉比，错落有致，掩映在古榕翠竹之中，成为雷公山的一颗闪亮明珠，是榕江四十八侗寨文化的瑰宝。脚下的瑞里河清澈蜿蜒，绕寨而过；河上一座横跨江面的长达82米的花桥映入眼帘，桥上摆开长桌宴，数百人围桌而坐，场面十分壮观；不远处，一座高架桥腾空而起，横跨两山之腰间，蔚为壮观；河岸边上有足球场、篮球场、露营基地，舞台上轮番上演侗族特色的歌舞节目，国家级非物质文化遗产侗族琵琶歌悦耳动听。河流、花桥、高

1. 宁威：《历史上节庆民俗的组织化传播》，《浙江理工大学学报（社会科学版）》2018年第6期。

2. 宁威：《社会转型期农村节庆民俗文化组织化传播刍论》，《文化与传播》2017年第3期。

3. 这是侗族群众的一个传统节日，在侗语里是“吃冬”的意思，有的地方也叫过侗年，流行于黔东南苗族侗族自治州黎平、从江、榕江三县南部侗族村落，是侗族人民祈求祖先保佑，侗家人亲友团圆，庆贺稻禾丰收的节日。2011年，“侗年”被列入国家级非物质文化遗产名录。

架桥，河滩，吊脚楼、足球场、篮球场和舞台上的音乐、舞蹈，舞台下的露营、小吃，欢快的氛围一直持续着。身处其中，一种传统与现代、人类与自然的和谐之美，让人惊叹不已，集体的自信心与自豪感油然而生。

这只是榕江县一个民族的一个节日而已。仅侗族，就有侗年、萨玛节[1]、活路节、尝新节、三月三、林王节、过冬节、牛神节、芦笙节、赶歌会、花炮道节、大雾梁歌节、四十八寨歌节、斗牛节等诸多节日。同为榕江县民族之一的苗族，还有苗年[2]、牯藏节[3]、四月八、龙舟节、吃新节、赶秋节等众多节日。也正因如此，榕江本地有着“大节三六九，小节天天有”的说法。

作为农村生活习俗的一种，节庆文化是农民日常休闲的一种方式。皮珀认为，闲暇起源于古代宗教节庆的崇拜活动，而且在任何历史时期，生命仪式和民间信仰都是构成闲暇“最内在且是最核心的根源”。[4]对普通

1. 萨玛节是南部侗族古老的传统节庆，流传于贵州省榕江县、黎平县、从江县及周边的侗族地区，于2006年第一批入选国家级非物质文化遗产代表性项目名录。萨玛节，即为祭祀萨玛而进行的节庆仪式。萨玛（sax mags）系侗语，“萨”即祖母，“玛”即大，萨玛可汉译为“大祖母”“圣祖母”。萨玛是整个侗族共同的祖先神灵的化身。侗族认为祖先神威巨大，至高无上，能赋予人们力量去战胜敌人、战胜灾害，赢得村寨安乐、五谷丰登、人畜兴旺，因而人们对之虔诚崇拜，将其奉为侗族的社稷神。萨玛还是传说中的古代女英雄，在侗族古代社会的政治、军事、文化等方面占有重要地位。

2. 苗历的年之首，苗语称“能央”，是苗族一年中最重要的节庆，也是苗族同胞庆祝丰收、祭祀祖先、感恩天地的传统节庆，2008年列入第二批国家级非物质文化遗产名录。苗年一般在秋收完毕、一年农活基本结束时举行。过苗年一是为了悼念5000多年前在部落大战中罹难的苗族始祖蚩尤，二是庆祝一年劳作的收获，同时，也是苗族同胞祭祀祖宗神灵及被苗族视为保护神的枫木、竹木、岩妈、水井等的日子。

3. 又称“鼓藏节”，苗语称“牯哝江略”，意为鼓社节，即以血缘宗族为单位的祭鼓活动，2006年入选第一批国家级非物质文化遗产代表性项目名录。牯藏节是苗族13年举行一次的最隆重的祭祖仪式。苗族认为，祖先居住在遥远的东方，需敲击木鼓才能把他们召唤前来。因此在牯藏节中，木鼓自始至终贯穿活动的全程，包括“接鼓”“醒鼓”“凿鼓”“换鼓”“送鼓”等仪式。

4. ［德］皮珀：《闲暇：文化的基础》，刘森尧译，北京，新星出版社2005年版，第44页。

民众而言，“现代社会过于繁忙的工作频率，造就的是人的异化和单向度的人，人只有在闲暇中才能实现自我”[1]。从这个意义来说，在农民的节庆文化和闲暇生活中，过节是一种超越性的精神生活，是农民实现自我的一项重要内容，农民也通过对精神生活的积极介入，“得以在劳作之余完成意义世界的建构”，“如果没有闲暇时的精神生活，村庄中的人际关联就无法得到有效的维系，从而形成温情脉脉的熟人社会。”[2]这就能理解为什么在深山老林中的村寨喜欢过节，节庆也因此成为村寨集体主义的文化基因。

对于民众而言，节庆本身是一个既植根于生活，又独立于日常之外的体系[3]。在榕江，不同民族节庆有着不同的时间秩序。苗族过苗年按序轮排，即便在同一地区，各寨“苗年”也并不全在同一天过。苗年有经寨老协商，按顺序进行的习惯，大体在同一周期而非同一日，每个村落间会相差三五日，以便附近的村寨可以相互走访。这种习惯，也使得这些不同的苗寨在各自不同的“苗年”日子里，轮流成为该苗族区域的狂欢中心。同时，苗年以“苗历”为基础，苗历是苗族自己自古流传下来的记载时间、农事、重大事迹的一个体系载体。

对民族群众来说，节庆是区域性的节庆传统，有独特的秩序空间。根据类别的不同，节庆仪式形成不同的活动秩序，这些仪式不仅能刻写和保存文化记忆，也能够通过仪式实践唤醒和巩固群体的共同文化记忆。在历史的演进中，节庆文化创造了物质空间和文化内涵的融合体，推动了榕江非遗文化的传承、热情好客的集体氛围和多民族交融互动，为集体主义文化塑造带来了深刻而久远的影响。作为一种集体聚会形式，节庆承载着当地人自古以来的风俗习惯、生活特点、审美风俗，凝聚着群体认同和价值

1. 安希孟：《关于闲暇的理性思考》，《自然辩证法研究》2005 年第 12 期。

2. 王会：《个体化闲暇——城镇化进程中苏北泉村的日常生活与时空秩序》，上海，上海社会科学院出版社 2020 年版，第 108 页。

3. 孙希旦：《礼记集解》（卷二十四礼器第十之二），北京，中华书局 1989 年版，第 659 页。

认同[1]，承载着历史记忆和时代传承功能，具有重大的情感影响力[2]。涂尔干认为，膜拜仪式能够不断唤起人们的情感，并获得精神上的惬意[3]。节庆作为互动仪式，让参与者形成情感的共鸣。在节庆文化的熏陶下，榕江形成了以村寨为单位的集体关系，并热衷于过节，习惯过节，向往热闹和与亲友相聚的时光，有着很强的集体荣誉感。作为一种潜移默化的方式，节庆也会增强各民族对彼此的历史文化、宗教信仰、民族性格等认知，获得切身感受，滋生民族交往情感，形成民族交往态度，引导民族交往行为。[4]

或许是因为赶上了侗年，当地村民看我一个人徘徊在乌公侗寨，热情地邀请我到他们家里吃饭。从他们那里我得知，这是侗族人民热情好客的正常表现。特别是节假日时，他们喜欢与村民、游客一起分享食物。这种热情分享的文化在苗族村寨也是时常可见，邀请邻居到家里做客，男女老少喝着自酿的米酒，欢声笑语直到深夜。有时，因为新制作了几把芦笙，就要举办一场试吹仪式，邀请上百人参加宴席，大家伴着黑夜和芦笙吹奏举杯庆祝。值得一提的是，黔东南地区还有一种“天亮文化”，一些打球的、喝酒的，会从晚上一直玩到天亮。这种传统在不同地方、不同活动会有所不同，例如台江的“村 BA”就是“天亮文化”的一种，大家打篮球可以打到天亮，但榕江的“村超”，因为踢球太累，“天亮文化”相对少一些。从热情好客，到邀请邻居做客，再到村寨活动、“天亮文化”，“这些都充分彰显着村寨聚落的群体生活文化”[5]。

节日期间的人们往往处于非常态生活。“节日以公共的时间和空间为基础，活动过程带有戏剧表演性质”，追求和创造的“是集体的文化认同、

1. 陈雪：《在地化与遗产化：文化振兴视野下少数民族节日的实践与传承研究》，《原生态民族文化学刊》2024 年第 3 期。

2. 彭兆荣：《人类学仪式的理论与实践》，北京，民族出版社 2007 年版，第 62 页。

3. [法] 爱弥尔·涂尔干：《宗教生活的基本形式》，渠敬东、汲喆译，北京，商务印书馆 2011 年版，第 497 页。

4. 马瑞雪、李建军等：《论民族交往交流交融》，《新疆师范大学学报（哲学社会科学版）》2019 年第 2 期。

5. 王建明：《“百鸟衣”和“村寨共同体哲学”》，《中国民族报》2019 年 12 月 6 日。

公共的价值观念与和谐的社会环境”[1]。这些节庆文化传统历史悠久，塑造了热情好客的文化氛围，蕴含着集体主义色彩，也培育了村民的集体荣誉感。在现代化进程中，这些传统文化习俗不断被发现，作为农民公共文化的价值也得到有效发掘。浓郁的民族文化与足球赛事碰撞融合，形成了独特的赛场文化。在“村超”比赛中场休息时，现场数万人合唱经典歌曲，比赛结束后全场观众涌入球场载歌载舞。通过“村超”这样一个平台，传统文化与现代性融为一体，呈现出与众不同的乡村文化现象。

斗牛、篮球与足球

作为人们生活中积累起来的共同的娱乐方式和一种身体行为的符号，民俗体育、民间体育等传统体育形式，“具有比较直观的文化认同功能，其具有的随意性、娱乐性特征，符合现代社会人们的节日文化需求”[2]。在一些民族地区，民间体育还具有仪式功能。如傈僳族没有关于自己族群的文字记录，其历史主要是通过仪式、口述记忆、神话等方式代代相传，其独特的“爬刀杆”仪式成为“一个融合了族群历史、宗教信仰、价值观、口述记忆、技术记忆等为一体的宏大叙事体系”，为族群成员提供了一个习得和追忆族群过往史的“场域”，对族群历史文化和宗教信仰以及价值观的传承起到了不可替代的作用。在这种仪式中，村民用身体来理解并展现族群记忆。[3] 也有学者认为，“仪式产生集体欢腾、集体记忆和集体认同”，是国家与社会关系的反映及互动的媒介，具有文化传承作用。[4]

在榕江县，有众多历史悠久的传统体育形式。其中最受欢迎的传统体

1. 王霄冰：《节日：一种特殊的公共文化空间》，《河南社会科学》2007 年第 4 期。

2. 冯萌：《民族传统节日中民俗、民间体育的价值》，《中国体育科技》2006 年第 5 期。

3. 郭军、仇军：《仪式体育：作为身体实践的族群记忆》，《武汉体育学院学报》2016 年第 12 期。

4. 李志清：《仪式性少数民族体育在乡土社会的存在与意义——以抢花炮为个案的研究（一）》，《体育科研》2006 年第 4 期。

育活动莫过于斗牛、篮球和足球。

斗牛是黔东南地区最为盛行的民间活动。2024年11月底，我驱车前往距榕江县城60公里外的乐里镇“七十二寨斗牛城”——亚洲最大的斗牛场。下高速后，沿着蜿蜒的山路前行20余公里，终于抵达目的地。一座气势恢宏的斗牛场依山而建，整体建筑与侗族椭圆形风雨桥风格交融为一体，堪称东方斗牛文化的地标。这个建在深山之中的巨大椭圆形斗牛场，占地逾4万平方米，四级露天看台环绕角斗场，用安全防护栏分为48个安全区，设有12个步梯及12个安全出口，可一次性容纳观众5万人。斗牛场的底部是长50米、宽25米的角斗场地。

七十二寨斗牛城（乐里镇政府提供）

说起斗牛，最为人熟知的是西班牙斗牛，但七十二寨村民斗牛历史可能更为悠久。与西方“人与牛斗”有所不同，这里的斗牛活动是“牛与牛斗”。在乐里镇的斗牛场修建之前，村民以田地为斗牛场。但这种斗牛方式一旦观众多，场面激烈，就容易发生危险。于是，当地人在原址挖了一个斗牛坝，建了一个规范的斗牛场。然而，斗牛坝的修建保证了村民的人身安全，却“养”出大批懒汉——由于喜好斗牛，村里日日月月都在举办斗牛活动，村民没钱就乞讨、借款。为了传承斗牛文化，也为了避免村民因斗牛而变得懒散，“七十二寨斗牛城”顺势而成。

斗牛是黔东南苗、侗族的重要民间体育活动，既是一场力量与技巧的比拼，也是对集体荣誉的庄重诠释。每到斗牛日，清晨的薄雾尚未散尽，斗牛场上的喧嚣与期待便早早弥漫于空气中，村民们从四面八方汇聚于此，场面热闹非凡。每年农历二月、三月或八月、九月逢“亥”的斗牛节，这里便成为各村寨村民激情澎湃的中心。参加搏斗的牛，被誉为“牛王”，平时不参加生产[1]。它们的饲养程序充满仪式感——从挑选、食料配制、保护照料、日常训练[2]，再到最终登场，每一步都凝聚了集体的共同努力。

斗牛前的热闹场景中，村里的老鼓楼成为议事与预测的中心。寨中的老人围坐一起，低声讨论参赛牛只的实力；年轻人则难掩激动之情，三五成群地聚在一旁议论纷纷。远处的田野上，几头膘肥体壮的水牛正在拉练着。有的背上系背旗，有的头戴绣球，有的牛角缠红，皮毛油亮，彰显出村民日夜呵护的用心。一个黝黑的汉子守在牛旁，时而轻拍牛背，时而低声念叨鼓劲：“牛赢了，村里也有面子。”他一脸虔诚，仿佛已经预见了胜利的场面。

斗牛前的重头戏——“牛王出征”“牛王踩场”准备式更是壮观。牛王身披红绸、头戴绣球，在芦笙乐的伴奏中浩荡出场。队伍前有青年擎“帅牌”开道，后有身着盛装的村民，队列整齐，欢声笑语、鞭炮声交织在一起。斗牛场中央，七十二寨的大寨老主持着隆重的祭祀仪式，祈求“牛斗人和、风调雨顺”，承载着黔人对牛图腾的崇拜与深厚敬意。而斗牛

1. 晓丹：《侗乡斗牛风情录》，《贵州民族研究》1982 年第 1 期。

2. 黄亦君：《黔东南苗族斗牛活动的文化人类学考察》，《中华文化论坛》2015 年第 1 期。

带来的狂欢和热闹，则成为连接村民情感的桥梁。

正如村里长者所言："斗牛不是为了争个输赢，而是为了热闹，为了团结。"斗牛给人们带来了纯粹的快乐，不仅是一项民间体育活动，更成为村落中维系集体意识的重要纽带，象征着人们对生活的热爱和对欢乐的追寻。斗牛场上展现出的敢斗、敢拼的精神，如同山间的呐喊般响彻天地，世代传承。"七十二寨斗牛城"是榕江斗牛传统的缩影，斗牛已成为当地独特的体育文化。对于黔东南侗寨的村民来说，斗牛既增进了村寨之间的联系和交流，也增进了不同民族之间的感情。

而外部引进的篮球，在榕江县也有着广泛的群众基础。

乌公侗寨，在这个远离县城、坐落于大山深处的侗族村落，打篮球的人非常多，还经常搞比赛。2024 年侗年那天，寨子里举办了"'木匠杯'篮球邀请赛""嬢嬢杯足球趣味对抗赛""廊桥集市侗乡长桌宴""'我在乌公多耶'主题篝火晚会""侗族琵琶歌展演"等一系列颇具民族特色的民俗活动。来自乌公侗寨的赵老师，在寨蒿镇中学教书，年轻时打篮球，如今身体发福，跑不动了。他表示，以前寨子并没有足球场，大家也不怎么踢球，因为"村超"出圈了，寨子也开始组建足球队，"足球队是今天（2024 年侗年）刚组建的"[1]。

乌公侗寨的篮球赛不是个例。在榕江，篮球基础与足球基础不相上下。"村超"火爆之前，榕江县也尝试过篮球赛。2021 年 12 月 4 日，"大山里的 CBA——首届侗年节篮球邀请赛"在"七十二寨斗牛城"篮球场举行，赛事吸引了周边村寨以及凯里、从江、黎平等县市的 16 支代表队 200 余人参加。热闹的篮球赛丰富了当地群众的侗年文化生活，增添了节日的喜庆气氛。后来因为隔壁台江县的"村 BA"火了，为避免陷入同质化竞争才选择放弃。

尽管如此，榕江县的各种篮球赛仍然持续在办。2022 年 5 月，榕江县举办了"以体树人杯"榕江县中小学生篮球联赛，共有 70 支队伍、836 名队员参赛，比赛分为小学组、初中组、高中组 3 个组别，开赛以来共举行

---

1. 以上内容来自 2024 年 11 月 30 日对赵老师的访谈。

了148场激烈的比赛。同年，乐里体育特色小镇“侗年杯”篮球、足球赛在榕江县乐里体育特色小镇运动场圆满落幕。比赛共有10支篮球队、5支足球队报名参与角逐。为支持榕江县篮球发展，2022年7月，在中国乡村发展基金会、榕江县教育和科技局支持下，榕江县忠诚镇中心校、朗洞镇中心校开展特色篮球学校，同时在乐里镇小学、忠诚镇中心校、水尾乡中心校开展特色足球学校。

即便是“村超”火爆之后，榕江县各种篮球赛也并未停止。2024年2月21日，在榕江县定威水族乡定旦村篮球场，定威水族乡第四届乡村振兴篮球赛暨2024年“新春杯”篮球联赛总决赛火热进行，全乡7个村共12支篮球队参赛。大家的参赛热情高涨，有的村组建了两支队伍，有的村组建了3支队伍，有的村甚至还在村里先开展了一轮选拔赛。这些村队的队员有乡村两级干部、驻村干部、村民、大学生、高中生、初中生等，基本上会打篮球、能打篮球、热爱篮球的都参加了。

作为团体运动的篮球赛，既可以营造村寨的欢乐氛围，也潜移默化培育村民的集体精神和村寨的集体荣誉感。当榕江县选定足球之后，当“村超”火爆之后，这些因篮球而形成的集体文化和社会心理，就成为“村超”的群众基础。

相比斗牛和篮球，榕江县的足球传统历史也不短。榕江人对足球的喜爱起源于40多年前，那时还没有正规足球场，当地人就在坝区稻田、河边滩地、山脚荒野中踢球。在凹凸不平的土地上，人们用木桩做门、以石灰画线，只要空闲了就开踢，遇到节假日就办比赛。大人们踢球踢累了休息时，小孩子们就一窝蜂冲进球场玩起足球，期盼着将来也能成为一名正式球员。

榕江县足协副主席杨亚江50多岁了，从小就受到周边足球氛围的熏陶。1939年，国立贵州师范学校到榕江办学，车江小学就是国立贵州师范学校的村寨教育实验区。父辈经常会给杨亚江他们讲述那个时候校园里的球赛，学校经常会举行一些小型五人足球比赛，留下了足球文化。1944年，广西大学到榕江办学，虽然只有一年，但也经常组织社区、村寨、街道开展比赛。一说有足球赛，大家都放下手边的活去看球。在杨亚江的记忆里，从小时候开始，周边的大人经常在茶余饭后鼓励小孩子，除了读书，还要踢好自己的球。受到大人的影响，大家放学后就经常在河边和沙坝里面踢球，学校、社区、村寨也经常会开展一些足球活动，村寨与村寨之间、街道与街道之间也会有一些赛事。就是受到这些影响，杨亚江从小就爱上了足球。

在杨亚江小时候，位于榕江的国立贵州师范学校有一个足球场，每到周六就会有人在那儿踢球。他们有时会把球踢出墙外，周边的小孩子们就抱着球跑。因为那时候生活非常困难，买不起足球，足球要是坏了孩子们就自己补，先把内胆补好，再用胶布粘好，又继续把外胎补好，有的学生因此还成了补球高手。杨亚江的爷爷看他没有球踢，还会经常编一些草球（用稻草编的足球）送给他。村里有7个小组，喜欢足球的小伙伴很多，而且都得到了家长支持。于是各家聚在一起凑钱，买一个足球，轮流放在这些人家里。一开始，村里没有全场比赛，但经常会打“火锅杯”比赛，即大家凑钱，每个球员出两三元，共凑出50元。两个队比完之后，50元钱就交给输的队，输的队召集人手去买牛肉、酸汤，准备火锅，球员们一起去吃。谁输谁就煮，但大家出的钱是一样的，目的是团结。

后来，杨亚江考入凯里师范学校，又在学校里成立了一支校队，经常和周边学校一起踢球。毕业之后，杨亚江回到家乡。此时，村与村、村与寨之间的亲戚老表经常会打“老表杯”“迎春杯”比赛。怀着对足球的这种情感，村里决定每年办乡村足球赛，并于1999年成立了“车寨足协”。车江总共有10个村子，全部是侗寨，但没有足球场。于是，村里就号召村民去建足球场，立即得到了村民的支持。建足球场的地方，原来是一大片稻田，因为被洪水冲垮了，导致岩石裸露无法耕种。经过稻田主人同意，附近村民、足球爱好者扛着锄头和镰刀，清理了几个月，还邀请开挖掘机、开铲车的朋友来帮忙，终于在2000年春节期间，顺利建成了足球场。球场完工当年，村里就举办了一次足球赛。2006年，一场特大洪水把足球场冲坏了，踢不了球的村民就开始参加县里的比赛。

通过一年一年的比赛，榕江培养了很多球员，球员的基数也逐年扩大。到2015年时，榕江县已经有了35支民间足球队，每年举办“工会杯”“电力杯”“街道杯”等各种足球赛。这一年，榕江县基础设施提升，建起了标准的足球场，球员们就建了一个“榕江足球联络群”，35支足球队的队长还有教练都在里面，规定周一早上8点钟开始约球，利用周末踢球。杨亚江是“快乐老男孩”足球队的队长，召集了一批爱好足球的人，也邀请一些喜爱足球的年轻人。在2017年榕江县举办的“足协杯”中，“快乐老男孩”足球队拿下了冠军。“在整个榕江县，包括2023年的那个‘村超’的总冠军，90%的球员都是我们老男孩足球队的。”杨亚江自豪地说。

足球传统在代际之中得到了传承。在杨亚江看来，足球除了满足踢球本身的需求，更多的责任是传承民族文化、足球文化。如今，杨亚江的孩子，他弟弟的孩子都在踢球。他的侄子毕业于贵州交通职业大学，从小就受到杨亚江这辈人的影响，小学初中高中都是校足球队成员，现在在车江小学做足球教练，带出了多个冠军。车江小学被评为中华优秀传统文化传承学校、贵州省首批体育学校、全国校园足球特色学校。现在学校每年都有半场比赛，每个年级、每个班都参与，而且每个班都有男女足球队。学校还提出了“踢好球，读好书”的口号。杨亚江表示，要通过踢球，“带着孩子互相尊重，树立梦想，并朝着这个梦想去热爱”。

足球梦想也在代际之中得以延续。榕江三宝侗寨乡村足球超级联赛于2023年1月24日开赛，是延续这种梦想的一个普通节点，但却成为“村超”兴起的起点。在比赛设计中，杨亚江把民族文化融入乡镇足球赛，并用手机拍了一个视频发到抖音，受到很多人关注，“村超”总策划欧阳章伟就是看到了这个视频（见第二章“新媒体‘万人军团’”）。时任榕江县县长徐勃对此予以高度肯定，赛事也得到了中央媒体报道。在徐勃支持下，杨亚江开始从全县的高度策划足球比赛。策划时，他首先考虑的是必须把民族文化融入进来。杨亚江认为：“如果没有民族文化，就找不到一个亮点，特别是整个中国都在踢球，各大城市都在踢球，单是足球找不到引爆点。”这得到了“村超”初创团队[1]的支持，并定下了策划初稿，其中

1. 指徐勃、欧阳章伟、王永杰等人。

包括千人的侗族大歌、千人的萨玛文化多耶舞、芦笙演奏，还有苗族的升幡等。最后，打造出“超级星期六”[1]的亮点，推出“足球 + 美食文化 + 民族文化”[2]的发展模式。

这是榕江足球的简史，也是“村超”的“发家史”。在榕江县人民政府网站发布的《榕江“村超”文化》一文中，榕江足球的历史得到完整介绍。

榕江人对足球的热爱，始于 20 世纪 40 年代。据 1999 年出版的《榕江县志》记载，抗日战争时期，广西大学迁入榕江，将足球运动传入榕江。大学生们在学校围墙内踢足球、打篮球、打乒乓球，围墙外是好奇张望的当地百姓。后来，“足球热”慢慢地传到了围墙外。

20 世纪 80 年代，“要想工作不愁，必须学会踢球”这句话最能诠释榕江人对足球的狂热，父母们为能把小孩送进少体校踢足球而感到骄傲与自豪。每到县里举办足球赛事，整个县城是万人空巷，足球场边是锣鼓喧天、人山人海，足协杯、商业杯、个协杯、街道联赛等成了榕江人的足球盛宴和体育大餐。每当榕江足球队在全省全州赛事中载誉归来，县城群众都自发地夹道欢迎，毛头、高家育、夏小松、邹国军、金老客、八孖、鸡脑壳、马夫、石文等成了那个时代榕江足球最闪亮的球星。

1990 年 8 月，榕江足球爱好者自发成立榕江足球协会。10 月，榕江足协队赴凯里参加“足协杯”竞赛并捧回金杯。凯旋时，古州群众自发组织燃放鞭炮迎接，运动员们高举奖杯绕城一周以示庆贺。

20 世纪 90 年代，村民在县城河边的草地上踢球，草地虽然平坦，但也坑坑洼洼。后来，河边有一片农田被洪水冲毁后废弃，当地村民铲平土地，拔掉杂草，砍下树枝做成球门，再用石灰粉画线，“自制”了一个简易的露天足球场。这个早已不存在的足球场见证了最早的几届“村超”，最热闹的那一年，有 15 支球队参赛，场边围满了观众。20 世纪 90 年代至今，这样的足球赛在榕江一直没有间断过。

1. 指大家上完一周的班之后，在“村超”上放松。

2. 指各村寨拿出特色美食到“村超”现场赠送给游客。

1991 年 4 月“榕城杯”足球赛期间，除正规化比赛外，一些非比赛队伍开展对抗赛和挑战赛,《贵州日报》于 4 月 24 日第一版以《古州镇上的足球热》为题报道了这一赛事，称“满城足球‘游击队’与 19 支‘正规军’争夺‘阵地’”，对榕江城关职工足球运动作了真实的描写。

足球运动在榕江县有着广泛的群众基础，乡村足球赛、周末足球赛等赛事经常举办。特别是在榕江车江三宝侗寨，所有行政村都有自己的足球队，足球赛是名副其实的“全民参与”。年纪最小的足球小将 12 岁，年纪最大的球员 50 多岁。

2018 年，CCTV-13 新闻频道对榕江车江“快乐老男孩”足球队进行了报道。据不完全统计，2012 年以来，榕江校园足球队在各类省、州官方赛事中共获得冠军 20 次、亚军 16 次、季军 13 次。

2021 年，榕江县被评为首批全国县域足球典型县。

如今的榕江，足球有着广泛的爱好者。偶遇的出租车司机、饭店服务员、街边小商贩，都能讲出属于他们的足球故事。榕江县 38.5 万人口中，有 5 万人会踢足球、喜欢踢足球，共有 30 多支民间足球队，县足协注册的球员超过 1000 人，县城内有大大小小 10 多个足球场，定期举办各类足球赛事。榕江县星光村球队队员潘谦在贵阳工作，但遇到球赛就会回榕江踢比赛。他从小就爱踢球，有了“村超”后，自然不会错过这么好的机会。2023 年，他所在的星光村球队打入了 20 强。对他来说，踢球的收获是多方面的，有时为了赢，有时为了快乐，但更多是因为“踢足球会上瘾”，而且看足球比赛也会上瘾[1]。尽管足球在榕江很受欢迎，但并非所有的村寨都有球队。在“村超”影响下，有些村子由于组建不了一支完整的球队，就采用了跨村组建球队的方式。

除举办赛事外，如何让榕江县的足球基因更好传承？当地村民的做法是把踢足球融入民族节庆中。如六佰塘村的村民大部分都是侗族，每逢过年过节，当地村民都会以歌舞庆祝，踢足球是庆祝过节的一种形式，经过多年的传承发展，踢足球也成了村民的日常。同时，贵州“村超”组委会

1. 以上内容来自 2024 年 11 月 30 日对潘谦的访谈。

也推出了青少年参与的“班超”比赛。截至 2024 年 4 月，榕江县乡（镇）级以上中小学中已有 19 所中小学开展了“班超”比赛。在 2024 年“村超”总决赛期间，“班超”比赛成为正式比赛的垫场赛，小球员的精彩表现引来阵阵喝彩。徐勃表示，“班超”有利于促进学生健康成长，也将和“村超”一起丰富当地足球文化。

乌格水寨的“流动村集”

作为一种“代表地方性时间的乡村社会活动”，赶集“社会文化与生活建构着不同的时间框架”。在赶集过程中，人们通过最为切近的日常生活体验与社会交往，逐渐皈向某种时间，成为时间主体，“人们在空间、身体实践等文化要素的合谋下加固了对于某种时间的切身感受，并不断将时间再现于自己的实际生活”[1]。

田懂村乌格水寨，地处月亮山腹地，位于 321 国道旁都柳江畔密林深处，隶属榕江县兴华水族乡。全寨 50 余户，300 余人，都姓潘，都说水语。这里的农业以种植水稻为主，经济来源主要依赖务工和务农。这个村庄远离喧嚣，仿佛与世隔绝，遗世独立。

从榕江县城出发，驱车 2 小时，沿着山路转了无数个弯之后，就到了田懂村。映入眼帘的是群山包围的一处空地和现代楼房，还有远处若隐若现的传统干栏式木楼。进入村寨，迎来“拦门迎宾”的民族礼仪，紧接着映入眼帘的是田懂村凉亭坳上停满的外地汽车，坳的平地上撒上石灰，摆上球门，组成了一个简易的足球场。看得出来，田懂村迎来了一场充满新意与活力的“流动村集”。

这次的村集活动别开生面。乡村流动集市本是当地群众自发组织的商贸活动，每周在各边远山区流动赶集，通过文化搭台，让边远山区农特产品销售到山外，促进乡村经济社会发展。田懂村党支部书记潘有代表示，

1. 马光亭：《赶集：再现于乡村生活中的地方性时间——以苏北依村村集为例》，《广西民族大学学报（哲学社会科学版）》2007 年第 4 期。

乌格水寨的"流动村集"

村里面没有专门参加比赛的球队，只有由学生组建的足球队，参与的是学校的比赛。在这次村集上，村民将农产品拿出来互相交换，邀请了 4 支球队从不同地方赶来参与比赛。[1] 在田懂村的村集上，球场上是激烈欢快的足球赛，球场边则是临时搭建的"流动村集"。村集热闹非凡，一大清早，附近村民就将南瓜、白菜、红薯、红米等当地的土特产满满当当地堆放在摊位上，其他乡镇的群众带来的苗侗银饰、民间工艺品等更是让人目不暇接，美不胜收。集市上，叫卖声此起彼伏，不绝于耳，大家热情高涨地争相选购，相互交流着。

上午 10 点，一场乡村足球友谊赛正式打响。这场球赛对阵双方是"榕江县新的社会阶层人士联谊会"和"村超自媒体组织"。尽管球场简

1. 以上内容来自 2024 年 11 月 1 日对潘有代的访谈。

陋，地面不平整，但球赛的氛围很热烈，时不时因一个进球而引来全场喝彩。第一场上半场结束后，中场表演时，苗族的芦笙舞拉拉队上场，几个苗族男性手持芦笙吹奏，10 多位苗族女性身穿华丽的苗族服饰围圈跳舞。第二场上半场结束，榕江县艺术团组织的 10 多位来自不同民族的女孩，身着本民族服饰上场表演节目，现场响起了晚寨琵琶歌。比赛结束后，来自摆贝村的姑娘们跳起了摆贝芦笙舞，各民族又团聚一起跳起了“民族同心舞”。

为了放大“村集体”的传播效果，村里邀请了附近多个村寨参与，并邀请了多个自媒体人在现场直播，榕江县艺术团也派出一支由多个民族组成的舞蹈队伍予以支持。一边，“村超”自媒体人在村集现场直播销售，展示田懂村的特色美食；另一边，球场上也有自媒体人在直播、拍摄短视频。热闹非凡的“流动村集”，有欢快的足球比赛加持，有如诗如画的自然风光为背景，加之村民通过跳舞、唱歌等方式，传承和弘扬着乡村文化，更加别具一格。这种“流动村集”不仅满足了游客的购物需求，还充分展示了田懂村独特的乡村文化和风土人情，被称为“藏在云端里的流动村集”。

这场特殊的村集，不仅吸引了周边村寨众多村民以及游客们纷纷前来参与，还吸引了来自贵阳的游客。潘有代表示，这是村里的初次尝试和探索，目的是将“村超”的流量引入村寨，把民族文化、非遗、节庆活动变成旅游产品，以此刺激乡村消费，推动产业发展，增加群众收入，助力乡村振兴。

在现代化的进程中，即便是田懂村这样深处大山之中的村寨，即便是村集这种古老的民间传统活动，即便是那些从未走出过大山的水族老人，也在以“村超”之名，借助直播、短视频等新媒体的力量走向公众视野。

蓝染与百鸟衣

在人类学视野下，手工艺的文化范畴表现于物质文明、社会关系、精神世界 3 个层面，而“传统手工艺的个性化、人性化创造与现代技术、信息社会的兼容，富于民族特征的文化展演对大众旅游的需求，以及作为符合遗产保护和传承需要的社会化再生产等，使传统的手工艺文化具有许多现代特征”[1]。在榕江，从民族服饰到村寨生活，都有着丰富的手工艺品，这些手工艺品以往久居深山，未曾与外界相遇，但在传统文化创新性发展和创造性转化的时代潮流下，纷纷以非遗、文创等形式步入现代社会。

蓝染工艺

位于榕江县五榕南路附一路 10 号的“两湖会馆”[2]，是榕江著名的古建筑。而如今，这里不仅成为旅游打卡点，其内部也得到充分的开发。走进“两湖会馆”，我们看到了一排排扎染、蜡染的服饰、挂饰和玩具；左侧屋内和后方屋内，坐满了埋头工作的年轻人，他们在传统手工艺的氛围熏陶和烘托下显得活力十足。这里的每一件手工艺品都是独一无二的，价格也

1. 闫玉、彭兆荣：《传统手工艺文化的现代表述——以黔东南苗族银饰锻制手工艺为例》，《贵州民族研究》2011 年第 3 期。

2. 两湖会馆是清中期至民国年间古州最繁华商业街上的古建筑之一，贵州省级文物保护单位，1930 年，红 7 军攻占古州城，设红 7 军一纵队司令部于两湖会馆。

不贵。在增加群众收入的同时，也传播了榕江的扎染、蜡染等手工艺文化。而这种以扎染、蜡染为主题的文创产品，如今已广布于“村超”球场的门口小店和远离县城的苗寨、侗寨。

才20多岁的刘勤兰，网名“苗妹兰兰”，是一个拥有2万多粉丝、专门做传统文化直播的网红主播。刘勤兰从大一就开始做微商，积累了200多个代理商，大学期间除了开学报名就再也没跟父母要过钱，反而还给家里补贴。2020年，刘勤兰大学毕业，进入贵阳的一所幼儿园上班，做了几年幼师。她的人生改变从“村超”火爆开始。2023年“村超”火了，刘勤兰夫妻俩商量后决定返乡创业，把家乡的美景好物宣传出去，“有了‘村超’就能更好地宣传家乡了”。刚回到榕江时，有个叔叔种了很多罗汉果，因为找不到渠道，卖不掉。刘勤兰返乡后，创办了贵州奇闻农产品供应有限公司，主推榕江的农产品。虽然有做微商的经验，但短视频运营对刘勤兰来说是个盲区，于是她决定学习短视频拍摄、视频剪辑。

此时，刚好榕江县新媒体专班推出了免费的新媒体培训。刘勤兰报名学习视频剪辑、直播带货。在培训班里，她的同学从20多岁到50多岁都有。刘勤兰发挥微商工作经验优势，一边学习，一边实践：学习剪辑时就每天发一些自己剪辑的视频作品，学习直播时就一边学习一边拿着手机开播。学了15天后，有很多同学因为“社恐”，不敢直播，而刘勤兰考过了互联网营销师证，已经可以自己开播了。由于“村超”很火，刘勤兰借着午休时间直播，有人主动问特产、刷礼物。就这样，播一个小时就赚了100多元，还卖了几单东西，让她看到了短视频和直播的机会。现在，刘勤兰开了线下文创实体店，平时就在店里做直播，给大家展示各种服饰，而这些服饰都融入了民族元素，“穿着其实也不土”，而且都是手工绘制。同时，她也会把原来积累的客户利用起来，把公域流量转化为私域流量。“村超”期间，“卖蜡蓝卖得特别火爆，线下根本忙不过来，就没有挂橱窗”。“村超”过后，生意有点淡，刘勤兰就开始通过线上宣传，对她来说，线上线下现在已经高度融合了，即便是线下来买的顾客，也都是通过线上宣传了解的。

在奶奶、妈妈的熏陶下，刘勤兰从小就学会了蜡染。她表示：“如果没有‘村超’的话，这些衣服以前都是老人家自己画自己穿的，现在‘村超’火起来，大家才慢慢地去学，又去培养一些年纪比较小的传承人。”这些衣服，每一件都有不同图案、不同款式，也因此需要不同的制作时间。蜡染服饰上的图案并非固定的，都是自己想象出来的，创作者根本就不用看图，画好之后，用蓝靛[1]染色。“村超”火爆出圈后，县城已经有一部分人享受到了红利，但在刘勤兰的老家高排村，村民们没有享受到这种红利。于是，刘勤兰想着如何把“村超”红利带进村寨，把车间开到老家村子里，让农村的阿姨、奶奶们在家都可以有一份收入，还能更好地把这个手艺传承下去。为了带动家乡发展，刘勤兰带着订单回到村里，办起了蜡染刺绣工坊，聘请了一些本地村民负责画和染，一个小图案 20 元，大图案两三百元，一个人一个月可以挣三四千元，带动了村民致富。这些衣服便宜的几百元一件，贵的可达 1000 多元一件，而 13 年一次的牯藏节穿的百鸟衣，全部是手工绣，一件售价高达几万元。[2]

在苗族村寨中，独特的百鸟衣有着丰富的文化内涵。20 世纪 80 年代以来，海内外游客就开始关注百鸟衣，争相前来一睹为快，并购买收藏。百鸟衣由羽毛裙和绣花组成，图案奇特，是苗族人表达对自然界认识的文化实物，拥有“穿在身上的苗族史诗”之美誉，被列入贵州第二批非物质文化遗产。在很多人看来，百鸟衣上的图案稀奇古怪，难以辨识。而事实上，这些都是苗族的图腾，每一种图腾都有其深刻寓意。毕业于贵州民族大学动画设计专业的“90 后”姑娘姚敏，从 2023 年开始做鸟龙图腾的收集整理工作，对这些图腾非常熟悉。她表示，百鸟衣上的图腾主要有鸟龙、锦鸡、蜈蚣、蝴蝶、牛、鱼等动物，但苗族没有一个固定的图腾，没有固定的形态，每个绣娘想法不一样，形态就会有各种变化。为此，她正在搜集各种图腾，看看到底有哪些变种，有哪些形态，想整理出来让人们更好地了解苗族文化，让后代了解图腾的来源以及它原本

1. 原料为板蓝根。

2. 以上内容来自 2024 年 10 月 31 日对刘勤兰的访谈。

的样子[1]。

作者与身穿百鸟衣的苗族女孩（左侧服饰是百鸟衣）

百鸟衣是展示苗族村寨生活智慧、群体生活习俗、村寨共同体意识的重要窗口。在苗族牯藏节期间，村民因共同的祖先信仰聚集在一起，自主自发分工，准备节日所需，制作百鸟衣就是一件大事。这在无形之中塑造了村寨的集体意识和集体文化，并由此衍生出独特的村寨文化，这种现象被称为“村寨共同体哲学”，是千百年来“中国乡村精神”的一种反映，百鸟衣也因此被视为“村寨集体生活文化智慧的缩影”[2]。13 年一次的苗族牯藏节，把百鸟衣作为盛装，也无形中促进了传统手工艺的传承发展。而如今，这些手工艺以文创服饰的形式面向各地游客，展示民族文化的同时通过游客购买和传递向更广的范围传播苗族文化。

谈起苗族，人们印象最深的可能是苗族姑娘们头上戴的银饰。苗族银饰作为一种文化现象在历史上曾被许多民族青睐，成为多元文化交流的载

1. 每一种图腾都有其深刻寓意。例如，鸟龙，是苗族的龙，鸟的头型，龙纹的图腾。以鸟为图腾的部落和以龙为图腾的部落融合，出现了一个新的图腾。鸟龙体现在服饰上，会有很多种形态，并没有统一。锦鸡，是一个很神圣的图案，代表自由，代表追求。因为苗族一直都是逃难者的身份，更希望自己像鸟儿一样自由地飞翔，想到哪儿就到哪儿，而不是被别人赶着走。蜈蚣，多子，是一种愿望。苗族本身并非一个兴盛的民族，所以把蜈蚣作为一个图腾，希望可以壮大自己的部落，像蜈蚣一样多繁衍后代。

2. 王建明：《“百鸟衣”和“村寨共同体哲学”》，《中国民族报》2019 年 12 月 6 日。

体之一。每逢重要节日活动时，苗族姑娘就会头戴银饰出席，这些银饰既是装饰品，也是经济实力的象征。但外界看到的更多的是“银”，而没有去看这些银饰上的图案。姚敏介绍，苗族头上戴的银饰图案是鸟，绣的衣服上面也是鸟，日常生活里的镯子等首饰都离不开鸟。鸟的图腾更多在生活中用，“因为人们的渴望太大了”[1]。随着文化旅游的发展，苗寨成为很多游客喜欢去的地方，苗银的项链、手链小巧漂亮，受到很多游客青睐，苗族文化也借着这些文创产品走向世界。

在榕江，民族众多，民间传统手工艺品、服饰也非常多。如今走在各个民族村寨中，琳琅满目的小手工艺品和文创产品随处可见。它们既是历史的传承，也成为村寨融入现代化的一个切口。

集体主义文化的崛起

在中国传统农村中，个人在礼俗关系中的位置由家庭规定，而家庭在社会关系中的位置由家族规定，这种“联家为族、联族为宗、联宗为村”的历史与现实体现了一种被称为“家族社会主义”的精神，而其“实质是家族集体主义”[2]。由此，很多由单个家族构成的村组具有了强烈的集体主义意识。同时，农村的很多习俗活动都能体现集体主义倾向，这种集体主义倾向对知识分享意愿“具有显著正向作用，同时知识活性程度起到了调节作用”[3]。

与近代西方社会日益强调个人主义相比，集体主义文化已深深植入中国人的思维和行为中。中华民族成为世界历史上唯一文明不曾中断的民族，重要原因在于“天下兴亡，匹夫有责”乃至舍生取义的集体主义精

1. 以上内容来自 2024 年 11 月 1 日对姚敏的访谈。

2. 郭正林：《家族的集体主义：乡村社会的政治文化认同》，《社会主义研究》2002 年第 6 期。

3. 于米：《个人 / 集体主义倾向与知识分享意愿之间的关系研究：知识活性的调节作用》，《南开管理评论》2011 年第 6 期。

神。在中国人的精神谱系中，国家与家庭、社会与个人，是密不可分的整体，无数次天灾人祸、兴衰危亡，塑造了中华民族风雨同舟、守望相助的家国情怀和集体主义精神。在中国古人的智慧中，无论是“天下大同、人人为公”的朴素理想，还是“修身、齐家、治国、平天下”的现实追求，无不浓缩着集体主义的文化基因。[1]新中国成立后，随着社会主义体制和计划经济体制的建立，集体主义价值观得到进一步强化。

在农村，集体主义有丰富的表现形式。有人认为，自新中国成立特别是农村集体经济组织成立后，集体主义“就成为当代农村社会最为基本的存在形态且影响至今，是影响中国农村变迁的关键因素”[2]。而事实上，集体主义在中国农村一直以无意识的形式存在，或表现为家族仪式、村寨文化，或体现在节庆文化、民间体育之中，并影响着中国乡村社会和乡村文化的变迁。改革开放以来，中国农民拥有的私性文化资源日益丰富，私性文化活动逐渐增多，“个体式的日常文化生活”[3]日益丰富，但公共性文化生活却日渐式微。重建农民公共文化生活，既是满足农民文化生活的需要，也是培育农民之间的新集体主义意识和互助合作精神的需要。

榕江的村村寨寨，多数由各民族构成，且有很多村寨只有单一民族。在长期参与集体性活动中，他们获得了集体主义意识，拥有了集体荣誉感，也乐于享受这种活动带来的欢乐。在榕江县，从村寨议事、栽岩定规，到民间歌舞、节庆文化，再到体育赛事、流动村集，这些民间传统活动，不仅是历史与现实的连接，也处处体现着集体主义色彩，展现出当地浓厚的集体主义文化氛围。这实际上已经形成了一种集体主义文化，即积极参与集体性活动，拥有集体主义意识和集体荣誉感的文化。

榕江县这样的集体活动还有很多。一方面，黔东南作为百节之乡，集

1. 胡宇齐：《集体主义是深入中华民族血脉的价值观》，《北京日报》2020 年 3 月 13 日。

2. 陈家建：《多样的现代化：一个苏南村庄的“集体主义”史（1950 ～ 2017)》，北京，社会科学文献出版社 2019 年版，第 256 页。

3. 吴理财、夏国锋：《农民的文化生活：兴衰与重建——以安徽省为例》，《中国农村观察》2007 年第 2 期。

体节日众多。每当过节之时，大家会先踢场球，然后摆长桌宴一起吃饭，整个寨子一起过节。住在寨子里的人离得都很近，平时联络特别多。寨子里有个习惯，谁家过节如果没有人就会觉得脸上无光，所以大家特别好客，一到过年就会大批邀请客人。[1]另一方面，还有划龙舟、拔河比赛、斗牛等集体性体育赛事。榕江的各寨子错综复杂，每个寨子一般300户左右，大的上千户，村民之间有着复杂的亲戚关系网络。因这种关系而形成的球队也很复杂，一支球队有的是一个寨子一起，有的是一个家族一起。在车江一村，每个组都有自己的球队，全村7个组踢得好的又加入代表车江一村的球队，有比赛时球员们都会主动参加。这已成为一个传统，"大家都是怀着一颗心"，球队出去时代表的是整个村的形象，大家都会为了这个形象争口气，而表演队则用实际行动加油鼓劲。[2]

在短视频、社交媒体等新媒体平台助力下，这些集体主义活动得以放大，对外释放出本民族、本村寨的文化魅力，吸引游客前来，由此又给村寨带来了集体自信，形成了一种集体性的力量。而这种集体主义文化的崛起，恰恰是"村超"之兴的一个重要文化基因。因为，无论是球队，还是拉拉队，抑或现场观赛，都需要这种集体意识，这是短时间内很难培养出来的。当然，"集体主义不是排斥、剥夺个人，而要以尊重个人为前提"[3]，个体从中得到利益，就会更加积极地融入集体。榕江的民众为什么都愿意参与到"村超"中？一个重要原因就是，榕江人人都认为自己是"村超"的创建者、参与者、荣誉者、守护者、受益者，每个人都感觉"村超"是他干起来的。[4]

1. 以上内容来自2024年10月31日对杨亚江的访谈。

2. 以上内容来自2024年10月31日对杨亚江的访谈。

3. 常欣欣：《现阶段我们倡导怎样的集体主义——社会主义价值观之集体主义再认识》，《科学社会主义》2011年第6期。

4.《人文经济学视角下的贵州"村超"丨清华大学教授胡钰与榕江县人民政府县长徐勃对谈录》，https://mp.weixin.qq.com/s/9bZcyYYsOvzzDlHTehbOjw，2024年6月7日。

第二章 文化何以被激发

中华优秀传统文化蕴含着丰富的哲学思想和人文精神，积淀着中华民族的精神追求。作为中华优秀传统文化的重要载体，广袤的乡土既有古村落、古建筑、民族村寨、文物古迹等物质文化遗产，也有民间艺术、戏曲舞蹈、手工技艺、民族服饰、民俗活动等非物质文化遗产。这些文化是乡村独特的文化标识，承载着人们内心深处的文化乡愁。如何激活乡村文化，是现代化进程中乡村的希望所在。有学者把媒介作为重要载体，认为“电子媒介和新媒体构成了当下乡村文化传播的新格局，以广播电视为传播主体的电子媒介，通过书写乡韵乡愁的情感传播策略唤起大众的集体记忆；而以短视频为传播主体的新媒体，聚焦乡村日常生活，以去圈层化传播策略推动乡村文化传播”[1]。

对乡村文化来说，乡村和文化是两个重要主体，乡村的背后是农民，文化的背后是民间文艺，两者之间的桥梁是媒介。换言之，激发乡村文化活力，需要媒介的介入。在融入现代化的过程中，榕江县丰富的民族文化逐渐获得了现代性，而传统节庆文化、民间体育活动也培育了榕江的集体性文化。这些文化如何被激活，并没有现成有效的方法。2021 年，当徐勃从改革开放前沿的深圳到西南部县城榕江后，就开始思考如何利用当地的生态环境和民族文化，为榕江打造独树一帜的县域文化 IP，提出了“让手机变成新农具，让数据变成新农资，让直播变成新农活”的“三新农”发展理念，大力发展新媒体产业，培育乡村振兴的新媒体主播，为乡村文化的激发奠定了群众基础。“村超”火爆出圈，1 万多名新媒体主播起到了

1. 高美：《重塑情境：乡村文化传播的媒介实践》，《中国出版》2024 年第 13 期。

最关键的推广作用。因此，“村超”出圈不是意外。有学者分析认为，“村超”出圈一个重要原因是把政府的力量、企业的力量和每个村民的力量有效打通了，每个人的参与汇聚了人民力量的磅礴之声。[1]也有学者认为，“村超”出圈具备了各族人民共同理解的元素、可靠的制度保障、坚实的物质基础和文化根基，以及坚强的价值引领等必要条件，关键在于发挥了政府、新媒体的作用，调动了各方参与的积极性。[2]

“村超”的火爆离不开政府，离不开群众，离不开新媒体，但核心在于通过这些主体的综合作用，激发传统文化，赋予了足球赛事深厚的文化底子，也让乡村文化振兴看到了希望。在文化的加持下，“村超”本身也逐渐成为一种文化现象。分析“村超”出圈过程，以及在这个过程中各个主体行为、“村超”中的文化元素运用可以发现，围绕媒介展开的聚合行动与政府幕后推动的组织化传播，是激发传统文化并塑造“村超”这种新型文化的重要原因。

长期主义者

足球运动是如何被发现的？“村超”是如何出圈的？“村超”是否会成为“一阵风”？人们从榕江县的布局中看到了长期战略，各种疑问和疑惑几乎都可以从中得到答案。可以说，“村超”是一种长期主义战略的产物。

什么是“长期主义”？不同的人有着不同的理解。《长期主义》一书认为，长期主义要同时完成两件看似矛盾的事，拒绝模糊思维，拒绝一次

1.《村超对话录（一）华东师大吕新雨教授：万众一心，同频共振的村超现象所蕴含的社会哲学》，https://www.douyin.com/video/7393262974527376652，2024 年 7 月 19 日。

2. 骆凯：《铸牢中华民族共同体意识视域下贵州“村超”出圈的启示》，《贵州社会主义学院学报》2023 年第 4 期。

性收益，让战略成为日常的一部分，将运营同长期目标联系起来。[1]从本质来看，长期主义是一种认知，强调的是可持续性的发展和长远利益，而非眼前的利益和短期收益。“人无远虑，必有近忧”，这是中华传统文化中长期主义思想最直接的表达。特别是在一个巨变的社会环境中，长期主义显得至关重要，“只有长期主义，才可以超越变化”“越是面对不确定的未来，人们越关注长期主义”[2]。“村超”的未来谋划，从侧面呈现出徐勃的长期主义者形象。徐勃，1986 年出生于江西省上饶市鄱阳县，2012 年研究生毕业于清华大学法学院，曾任吉林省永吉县岔路河镇党委副书记、吉林省蛟河市天岗镇党委书记、深圳市深汕特别合作区组织人事局副局长兼任区团工委书记等职。2015 年被评为“全国向上向善好青年”。

在清华求学期间，徐勃就喜欢和清华求是学会、三农学会的同学们，一起学习理论并讨论国计民生，一起在万人食堂地下一层，探讨人生奋斗的价值。在清华园，朋辈教育深深地影响了他。每年毕业季，清华校园里都有很多师兄师姐们，响应学校的就业引导，到西部去、到基层去、到祖国最需要的地方去。在这种氛围中，徐勃被一代代心怀“国之大者”的清华人以身许国的故事感动。

毕业后，徐勃作为选调生到吉林省基层工作。他向吉林省委组织部郑重写下“坚决要求到基层”的承诺。2020 年 5 月，徐勃离开工作生活多年的吉林，到任深圳市深汕特别合作区组织人事局副局长，兼任区团工委书记等职。2021 年，通过东西部干部协作项目，徐勃从深圳来到榕江，担任县委副书记、县长。

2021 年，徐勃刚到榕江工作就意识到，榕江作为全国最后一批脱贫摘帽县，必须“闯新路”。但如何去“闯”是个难题。在他看来，对榕江这样一个落后地区来说，在原有的赛道上跟在别人后面很难有机会，必须通过创新发展开辟新赛道，创建属于自己的赛道。

1. ［美］高德威：《长期主义》，崔传刚译，北京，中信出版社 2021 年版，第 6—8、第 44—48 页。

2. 万建民：《如何做一个长期主义者》，《中国企业家》2020 年第 10 期。

面对工作中的困难和群众的急难愁盼，刚到榕江的徐勃先后立了3个“军令状”。第一个“军令状”是提高教育质量。老百姓最关心的就是教育。这些年因为多种原因，榕江的教育一直艰难前行，优质师资、优质生源不断流失。为了扭转教育困局，徐勃推动出台了中小学教育的奖罚机制，从机制上面优胜劣汰、奖优罚劣，并带头把自己的儿子从深圳带到榕江上学。在这些举措推动下，榕江教育发生了很大的变化，中考成绩从全州第十四名上升到第四名，高考本科上线人数从700多人到突破1000人。第二个“军令状”是建好榕江大桥。榕江大桥拆了六七年一直没修好，老百姓天天期待早日通车，在徐勃的重视下，2022年春节前榕江大桥如期通车了，在群众中引起了轰动。第三个“军令状”是打造榕江的县域文化IP，闯出新路。

经过广泛的调研，徐勃发现，榕江有很多非遗、民族文化、农特产品、传统村寨等资源。他认为，榕江县素有“百节之乡”“文化千岛”“贵州体操之乡”等美誉，神秘多彩的民族文化和体育传统是榕江最大的宝藏和富矿，也是打造县域体育文化IP的最好素材。这时微信公众号“时差岛”为榕江推出了一篇文章——《榕江，贵州的一万种想象》。徐勃决定要通过打造县域体育文化IP品牌来闯新路，实现产业突破。

为了打造榕江文化IP，徐勃开始重点抓新媒体、数字经济。当时，有些人表示不理解，认为这是不务正业，作为县长应该抓招商引资，引进看得见摸得着的企业。而徐勃认为，榕江应该用数字经济、新媒体助力乡村振兴。于是，榕江县开始筹建新媒体产业园区，通过新媒体园区凝聚人才，再通过人才带动老百姓走出一条新路。为了转变大家的观念，他提出了“让手机变成新农具，让数据变成新农资，让直播变成新农活”的口号，让大家更好理解为什么做新媒体。

在新媒体矩阵的助力下，榕江县“村超”迅速火爆全网。在徐勃看来，“村超”是一个人民群众参与创造的文化奇迹，是一个基层的闯新路探索，而自己是一个重要的参与者，最终的主体是各行各业的人民群众。“没有他们的参与，‘村超’什么都不是，只有他们的参与，‘村超’才栩栩如生。”徐勃说。他表示，群众智慧、首创精神、人民力量是“村超”

成功的关键所在，同时，“村超”也激发了党员干部心中的真善美，每个人都打心底希望“村超”越来越好。

自 2023 年 5 月开赛后，徐勃也在短视频平台上火了。这位年轻的县委书记，个子不高，身材微胖，脸上总是带着笑容，网民调侃他“太接地气了”。尽管他一直颇为低调，但也成为外界关注的对象，还被称为“网红”县长。但徐勃说，大家总说我是“网红”县长，其实应该加一个字，是“网红县”县长，因为我们所做的一切，都是希望榕江成为一个网红、长红的地方。[1] 徐勃坚信，“村超”不会昙花一现，因为“村超”的底层逻辑是共享，坚持的是双向奔赴、主客共享的原则。

在众多网红现象中，“村超”是一枝独秀。这是因为“村超”做的是品牌、生态和矩阵。为此，徐勃提出了“长期主义”思路。他认为，“村超”要把球场变成秀场，因为球场不是榕江的优势，文化秀场才是优势，“村超”要做成本地人的心弦、贵州人的自豪、外地人的向往。村味、土味、趣味、情味，“村超”以后做的是新的生活方式，不单单是卖旅游的产品，烟火美食、非遗文化、狂欢氛围、亲子体验、原乡记忆，这些都是“村超”的内容。“村超”要成为一个文化秀场、美食秀场、品牌秀场、活力秀场、生活秀场，让人民满意、市场满意。在此基础上，要通过“村超”转变产业结构，做优第三产业、做强第二产业、做特第一产业，而核心就是品牌能力、品牌逆袭战略和品牌提升。因此，要系统做好现场的品牌、线上的品牌、线下的品牌，从快乐赛事上升到生活方式。通过这些转变，最终建立“村超”的生态，带动全域发展，把“村超”的流量导入村村寨寨，形成更多的小“村超”。

“村超”也的确在践行着长期主义。在“村超”策划初期，榕江就提出了“村超行动三步走”战略，明确了“村超”未来的出路。第一步是发动榕江人民自己玩，通过举办“村超”足球联赛，用“神秘多彩民族文化 + 全民足球氛围 + 新媒体运营”推动“村超”出圈；第二步是吸引全国人

---

1. 张文静：《“村超”爆红背后有“高人”》，http://www.iceo.com.cn/article/3b8c4341—cdb6—4279—8c70—d7c0ebbba039，2024 年 7 月 14 日。

民一起玩，通过发起全国美食足球邀请赛，用“各地美食＋民间足球邀请赛＋‘村超’风口流量共享”点燃全民足球氛围；第三步是带动世界人民一起玩。第三步又细分为3个阶段，2024年开启“村超”国际交流赛，2026年举办“村超”小世界杯，2028年举办第一届“村超”世界杯，逐渐推动“村超”走向国际化，把“村超”打造成为世界的文化体育平台。目前，第一、第二步已基本实现，正在走第三步，让“村超”成为国际体育文化品牌。在徐勃看来，“村超”不单单做足球，做的是世界文化，做的是人类命运共同体，做的是人类文明新形态。徐勃表示，国外足球世界杯是资本主义、金融主义、俱乐部的，而“村超”是人民足球、群众足球，是文化的盛宴，是共鸣的足球，不单单是竞技的足球。

榕江如何变成足球之城？为了保证“村超”的可持续性，徐勃作出很多布局。首先是确保有青少年梯队。为此，榕江县推出“班超”，让“班超”跟手机抢孩子，把孩子们从手机游戏抢到足球场上来，真正实现足球从娃娃抓起，如今“班超”已经覆盖全县2万多人。每到周末和寒暑假，

贵州省榕江县古州镇第六小学学生在进行“班超”比赛（王炳真／摄）

就有2万多个孩子在踢比赛，还有5万多个孩子在当拉拉队队员。2024年10月6日，榕江县的“逐梦女足”获得了全国青少年足球联赛贵州赛区U9、U11的冠军，五战五胜，体现了“村超”的魅力、“班超”的魅力。不仅如此，“逐梦女足”还受邀去瑞典参加歌德宝贝世界青少年锦标赛，打败了法国队、英国队、德国队，以小组第二的成绩出线。

“村超”要走得更远，必须保护好“村超”这个品牌。目前，仅在饮料行业，“村超”已与汇源、王老吉、蒙牛、伊利、华诚生物等6家大型企业合作开发了“村超果汁电解质水”“村超可乐”“罗汉果可乐”等“村超”联名饮料，并成为爆款饮料在线上热销。其中，“村超可乐”在抖音平台推出不到一个月，销量和热卖指数就冲到了平台第一，充分体现了品牌的价值。徐勃表示，接下来还将深入挖掘“村超”赛事的文旅价值和消费潜力，推进“村超”电影、“村超”短剧、“村超”食品、足球服装、体育装备等“村超”项目落地投产，将“村超”赛事做成旅游产品和体育产业，真正把“村超”流量转化为游客“留量”和经济“增量”。

回顾“村超”的成长史，徐勃认为，“村超”体现了“发展靠群众、群众靠发动、发动靠活动、活动靠带动”的群众路线理念。正是全民参与的融合式创新，才推动了“村超”火爆出圈。徐勃说：“‘村超’是‘足球+文化+数字经济新媒体’的创新组合，用快乐重新定义足球，用文化秀场吸引眼球，通过‘一带一路’民间足球、人民外交撬动地球，用心探索‘乐经济暖发展’的乡村人文经济学。”

“村超”之火爆，源于榕江县一开始就有长期主义的规划。清华大学文化创意发展研究院院长胡钰与徐勃多次交流“村超”。在他看来，徐勃好学，操作能力强。胡钰说：“他们做得透，想得透，还说得透，是开拓者、引领者、示范者，而且做得很扎实。”在胡钰看来，徐勃做的是有目标有未来的长期主义，“村超”内部形成了很强的凝聚力，内外的环境都很好，未来具有很强的示范教育意义。[1]“村超”是一时走红还是长久走红，也取决于对长期主义的坚持与否。正是因为有了长期主义的战略思维，榕

1. 以上内容来自2024年11月9日对胡钰的访谈。

江县在策划“村超”之初就已融合了足球文化、民族文化、美食文化、群众参与等各种元素。不仅如此，榕江县一开始就把“村超”作为一个品牌运行，这使得“村超”区别于多数网红现象。

第六次尝试

没有谁能够随随便便成功。很多人认为，“村超”是众多网红现象之一，具有偶然性，对其可持续性抱有怀疑。但当了解“村超”背后的种种后，往往会改变对“村超”的看法。“村超”的成功不是偶然的，是精心布局的，是有战略思维的，并非一般的网红现象。

由“村超”策划团队成员撰写的《“村超”密码》一书，叙述了“村超”火爆之前，榕江为了出圈所作的5次失败的尝试，被视为“破坏性试验”。在榕江，提起“村超”出圈，经常能够听到此前5次尝试的故事。

第一次尝试：七十二寨斗牛赛。因过于血腥未能出圈。

第二次尝试：大山里的CBA——首届侗年节篮球邀请赛。2021年12月，榕江县在乐里“七十二寨斗牛城”篮球场举办“大山里的CBA——首届侗年节篮球邀请赛”，赛事吸引了周边县市的16支代表队200余人参赛，且吸引了全国众多游客。但由于当地没有将少数民族文化跟篮球赛有效结合起来，最终只是昙花一现。

第三次尝试：苗族牯藏节。苗族牯藏节是苗族每13年举行一次的祭祖盛典，被列入第一批国家级非物质文化遗产名录，其规模宏大，场面壮观，内容丰富而神秘。2022年12月，榕江县兴华乡摆贝苗寨举办苗族牯藏节，这次活动完全遵从传统仪式进行，历时10天，从中可以看到苗族生产、生活、习俗的历史风貌。活动现场热闹非凡，吸引近万名外地游客参加，火爆于各大网络平台。但由于活动在村寨里举办，场地小，村寨接待能力有限，且这种纯传统非遗文化的受众面有限，缺乏产业接续，最终未能成功。

第四次尝试：“半马”+“萨玛节”。2023年3月，榕江县策划了榕江半程马拉松比赛+三宝侗寨“萨玛节”民间祭萨活动民族风情巡游，祭萨

高排村苗族牯藏节（黄万鑫 / 摄）

大典、侗族千年文化的传承、文体旅融合悉数出现。但马拉松活动是短暂的，不可能一年到头都有马拉松，难以形成可持续的传播效果。

第五次尝试：乡村篮球交流赛。鉴于台江县“村 BA”在网络走红的经验，榕江县于 2023 年 3 月学习“村 BA”成功经验，在乐里七十二寨举办了乡村篮球交流赛，一些知名的草根球队、球员与榕江本地篮球队伍同场竞技，奖品也是接地气的本地黄牛。活动吸引了大量观众，但是始终超越不了台江的乡村篮球联赛，为了避免同质化竞争，最终放弃了。

从以上 5 次尝试可以看出，榕江在做特色文化文章，试图激发传统文化的现代价值。尽管 5 次尝试，5 次失败，但却给榕江留下了打造品牌的经验：一是要有文化的融入；二是打造的 IP 要有广泛的群众基础和认同；三是政府不能大包大揽，应该发动群众，来一场人民的狂欢；四是要找到一种在世界范围内共通的“语言”；五是要巧妙运用好新媒体这一传播平台，并在短时间内形成现象级曝光。[1] 此后，榕江县组建了新的县域文化品牌团队，重新研究让融合民族文化的榕江 IP 出圈的路径。

这时，“村超”的老师——“淄博烧烤”出现了。2022 年，“淄博烧烤”突然火了，备受网民追捧。徐勃刚看到“淄博烧烤”的火爆时觉得不可思议。他开始思考，“烧烤都能搞火，为什么？”经过研究分析，他明白了：“‘淄博烧烤’让我们看到原来可以这样做传播，它传播的不是烧烤本身，而是跳出烧烤来传播山东人的热情好客、诚信经营、与人为善、城市管理、人间烟火，还有公务人员服务的变化。”

一个个尝试在实践中被否定，一个个创意又在实践中被提出。有了“淄博烧烤”这位老师，榕江瞄准了足球，开始第六次探索。为何选择群众性赛事作为突破口？徐勃表示，榕江曾经是国家扶贫开发工作重点县，可以搞活动但不能搞那种耗资大的活动，而要搞能够带动老百姓增收致富、老百姓能参与且喜欢看的活动，吃完晚饭可以过来打个卡、拍个照、看个球，这种活动对老百姓来说更有获得感。关键是这些活动还能带动老百姓增收致富，既富脑袋，还有机会富口袋。为何选择足球？徐勃认为，打造品牌活动，必须搞有意义的活动，搞群众喜闻乐见的活动，搞群众基础好的活动。作为大众化运动的足球，在榕江具有较好的基础，且足球在一定程度上是中国人普遍关心、牵动民族情感的议题。就这样，以足球为主体的“村超”应运而生，并迅速火爆出圈。徐勃感慨：“这一天，榕江等了很久。”

“村超”的出圈并非意外。在策划推动“村超”时，榕江县就综合考虑各方面因素，提出要做好“五老”文章。一是老天爷，要利用好老天爷赐予的绿水青山，把它转化成金山银山。二是老祖先，榕江有侗族大歌这一世界非物质文化遗产、侗族琵琶歌等 11 项国家级非物质文化遗产、天下独一苗王庙和苗王墓、天下第一侗寨三宝侗寨、“未知地带”阳开苗寨等村寨，每年有民族民间节日 25 个，被誉为“百节之乡”。三是老党员，

1. 欧阳章伟、王永杰：《“村超”密码》，贵阳，贵州民族出版社 2024 年版，第 11 页。

举办群众性活动要征求老党员、老干部的意见建议，听听他们的想法。四是老百姓，让榕江人民认为“村超”是他们干起来的，人人都是主人翁，活动才能可持续。五是老板们，做好企业家的文章，让企业家满意、有信心。

“村超”的出圈在徐勃意料之中，但其火爆程度出乎他的意料。参与“村超”的人大多表示，“知道它会火，但没有想到能这么火。”如今，全国众多地方到榕江考察取经，想了解“村超”出圈的密码。外界则一度认为“村超”是互联网的一次偶然事件。而熟悉“村超”的人都知道，“村超”出圈并非偶然，靠的是把足球赛事与民族文化、非遗文化、特色美食、淳朴民风等结合起来的融合式创新。“村超”最重要的逻辑是共享，必须通过分享、开放，不断制造热度，如果不与外界分享，只与自己玩，最终必然走进死胡同。

“村超”出圈只是开始。为了做好“村超”品牌，榕江县上到县委、县政府，下到乡镇、村寨，都投入这次难得的改变榕江命运的机遇。“头脑风暴会”也因此在全县范围内频繁召开。从县领导、职能部门，再到足球协会、村支书、球队、拉拉队、酒店、老百姓以及引进的人才，大家聚集在一起，提出各行各业的情况和问题，讲清楚谁负责什么事情，谁负责把什么工作落实到位，确定后立即落实和推动。

“头脑风暴会”每次一开就得三四个小时。榕江县新媒体专班主任申敏清楚记得，有一次会议从早上 7 点开到中午 12 点还没有结束，最后一直开到了下午 3 点半。不仅如此，因为白天各单位都有事，周末大家也有事，“头脑风暴会”经常是晚上开，一直开到晚上十一二点。会议不一定开得很和谐，大家你一言我一语，也可能有争论，甚至可能吵起来。大家有问题就问，都希望把问题摊在面上讲清楚。球队有什么问题，拉拉队有什么困难，球员有什么矛盾、有什么想法等，都放开了说。“开会第一是解决问题，第二就是统一思想，最主要的是大方向不能乱。”申敏说。

当参与到“村超”幕后工作的人回忆这些会议时，很多场景至今印象深刻。有一次，“村超”差不多要被叫停了，县里开会讨论把每周 3 天比赛改为 1 天。古州镇党政办公室主任杨连江回忆说：“那次会议上很多人都哭了，文旅局长也哭了，副县长也哭了。”因为那时“村超”已经很火了，而这次会议意味着“村超”赛制可能要发生改变，一旦赛事停了或赛制改变，怎么去跟外界交代是个问题。会上，大家讨论的核心是“如果叫停会出现什么情况”，把问题说出来研判。正是这种开诚布公的“头脑风暴会”，不断给“村超”输入各种新创意，也有效预防了各种潜在风险。杨亚江清楚记得，经过了酝酿会、中途会、定调会3次会议，最后才确定“贵州‘村超’”这个名字，是为了把贵州形象更好地传播出去。新媒体专班主任申敏回顾“村超”走过的路表示，每当“村超”遇到困难和问题时，大家都齐心协力，克服了很多困难，才让“村超”一步一步走到了今天。[1]

“头脑风暴会”会根据赛事进展随时举行。2024年12月16日晚，榕江县召开“贵州‘村超’战略人才头脑风暴会议”，“村超”品牌管理公司、县有关部门负责人、行业代表与新媒体代表等共同参与。与会人员围绕对“村超”发展进度和探索历程的复盘梳理，深入策划其未来发展战略，汇聚各方力量攻克“村超”发展面临的诸多困难等核心议题，展开热烈讨论。徐勃指出，需清醒地认识到，当前“村超”仍存在诸如赛事流量转化、品牌影响力拓展、专业人才匮乏等问题。为此，务必紧紧抓住“村超”出圈这一契机，深度剖析问题根源，精准锚定发展方向，深度挖掘“村超”蕴含的丰富文化内涵，全力促进农文体旅商多元融合发展，匠心打造独树一帜的赛事文化名片，切实提升赛事的文化软实力。同时，要积极借鉴国内外体育赛事的运营管理成功经验，并紧密结合“村超”实际状况，探索契合自身特色的可持续发展运行模式，引领广大人民群众从“村超”的欢乐盛景中探寻乡村振兴的康庄大道，持续增加群众收入，保障赛事的长远稳定发展。[2]这场头脑风暴会还对人才引进、赛事组织以及2025年“村超”赛事进行了讨论。

---

1. 以上内容来自2024年10月29日的座谈。

2.《贵州“村超”战略人才头脑风暴会召开 共同谋划2025“村超”新未来》，https://mp.weixin.qq.com/s/4eyDEPJ—BtlDGjH2g1Yaag，2024年12月16日。

"头脑风暴会"体现了"村超"背后的"官推民办"思路。这种思路是通过6次尝试得来的。一次次的尝试和失败，让榕江县意识到群众运动不宜由政府主导，关键在于群众的主动参与。为此，"村超"主打"民"字，把队伍组织、赛程安排、规则制定、节目统筹等交由民间，让他们自主决定、自主实施，而政府则退居幕后，主抓赛事的规划引导、服务保障。正是这种"官推民办"的模式有效调动了群众参与的积极性。

"官推民办"的一面是政府的长远规划。"村超"有一套详细的"三步走"战略：第一步，用"神秘多彩民族文化 + 全民足球氛围 + 新媒体运营"打造"村超"圣地名片；第二步，用"各地美食 + 民间足球邀请赛 + '村超'风口流量共享"点燃各地全民足球氛围，宣传推荐全国美食文化，提振市场活力，助力国内消费大循环，带出"村超"超经济；第三步，通过首届"一带一路""村超"友谊赛、"村超"全国女子足球友谊赛、"村超"全国青少年足球友谊赛等带动"村超"高质量发展。

"官推民办"的另一面是群众路线的方法论。"村超"的方法论是以人民为中心，走好群众路线，发展靠群众、群众靠发动、发动靠活动、活动靠带动，通过品牌战略，以"格局 + 布局 = 结局"的思路，让正能量变成大流量，让小而美变成真善美，让老乐子变成新路子，让网络流量变成文明力量。在榕江县的顶层设计中，"村超"不是自弹自唱，目标是要做业余足球的世界杯，为不同地区、不同民族、不同文化提供舞台，让世界球迷到榕江踢快乐足球、共享业余足球盛会，打造一个世界级的、给更多人民带来快乐和自豪感的体育文化IP品牌。"村超"的"村"，既是乡村足球超级联赛，也是地球村足球超级联赛。为了实现这个目标，榕江县用两年的时间布局，提出探索新媒体产业赋能乡村振兴新赛道和实施县域"聚才行动"战略，培养直播团队，引进流量大咖，汇聚各类人才，不断扩大"朋友圈"[1]。

"官推民办"的效果取决于民众是否热情参与。在榕江县，"村超"球

1.《人文经济学视角下的贵州"村超"丨清华大学教授胡钰与榕江县人民政府县长徐勃对谈录》，https://mp.weixin.qq.com/s/9bZcyYYsOvzzDlHTehbOjw，2024年6月7日。

“村超”足球场，观众在比赛间隙“全民 K 歌”，现场变成欢乐的海洋

场设立外地游客“宠粉区”，本地村民为游客献上美食，想方设法开放免费停车场，榕江县群众把游客当朋友对待，赢得了广大游客的好评，成为“村超”口碑的重要保障。同时，“村超”火爆带来了住宿、停车等服务上的难题，针对游客提出的“住宿紧张，希望解决”诉求，政府引导发展宾馆、酒店、民宿行业，截至 2024 年 10 月，将全县住宿床位从 2023 年的 5000 多个，提升至如今的 1.1 万多个。针对游客提出的“节目缺少互动，希望带动观众一起玩”问题，榕江县推出“我要上村超”“带着非遗上村超”“全民 K 歌”“万人蹦迪”等互动新模式。

对“村超”来说，“村”与“民”是核心力量所在。正是“村超”发现了这个重要的力量源泉，引来全国各地纷纷开展“村超”“村 BA”“村歌”“村排”等一系列“村”字头乡村赛事活动。也正是“村”字激发了中国人内心深处的乡村情怀，使其吸引并留住了流量。徐勃表示，“村超”的出圈离不开各个主体的共同努力，可以概括为：全民参与、共建共享，数字赋能、媒体传播，用好人才、整合创意，政府有为、市场有效，社会有爱、科技有能。[1]这是“村超”出圈的流量密码，也是“村超”爆火的必然性所在。

从第六次尝试成功，回溯5次失败尝试，榕江一直坚持不变的是激发传统文化、利用好传统文化。而当第六次尝试成功之后，此前所关注的文化形态都被融入进来，使文化得到一次聚合性的呈现。走进榕江的村村寨寨就会发现，还有很多优秀的民间传统文化，它们尽管还没有在“村超”现场呈现出来，但也在村寨治理中发挥着重要作用。

新媒体“万人军团”

随着数字技术的快速发展，如何将数字技术应用于乡村振兴，以数字技术赋能乡村振兴，是一个备受关注的议题。有人认为，乡村的技术赋能“是一种内外融合的发展模式，它使乡村实现了由‘技术—现代性’这一外源性发展模式向‘技术—能力’这一新内源性发展模式的转变”[2]。对乡村来说，数字技术应用可以全面提升乡村经济发展动力、基层社会治理能力以及村民的知识能力。在媒介化社会语境下，“新媒体在乡村振兴中承担着农业信息传播责任，通过科普和知识传播为农民赋能，通过社会动员和政治参与为乡村赋权，推进乡村文化建设和综合环境提升等多种功能，有利于农村社会从传统快速转向现代化”[3]。特别是随着短视频传播的主流化和人工智能技术的广泛应用，集锦式的视频内容以其现场感、沉浸感等优势与传统内容形态形成了互补，视频类媒介“通过微观层面的终端渗透，聚拢了宏观层面的观看共同体、信息共同体，大大提升了赛事传播的

1. 以上内容来自2024年10月28日的座谈。

2. 王丹、刘祖云：《乡村“技术赋能”：内涵、动力及其边界》，《华中农业大学学报（社会科学版）》2020年第3期。

3. 张淑华、何秋瑶：《媒介化社会与乡村振兴中的新媒体赋权》，《新闻爱好者》2020年第12期。

话题制造能力”[1]。

面对数字经济的快速发展，不具备技术优势、人才优势的乡村是否有机会寻找机遇？榕江县没有局限于传统的农民、农业、农活观念，而是看到了数字技术应用的前景，提出了“让手机变成新农具，让数据变成新农资，让直播变成新农活”的口号，大力发展新媒体。可以说，没有新媒体，没有短视频，就没有贵州“村超”。

在榕江县，新媒体行业非常火爆，自媒体人更是随处可见。有人说，“村 BA”是原发性的，“村超”是借鉴“村 BA”和其他网红路线探索改良的，“村超”的持续性热度和当地人用互联网传播思维推动密切相关。而在榕江县，很多人并不这么认为。早在台江县“村 BA”火爆之前，榕江县就开展了“村 BA”活动，但赶上了疫情高发时期，最终未能走红。而“村超”的火爆也不是效仿台江县的“村 BA”，而是有长期准备和谋划的。这个谋划的抓手就是新媒体的战略布局。

这个布局中的一个重要参与者是欧阳章伟。他本是贵州镇远人，如今已是“村超”IP 策划人、传播总策划和榕江县新媒体电商总顾问。在大学里，欧阳章伟就开始创业，搞过生态农业、旅游，摆过地摊，经营过报刊亭，毕业后去山东做了两年的文化地产，后来又跟着团队在南京研发 APP，开发的 APP 一度推广到全国 200 多所高校。结束创业后，又到某互联网公司工作，月薪一两万元，倒也安稳。但欧阳章伟认为自己更了解贵州，回到贵州一定会在内容时代迎来爆发。凭着自己敏锐的嗅觉，他回到贵州凯里，一年后到了省会贵阳。在贵阳，欧阳章伟运用自己积累的经验，把贵阳作为培养人才的基地，把人才派到贵州各地去发展业务。其间，他与榕江交集很少。

后来，欧阳章伟听说榕江来了一个深圳选派来的县长，很重视新媒体，而自己经历了整个内容行业发展过程，刚好两人同在一个群里，就加了微信。一番交流过后，欧阳章伟发现两人比较同频，就去榕江考察，第

1. 陈超：《破界·赋能·外溢：移动互联时代我国体育赛事的视听传播生态嬗变——以 2020 年东京奥运会为例》，《现代视听》2021 年第 8 期。

一次和徐勃见面就聊了一个半小时。“大家挺聊得来的，他给我的感觉是能够把新媒体看作生产力，而不是搞搞短视频，我觉得去榕江能做一些超出金钱之外的事情。”欧阳章伟说。[1]

于是，欧阳章伟开始把团队派到榕江去打造小丹江苗寨。到小丹江苗寨后，欧阳章伟团队运用新媒体思路，把小丹江苗寨推上抖音，成为黔东南景点好评榜、收藏榜前三名，跟5A级景区镇远古镇、4A级景区的西江千户苗寨一起排在前列。小丹江苗寨也形成了民宿的集群效应，老百姓纷纷在自己家开民宿。如今，村寨的18家民宿都赚到钱了，老百姓也赚到钱了。

在这个过程中，作为榕江县新媒体电商总顾问，欧阳章伟积极给榕江找路子、出点子。“村超”出圈前的5次尝试，他都参与其中。在欧阳章伟看来，榕江搞这些尝试，跟其他地方不一样，目标很明确，就是希望出圈，打造品牌，而不是搞节庆活动，以办活动的思维来做活动，没有品牌思路。榕江做的这些都有策划理念，是以做品牌的思维来做策划。

2023年1月29日晚上，欧阳章伟看到了杨亚江发的“榕江8支球队举办民间的春节杯赛事”的视频。此时已是球赛的最后一天，欧阳章伟看到视频后马上转给王永杰，两人探讨后都觉得榕江错过了大火出圈的机会。但他们没有放弃，次日凌晨2点，就安排团队拿这个素材做创意剪辑，于是就有了第一波关于“村超”“寨超”的报道。这些短视频引起了《中国青年报》的关注。2023年2月6日，《中国青年报》在欧阳章伟提供的素材基础上，推出了“村超”的第一篇报道——《乡村足球传到新一代年轻人脚下 侗寨里的“村超”联赛》。

借这个机会，榕江县开始探讨足球赛事出圈的可能性，并达成共识，决定策划“村超”。欧阳章伟说：“我们处于一种状态，经常讨论榕江如何用新媒体出圈，来找到一个新的路子。榕江作为最后一批脱贫的县，现在也是国家乡村振兴重点帮扶县，弯道超车是没有可能的，只能换道超车，

---

1. 以上内容来自2024年11月9日对欧阳章伟的访谈。

结合自己的比较优势，找一条新的路子。”[1]“村超”就是榕江找到的新路子。

回想“村超”的发端，欧阳章伟感慨，当时如果没有发现这个点子就没有“村超”，只能叫榕江足球，而榕江足球已经踢了几十年了。欧阳章伟说：“很多人没搞清楚‘榕江足球’跟‘村超’有什么区别，听起来第一感觉这是一回事，但实际上它们是不一样的，一个是足球运动，一个是城市 IP。”[2]

2023 年 5 月 12 日，“村超”开赛的前一天，欧阳章伟在公司群里面发了一条群公告：“明天下午到晚上全员支持‘村超’宣传，加班加点，半夜也要疯狂输出。”此时，榕江政府并没有给他一分钱，他的动力来自内心判断。他坚信“村超”一定会火，但没想到能火成这样。尽管“村超”火了，但对欧阳章伟来说，“‘村超’在当下阶段是影响自己赚钱的，因为在‘村超’上投入了太多精力”[3]。

欧阳章伟是榕江县政府专项引进的新媒体人才之一。为了发展新媒体，榕江县在引进人才的同时，还成立了人才培训基地、直播中心、电商公共服务、仓储物流等产业链配套的榕江新媒体电商产业园，并在此基础上建成 2000 平方米的县级云仓。新媒体产业园为榕江带来了 40 余家企业入驻，孵化了 1 万多个自媒体账号，培育了 2200 余个网络直播营销团队。

为了培育新媒体矩阵，榕江县通过引进的新媒体人才开展新媒体培训，让上万名农民学会了直播带货和短视频创作，奠定了新媒体“万人军团”的基础力量。在这 1 万多个账号中，有的本身就在尝试直播带货或者网络销售农特产品，有的完全出于兴趣，还有的是已经有一定粉丝数和流量的成熟博主或者团队。榕江县新媒体专班主任申敏表示，县里还会发动村村寨寨，村主任、村支书只要有能力就开账号，鼓励喜欢摆弄手机的村民开账号，政府也会提供一些培训，教会大家怎么运营新媒体。

新媒体“万人军团”是“村超”背后的推手和真正运营者。“村超”

1. 以上内容来自 2024 年 11 月 9 日对欧阳章伟的访谈。
2. 以上内容来自 2024 年 11 月 9 日对欧阳章伟的访谈。
3. 以上内容来自 2024 年 11 月 9 日对欧阳章伟的访谈。

开赛后，这些民间新媒体人就开始发挥作用。在“村超”比赛期间，一些直播团队全部投入“村超”传播，直播带货业务也暂停了。徐勃表示，“自建流量池在同一个时间段推送，短时间内在互联网上形成几万条，在一定的时间内形成几十万条视频，它是一种裂变，让‘村超’连续在各种热榜上榜”。

“村超”火爆之后，自媒体达人们不仅用实际行动支持“村超”，还积极运用互联网传播“村超”。“村超”观众席上，到处可见相机、手机等直播设备，他们每个人都能拍上一段短视频，参与“村超”传播。对榕江来说，新媒体是让“村超”短时间内实现现象级传播的关键因素。“村超”热度的一路狂飙，离不开榕江“万人乡村主播团队”的助力。仅在5月13日“村超”开幕赛当天，通过榕江县自有的“村寨代言人”和直播营销团队，就获得500万以上的流量。“村超”天文数字般的流量，让新媒体账号背后的自媒体达人无需政府补贴，冲着粉丝、流量和潜在的直播带货机遇，也干劲十足。“村超”球场边上，各类直播纷纷上场。有在直播球赛中，介绍自家孩子的骄傲妈妈；有原本想要短暂停留，却在榕江待了2个月还没走的游客；更多的是借助“村超”的流量效应加入直播电商的当地群众，他们用一场场直播、一条条视频，将家乡的土特产卖到了全国各地。作为丰乐村拉拉队领队的熊竹青，带着自家种植的西瓜在“村超”现场为村队加油助威，被网友亲切地称为“榕江西瓜妹”，借着“村超”流量，20亩西瓜一销而空。同时，当地西瓜、百香果、脐橙、红薯干、葛根面条等农特产品借助直播实现了“黔货出山”。

“村超”出圈后，榕江县又专门成立了“村超”的新媒体专班，调动全县民众广泛参与，自发拍摄赛事短视频，通过抖音、快手、视频号等自媒体平台宣传。有了新媒体专班的统筹，新媒体“万人军团”的作用就不仅是在网络上推送海量视频，还包括深入榕江各个角落发掘“村超”故事。申敏介绍，这个专班成员既有县委宣传部门工作人员，也有外部顾问、新媒体博主，大家寻找那些有潜力的故事，将好的故事汇总到新媒体专班，重点推送，形成影响力。为了鼓励优秀的直播团队和账号，榕江县策划推出“乡村足球·榕江村超”有奖征集活动，征集相关短视频作品、文旅攻略，推出“村超推荐官”工作牌，通过统一话题，带动更多网民自发在自媒体平台上制作推出更多榕江“村超”攻略、视频、笔记，为“村超”持续进行宣传推广。

寻找底层逻辑

乡村赛事由来已久，其本身并不算新鲜事，但乡村赛事与互联网新媒体的结合是一种新的尝试。这种尝试是否可以作为乡村振兴的出路，如何把这种尝试打造成一种固定模式，需要更多的探索。即便是火爆的“村超”也不例外。

基层工作直接与人打交道，想办成一件大事并不容易。一件事从无到有，再到全国、全世界知名，需要勇气和魄力，要协调各种利益关系，解决各种现实问题，防范各种潜在风险。自 2023 年 5 月“村超”开赛之后，徐勃在工作之余经常去到“村超”球场，查看后勤、安保等方面有无不足，谋划“村超”的未来。正因如此，当地民众经常能在“村超”球场的跑道上看到他的身影。

未来 3 年至 5 年，“村超”会经受很多考验。作为一个新生事物，“村超”在很多方面都要摸着石头过河，比如赛事安全、对外交流等。目前运营团队已经做了相关预案，安全设施也在升级。由于“村超”还处于探索阶段，很多参与者对足球、体育的了解不算深入，对于规则的认知也比较浅显，也有待对志愿者队伍、球队、拉拉队、社会资源加强培训，让参与者养成体育规则意识，更好地参与到活动中来。

作为“村超”的传播总策划，欧阳章伟回忆时也表示，在“村超”发展的过程中有很多危机。比如，榕江接待基础较弱，一下子涌进这么多游客很容易出现问题。“干与不干就在一念之间，放弃特别容易，但是最终选择了担当，通过各种各样的方法来优化，保证了‘村超’的安全、出彩、可持续。”欧阳章伟说，“村超”的可持续跟其他网红现象不一样，因为“村超”一直跟着国家战略、贵州省战略走，跟着战略走就能享受战略带来的红利。

不仅如此，“村超”实际上已经形成了传播体系。欧阳章伟表示：“以往做活动时，就请媒体及自媒体报道一下。但‘村超’一直在做自己的传播体系，媒体、自媒体跟‘村超’是一种共创的关系”。在这个过程中，讲故事的主动权始终在“村超”自己的体系里面，新闻消息都是自己先发。这种传播体系的建立，在很大程度上保持了“村超”的热度和温度。[1]

为保障“村超”的健康发展，榕江县成立了一个服务保障“村超”的工作领导小组，下设综合协调组、安全保障、医疗保障、志愿者服务、后勤宣传报道等16个小组。其中，综合协调组简称“村超办”。据“村超办”副主任王永贵介绍，“村超办”的工作职责是做好“村超”系列赛事的安全服务保障、综合协调、日常赛事安排，对接全国美食赛、国际友谊赛，制定比赛方案，接洽球队等，还要协调县里各部门之间的工作，人员从县里各个部门抽调。

日常赛事的风险排查也非常重要。古州镇党政办公室主任杨连江表示：“把自己当成主人公，看到的情况就不一样。”作为“村超”的参与者，杨连江对场内的隐患比较清楚，因此除了自己负责的部分工作，她也会及时将看到的问题讲出来，避免造成负面影响。有一次，球场上有气球，为了避免气球把无人机碰下来砸到人，她就急忙反映了这一情况。她表示：“每一个人的工作并非都是分开的，而是一个集体或者团体，共同维护每一个东西。”[2]

为此，榕江县大力实施县域聚才行动，为“村超”发展提供人才保障。在榕江县的战略中，“村超”的目标是打造一个世界级文化品牌。这需要一支具有世界眼光格局和品牌塑造能力的强大人才团队来支撑，而团队的组建还需要一定时间。在这一过程中，人才是驱动“村超”发展的核心要素。为此，榕江县提出，要大力强化人才引进与培育工作力度，积极吸纳一批精通体育、擅长营销、深谙管理的专业人才投身“村超”团

1. 以上内容来自2024年11月9日对欧阳章伟的访谈。

2. 以上内容来自2024年11月1日对杨连江的访谈。

缪杰在“村超”球场演唱歌曲（黄万鑫／摄）

队。经过探索，榕江县建立了人才顾问、名誉村长制度，组建榕江校友总会，柔性公益引进韩乔生、王志纲、龙建刚、由守义、彭西西、欧阳章伟等235名专家学者、文化名人和企业家担任乡村振兴、足球事业发展顾问，聘请缪杰、范志毅、贺炜等217名知名人士担任名誉村长、乡村振兴大使、文旅推广大使，发挥引进人才的创意思维，通过人才吸引人才、人才带动人才等方式助力“村超”，使各类优秀人才成为“村超”出圈的关键推动者。与此同时，高度重视本土人才的挖掘与培养，通过开展丰富多样的培训活动，全面提升本土人才的专业素养与服务水准。此外，进一步加强与高校、科研机构的深度合作，构建产学研协同合作机制，为“村超”的持续进阶提供强劲智力支撑。[1]

“村超”的持续火爆离不开上级政府的支持。在“村超”火爆时，大

1.《贵州“村超”战略人才头脑风暴会召开　共同谋划2025“村超”新未来》，https://mp.weixin.qq.com/s/4eyDEPJ—BtlDGjH2glYaag，2024年12月16日。

量游客的涌入给榕江带来了巨大压力，贵州省委、省政府在安保等各方面给予强有力的支持。2023 年，贵州省委主要负责同志在榕江调研时，对“村超”予以肯定，并要求将榕江县的新媒体电商产业发展模式在全省推广。2024 年 6 月 14 日，贵州省政府主要负责同志在国新办举行的新闻发布会上谈及“村超”时表示，贵州正在积极鼓励和支持各地发挥自己在自然和人文方面的资源优势，创造性地打造一批群众性的体育赛事品牌。

谈到“村超”未来的发展，可以说充满创新，这种创新既可以带来机遇，又可能带来风险，必须找到底层逻辑，“村超”才能更加活力四射，实现可持续发展。“村超”怎么走？榕江县进行了“村超”四找，即找根、找魂、找方向、找目标。“村超”的根就是一个“村”字，强调乡村文化、接地气，要坚持“村超”姓“村”，尊重人民群众首创精神，让村民来主导，让村味、土味更浓，做好乡村文化大文章，保持“村超”原有的纯粹性。政府要做好服务保障，防止资本无序介入。“村超”的魂就是快乐，核心就是“玩”，策划发起“我要上村超”“带着非遗来村超”“来村超约场球”“村超解说大赛”“全民 K 歌”等“快乐村超吃喝玩乐”2.0 版本的新玩法，让球迷、游客有更多参与感、体验感、新鲜感，共享“村超”流量。“村超”的方向是永远办老百姓最喜欢的文化融合足球赛事，把“村超”的赛事办到游客、球迷的心坎上，通过“村超”吸引更多留守儿童的父母返回榕江就近就地就业创业增收，更好兼顾家庭，照顾孩子、老人，让人民群众更有幸福感。“村超”的目标是要做业余足球的世界杯，举办“一带一路”“村超”国际友谊赛、世界名校友谊赛，采取非对称战略，走差异化发展之路，让足球运动回归人民群众身边，为人民群众带来快乐和健康，将榕江打造成“一带一路”国际传播、足球外交、民间交往的文化平台，从国际传播上升到人民外交。

如何实现这些目标，最核心的就是一个“真”字。“村超”本质上是传播，传播核心是要真善美，真的东西才能恒久远。“村超”的发展体系是快乐，基础是足球，方法是品牌，价值是传播文化。基于“村超”的机遇，榕江县结合自己的比较优势，致力于做世界级的体育旅游目的地、世界草根足球文化之城、中国乡村足球特区。[1] 为此，榕江县提出，要持续优化赛事流程，提升赛事的观赏性与竞技性，确保参赛球员与现场观众均能畅享高品质的赛事体验，向全国观众完美呈现纯粹、快乐且充满热爱的草根足球魅力，携手将“村超”全国赛打造成全民健身的新热潮、中国足球的新希望以及乡村振兴的新引擎[2]。

尽管如此，对榕江县来说，如何保证“村超”的可持续性面临两个挑战，这是“摸着石头过河”的最大不确定性。第一个挑战是，“村超”不可能一年到头都在踢，没有球赛的时候怎么办？目前榕江县的做法是尽量延长比赛周期、打造不同的比赛，使得赛事尽可能覆盖全年。在2025年贵州“村超”预选赛抽签仪式上，贵州“村超办”负责人介绍，从2025年1月开始，将有“村超”预选赛、“班超”入围赛、“村超”入围赛、“村超”美食赛、“村超”全国赛、“一带一路”友谊赛等7类比赛，可以将比赛一直延续到10月。第二个挑战是如何应对人为因素对“村超”的影响。在现有基层政治生态中，行政主官对基层经济社会发展方向有着极大的影响力，而基层官员乃至县委书记，岗位周期很短，调动频率较高。在这种现实矛盾中，如何保证“村超”热度不因行政主官调动而受影响，光靠战略规划是不够的，需要有更多的智慧。

媒介聚合与组织化传播

古往今来，媒介始终是人类认识世界、改造世界的重要工具。媒介既是信息传递的工具，也是人类知识、思想的载体，更是人类社会交流交往的桥梁纽带。媒介的发展影响着人类的认知方式和交往方式，媒介的使用形塑着人的世界观，改变着人类社会的生活方式。何谓媒介？美国传播学家威尔伯·施拉姆认为：“媒介就是插入传播过程之中，用以扩大并延伸

1. 以上内容来自2024年10月20日的座谈。

2.《贵州“村超”战略人才头脑风暴会召开　共同谋划2025“村超”新未来》，https://mp.weixin.qq.com/s/4eyDEPJ—BtlDGjH2glYaag，2024年12月16日。

信息传送的工具。”[1] 这种基于信息传播的媒介认知在大众传播时代影响深远，媒介往往被具象化为报刊、广播、电视、互联网、手机等各类具体的媒介形式。沿着这种思维方式即便是往历史深处挖掘，媒介依然表现为以信息传播与交流为主的物质形态。与这类媒介不同，民间媒介、非大众化的媒介形态被忽略了。如果摆脱这种大众传播的媒介观念束缚，即便是陕北小村庙会“抬楼子”也是“人神交流”的重要媒介。[2] 从这个意义来说，广义媒介论并不把媒介局限于大众传播媒介，而是认为，凡是能使人与人、人与事物或事物与事物之间产生联系或发生关系的物质，都可以作为媒介。

在互联网新技术的冲击下，媒介化整为零、无处不在。如何认识媒介、用好媒介，对人类传播行为、知识获取、认知形成具有重要意义，也作为基础设施在社会发展中发挥着重要作用。随着互联网及新技术的发展，各种新兴媒体相继涌现，政府部门、社会组织、媒体机构、企业、MCN（多频道网络）、个人都纷纷开辟基于互联网的平台或账号，从而使得媒体变得更加复杂。如今的媒体早已不再单单是媒体机构，而是形成了专业性的媒体机构、机构化媒体、平台化媒体、组织化的自媒体及个人化媒体。在广大乡村，这些新型媒介“重组社会场景引发社会角色变化，场景建构和角色融合革新了乡村和乡民的面貌，重塑乡村文化生成机制；媒介生产于乡村文化传播而言，不仅激发起乡民们的文化自觉，也是助力乡村振兴的重要路径”[3]。

在“村超”的台前幕后，媒介的影子无处不在。一方面，榕江县的侗族、苗族、水族等民族有着独特的文化媒介。榕江县居住着侗、苗、水、瑶等 16 个民族，有侗族大歌这一世界非物质文化遗产、侗族琵琶歌等 11

1. [美] 威尔伯·施拉姆、威廉·波特：《传播学概论》，陈亮等译，北京，新华出版社 1984 年版，第 144 页。

2. 沙垚：《人神交流：一种内生性的乡村治理机制——基于陕北小村“抬楼子”的民族志考察》，《当代传播》2021 年第 5 期。

3. 高美：《重塑情境：乡村文化传播的媒介实践》，《中国出版》2024 年第 13 期。

项国家级非物质文化遗产。侗族的鼓楼、花桥、大歌，苗族的百鸟衣、栽岩，都是当地村民为了交流、传承而创造出的特有媒介形态。这些传统的媒介形态至今仍在发挥作用。“村超”出圈后，这些民族把传统的歌舞、服饰等搬到“村超”现场，为现场狂欢注入了独有的活力，从而提高了“村超”的感染力和沉浸效果。另一方面，短视频、社交媒体等新兴媒体的出现，为“村超”出圈提供了媒介保障。在很大程度上，“村超”火爆得益于新兴媒体的广泛运用。而报刊、广播、电视等媒体在“村超”出圈之后，也介入报道和传播，由于这些媒体具有较高的权威性，起到了为“村超”背书的效果，提高了“村超”的品牌影响力。

“村超”的赛场内外，层出不穷的节目创意及独具特色的服饰、音乐、美食等民族文化，始终是一道亮丽的风景线。这些传统文化以媒介形态介入“村超”，成为游客、球迷、媒体关注“村超”的一大亮点。当传统习俗与现代媒介相碰撞，传统习俗成为传播传统文化的新媒介，当传统媒介与现代媒介聚合在一起，媒体传播、传统文化传播的效果和“村超”的感染力都得到了有效提升。有研究认为，贵州“村超”媒介形象为颇具风情的赛场、纯粹体育的竞技、全民参与的庆典与民族融合的踏歌，其原因在于赛事的民族味、乡土味、群众味以及文化味。[1]

由此可见，“村超”聚合了大量传统的、新兴的、机构的、个人的媒介，引发了媒介的集聚，形成了媒介聚合现象，产生了媒介聚合效应。这里的媒介聚合，指的是一切媒介因一件事聚合在一起，从不同角度报道对事件进行全方位的传播，是多家媒体、多种媒介围绕一件事的聚合现象。媒介聚合的“聚”，是一种组织化的“聚”，是“为事而聚”，即为了某一事件调动一切媒介，通过组织化的运作，实现“合”的目标。聚合是多个主体的共同行为，即不同媒介因事而聚，而且互相之间有融合，也有互不相融但互相补充，共同发挥作用，放大传播效果。在这一过程中，“媒介”

1. 王紫潼、杨婷、刘建中：《基于程序化扎根理论的贵州“村超”媒介形象建构及其成因研究》，《东南传播》2024 年第 5 期。

也远远不止报刊、广播、电视、互联网，而且是一切具有承载信息功能的媒介形态，具有广阔的想象力空间。换言之，媒介聚合不仅是报刊、广播、电视或文字、图片、音频、视频等不同形态媒介的聚合，而且是一切媒介形态的聚合。媒介聚合的主体不是媒体，而是媒介事件或媒介仪式。体现在“村超”中，专业性的媒体机构不用多说，机构化媒体和平台化媒体也被高度聚合在一起，形成了主流叙事模式，而更为重要的是，“村超”背后大量的组织化自媒体和个人化媒体的参与，使各类媒体之间形成了内容共创。对机构化媒体来说，它们“一方面主导着内容共创，通过生产领域的有限开放和共创关系的有限维护实现隐性控制，借由身份偏向和流程偏向达成参与偏向；另一方面，通过模糊内容边界、扩大主体边界和渗透操作边界，以专业主义收编多元生产主体和多样化生产方式”[1]。

一位新媒体主播在“村超”球场边直播

1. 强月新、胡青山：《主导与收编：内容共创何以成为可能？——基于机构媒体从业者的扎根研究》，《当代传播》2024 年第 2 期。

组织化的自媒体和个人化的媒体是传播的主要力量。其中，网络主播是重要力量。流量和热度涌向“村超”的同时，自媒体的主播们也蜂拥入场，他们希望从人气火爆的“村超”中获得关注，渴望着能够借着“村超”的东风一炮而红。有的人专门为此结束了打工生涯，创办传媒公司，培养当地人做网红，安排团队在“村超”现场做户外直播，想多赚一点人气；有的账号才刚注册就因直播“村超”轻松获得数千名观众的观看和礼物打赏。[1] 作为体育赛事，“村超”破界的核心是要让流量不只停留在球赛本身，而且要转向球场之外的故事。与传统报道专注于赛况、竞技等场内的元素不同，基于流量驱动的自媒体特点就是传播那些“散布于赛事本身泛化、引申、挖掘而来的场外内容”[2]。因此，自媒体的加入，对赛事文化积淀、内涵意义进行视听解读、阐释，或对运动员身份形象、经历背景等进行各种剪辑、解读和传播，助力“村超”出圈。

相比组织化的自媒体，“个人化媒体”更是无处不在。互联网上促使个人操控社会传播资源的能力被激活，个人湮没的信息需求与偏好被激活，个人闲置的各类微资源被激活[3]。因“个人被激活”而形成的“个人化媒体”，成为推动“村超”出圈的重要力量。榕江县足协副主席杨亚江表示，人人都有手机，人人都可以成为传播渠道，大家要全力以赴把“村超”传播出去。为了更好传播“村超”，榕江县深度挖掘榕江足球 80 多年的历史，人民群众的荣誉感与自豪感不断增强，榕江人民关注“村超”、加入“村超”的热情高涨，村民们自发组织鸣锣喊寨报喜、扛着奖品走村串寨宣告庆祝，主动宣传、拍摄“村超”热点，深度参与到“村超”传播中。这些媒介经过组织化的运作而聚合在一起，有效放大了“村超”的传

1.《贵州村超 300 亿流量，底层主播一个月只赚 30 元》，https://mp.weixin.qq.com/s/LbkOgQXWXibVshwsJqyZqg，2023 年 8 月 21 日。

2. 陈超：《破界 • 赋能 • 外溢：移动互联时代我国体育赛事的视听传播生态嬗变——以 2020 年东京奥运会为例》，《现代视听》2021 年第 8 期。

3. 喻国明、张超、李珊等：《“个人被激活”的时代：互联网逻辑下传播生态的重构——关于“互联网是一种高维媒介”观点的延伸探讨》，《现代传播（中国传媒大学学报）》2015 年第 5 期。

播力、影响力。

“个人化媒体”发展的同时，“媒体化个人”也开始出现。在“村超”传播中，从专业团队到个人网红，从专业球员到各地村民，人人都在为“村超”发声，人人都是“村超”代言人。从90多岁的老奶奶凑钱给村里的球队买水喝，到“村超”球场旁的非遗摊位上身着各种苗族服饰的年轻人，他们都在用实际行动参与到“村超”中。同时，热情好客的当地人在与游客接触时，也成为传播本地文化的媒介。这个昔日默默无闻的小县城，突然涌进了大批游客，以至于停车、住宿都成了问题。一些游客实在没地方住，不得已借住在当地村民家里，当地村民则敞开怀抱，利用家中闲置房间，为外地游客提供简陋却温馨体贴的免费住宿，还会给游客提供一些当地特色美食。游客在村民的热情之下也感动不已，临走时悄悄往枕头底下塞点钱，以略表感谢。相比一些景点的“宰客”现象，这些行为让游客看到了不一样的旅游景象，也把榕江县的民风民俗很好地传播了出去。为了走好传播的群众路线，榕江县还要选树100名“村超”最美推荐官、100名“村超”超级公益推广大使、100名“村超”“一带一路”国际传播大使宣传推介“村超”，以更好打响“村超”品牌。同时，还有无数的媒体、足球爱好者、游客、学者、调研团来到榕江县，他们在很大程度上也成为“村超”的传播媒介。

总体来看，“村超”中的媒介聚合现象体现在多个方面。首先，“村超”里的足球、美食、乡村、民族等都是重要的传播媒介，这些媒介聚合起来形成了“村超”的魅力。其次，“村超”现场作为媒介，为大家提供齐聚“村超”现场，沉浸式、参与式体验足球赛事激情的舞台，从而建立情感连接，也唤醒了网民的足球情感、乡村情感。再次，球队、村民、表演者、观众、游客、媒体、学者、调研团这些看得见的群体，也作为媒介聚集在“村超”中，既是“村超”的内容，也成为“村超”的传播媒介。他们都在通过自己的方式向外界传播贵州、榕江和“村超”文化。在互联网上，“村超”正是借助媒介聚合而出圈，又在此基础上形成了媒介聚合效应，吸引更多媒介主动聚合，从而造就了一道与众不同的媒介景观。作为一种媒介景观，“村超”已不单单是足球赛事，而是传统文化、现代文化的集结地。文化以“村超”的名义不断得以呈现、传播，“村超”则以文化的形式不断得以建构。这个过程本质上是文化媒介化的过程，也是乡村赛事的文化化的过程。

媒介聚合为其主体及相关媒介都带来了巨大的流量效应，体现出了媒介聚合的力量。第一，媒介聚合的力量体现为庞大的流量汇聚。“村超”本身就是一种媒介聚合的结果，从开始的组织化媒介聚合，到出圈后省内外、国内外各类媒体的汇聚，“村超”又带动了更大规模的媒介聚合现象。在这种聚合效应下，各类网络直播、线上卖货等现象无不主动“聚”到“村超”名下，在助推“村超”持续走红的同时为自身带来巨大流量及流量变现的潜力。不仅如此，无数的游客慕名而来，聚在榕江、聚在“村超”现场，转身又成为一个个媒介分散于全国各地，以口碑传播或其个人账号进一步宣传“村超”。可见，媒介聚合的流量效应是滚动式、裂变式的，汇聚流量的同时起到维持流量的作用。第二，媒介聚合使得媒介事件、媒介仪式本身成为一个巨大的媒介平台。一起事件或一个仪式一旦形成媒介聚合现象，聚合效应会马上形成，从而促进事件、仪式成为媒介本身，而不再只是被传播、被报道的内容。火爆之后的“村超”吸引了全国各地的媒体、调研团、网红前来，也有各个省份的美食队、各个民族相聚于此，各种国际性的足球队也来到“村超”球场交流，这些都表明“村超”已不再仅仅是一场乡村足球赛事，而是一个足球文化、民族文化交流的平台。这体现出了媒介聚合的强大力量。第三，媒介聚合带动各方的品牌效应。“村超”之火，之所以受到广泛关注，一个重要原因是“村超”带动了榕江县经济发展，活跃了榕江县市场，推动了中国西南部小县城的乡村振兴，这些都是因为媒介聚合带来的溢出效应。与此同时，“村超”也改变了榕江县的形象，甚至改变了贵州形象。“村超”球场上，“贵州‘村超’活力四射”8 个异常醒目的大字矗立在那儿，无时无刻不在展示贵州活力，彰显新时代的贵州形象。

在聚合媒介的同时，“村超”自身也不再仅仅是足球比赛，而成为一种文化媒介，反过来进一步吸引大量的游客，衍生出系列赛事。例如，2024 年贵州“村超”20 强赛自 3 月 16 日开赛以来，榕江县迎来了每周的

"超级星期六"，来自全国各地的球迷和游客涌入"村超"现场，场内座无虚席，球员们精彩角逐，中场休息还有来自全国各地精彩纷呈的非遗文化和歌舞表演，观众和球迷共享足球欢乐盛宴。2024 年 10 月 1 日，榕江县在国庆期间开展的第一届贵州"村超""一带一路"国际友谊赛暨贵州—粤港澳大湾区"村超"足球友谊赛，让现场观众感受到了"村超"的激情，且比赛间隙，歌曲《我爱你，中国》引发全场观众大合唱，侗族大歌《唱起蝉歌献给党》，歌舞《母亲是中华》《永远是一家》《万疆》《国家》等节目吸引观众的热烈参与。比赛结束后，现场观众纷纷走进球场，跟着音乐一起舞蹈，氛围感拉满，充分体现出其媒介价值。

从赛事初期的媒介聚合，到赛事的丰富扩充，都表明作为乡村赛事的"村超"是一种有组织的行为，"村超"传播是一种组织化传播。这种"组织化传播"，是指有组织地策划媒介事件，有计划地运用各类媒体所开展的传播行为。"村超"的组织化传播背后，始终有两双手：一双是有形之手，即各级各类媒体的报道与传播，其中包括中央媒体、省级媒体等主流媒体报道，也包括短视频、直播等新兴媒体的传播；一双是无形之手，即政府的背后组织，是媒介之所以聚合的推动力量。作为一种媒介聚合现象，贵州"村超"还在持续火爆的路上。为了使得"走红"能够"长红"，榕江县策划了"村超"的发展策略，对赛事活动组织、新媒体传播布局、传播内容等各方面都作出长期规划。对"村超"来说，只要品牌还在，媒介聚合效应就会持续，组织化传播只需在后台运行即可。

第三章　农民主体的草根文化

群众是平民大众、社会普通群体的集合性概念。随着市场化的推进，文化市场繁荣发展，文化产业不断壮大，文化工作的群众路线受到了冲击。在一些文化活动或文化作品中，“发展群众文化”被视为群众路线的集中体现，或把群众作为代表加入文化工作，而群众的主体性在各种文化作品中并未得到充分彰显。随着经济社会的发展，农民闲暇时间逐渐增多，“在中国农民第一次有了大量闲暇时间的情况下，如何发展出健康的、具有农民主体性的消费闲暇的方式，是意义极为重大的现实问题，要让农民体验到美，诗化自己的生活，让农民获得心灵体验而不只是感官受到刺激”[1]。这是中国数亿农民的希望。

作为一种文化现象，“村超”中的群众路线体现出了群众的参与性与主体性，生动践行了群众路线的方法论。这种方法论体现在“村超”所坚持的农民主体上，让农民成为赛事的组织者、参与者、传播者，维持草根足球的本色，从而形成了一种草根文化。所谓草根，即草的根部，平凡却具有顽强的生命力，用来指代社会底层。而草根文化是指草根群体在生产、生活、交往活动中，“直接或是间接、自发或是自为地为适应和改造其生存的自然环境、社会环境而形成的具有主体独立意识又需要话语权实践表达的文化体系”[2]，相对于主流文化、精英文化而言，往往具有“边缘性、娱乐性、原生性、本真性、通俗性和个性化”[3]的基本特征。随着互联网的发展，草根群体拥有了越来越多的话语权，不断出现在公众视野中。

1. 贺雪峰：《中国农村的“低消费、高福利”实践》，《绿叶》2009 年第 12 期。

2. 张峻、张志伟：《“草根文化”含义考》，《哈尔滨市委党校学报》2011 年第 1 期。

3. 苑秀杰：《简论当代草根文化的基本特征》，《汉字文化》2017 年第 13 期。

以“村超”为代表的乡村赛事，以其低门槛、高参与度，让每一个热爱体育的人都有机会走上赛场，让每一个热爱民族文化的人都能在现场沉浸式体验，享受运动、狂欢带来的快乐，彰显乡村体育文化活动的草根性、普惠性和包容性。

从大喇叭到社交媒体

自村民自治制度产生并由国家自上而下推行以来，乡镇和村寨之间的权力和权威结构被打破，国家体制内的控制力和动员力减弱，宣传系统在农村转型期的运作也被更多地赋予“说服”功能，“因为缺乏对农村社会进行有效管理的能力，基层政府不得不在体制外寻求途径以加强自身的权威和动员力”，而这种“体制外动员”的一个重要基础是中国农村历史上沉淀的具有典型性的人情纽带及等级差序结构。[1] 基层政府“征用乡土社会基于‘关系’的象征资源生产副文本，发展出一种颇具效力的人情话语”，并“借助日常化和非正式运作两种行动机制，培育具有丰富地方性知识的动员主体，提高说服效率”[2]。在传统的乡村社会中，依附在日常生活网络的动员网络，有利于沟通信息、强化认同，而随着互联网和智能手机等新型媒介在农村的普及发展，信息传播的速度加快，数字媒体网络、日常生活网络组成了“熟人网络—新型传媒”[3] 动员结构。

“村超”的组织与传播，呈现出一种新型的乡村社会自我动员方式，即“熟人网络—传统媒介—新型媒介”互相作用。在村寨范围内，熟人网络与传统媒介是主力，而随着范围的扩大，熟人网络与传统媒介作用逐渐式微，新型媒介作用逐渐加强。

1. 吴思红：《村民自治制度下乡村关系与农村社会动员》，《国家行政学院学报》2001年第5期。

2. 易前良：《人情、说服与认同：转型期农村宣传动员的话语分析》，《南京社会科学》2018年第8期。

3. 童志锋：《动员结构与农村集体行动的生成》，《理论月刊》2012年第5期。

在“村超”组织环节，大喇叭和摩托车就显得别具一格。现代传播生态中，群众运动广而告之的方式有很多，而榕江在球队、拉拉队的组织上采用了传统的方式。贵州“村超”宣传专班负责人王永杰表示，“村超”没有开过任何一次新闻发布会，靠的是大爷在村口用大喇叭喊，或村干部骑着摩托车到村寨里喊。[1]这也是榕江足球赛的一贯做法。这些年来，每当有足球赛，杨亚江都会组织人到村里动员，经常拿着喇叭、敲着锣到处喊，甚至自己拿支毛笔写广告，每次写二三十张贴到村里，内容如“定好某年某月车江举办足球赛，欢迎各村来参与”，并把相关的规则、报名的联系人电话等附在下面。不仅如此，组织者也会向村长或者寨老了解不报名的原因，争取更多人参与，维持足球氛围。[2]

这种大喇叭在广播电视没有普及的年代，曾经是农村信息传播的主要方式，后因互联网、智能手机的普及在很多地方逐渐消失。新冠疫情期间，本已几乎消失于公共视野的乡村大喇叭以“村村响”应急广播的形式回归农村。有研究发现，“面对城市中心主义的大媒介的信息供给与乡村社会需求的脱节现状，乡村大喇叭成为乡村自我管理、针对本土诉求治理的小媒介”，“以村庄为基本单元的大喇叭成为扎根乡土的适宜媒介和基层治理的政治信息传播工具。”[3]随着大喇叭嵌入村民日常生活，“使逐渐弱化的公共交往得到重新联结和强化，对构建村庄的公共空间发挥着重要的作用”。[4]由于榕江县的很多村寨集中于大山之间，大喇叭成为非常有效的组织方式，即便是离得远的寨子，骑着摩托车跑一圈也就通知到位了。

村民自发性聚集是“村超”运行的又一个特点。榕江县民族宗教局有关负责人表示，村民在组建球队和拉拉队时，各民族会聚在一起，讨论过

1. 以上内容来自2024年10月31日的座谈。

2. 以上内容来自2024年10月30日对杨亚江的访谈。

3. 张雪霖：《媒介融合背景下乡村“大喇叭”的重建及其机制研究》，《新闻与传播评论》2021年第2期。

4. 杨艳萍：《媒介融入与乡村公共空间重建——“大喇叭”回归乡村的个案调研》，《中国广播》2019年第10期。

程中实现相互的交流交融，逐渐拉近民族感情。因此，“村超”从来不愁没有观众，也不用去动员老百姓观看，每一场足球比赛的现场，都会有很多自发过来看球赛的观众。[1] 由于榕江县具有良好的足球文化传统和各种集体性的民俗活动传统，村民一直都非常积极热情地参与“村超”。2023 年“村超”开幕时，1 万多名观众几乎都是榕江本地群众。

大喇叭与摩托车是村民“自己玩”的主要媒介，而当“村超”要走出去与全国乃至全世界“一起玩”时，同样平民化的社交媒体自然成为首选。“村超”火爆后，榕江县贵州“村超”组委会利用新媒体发起贵州“村超”全国美食足球友谊赛，把群众视野向全国延伸。在此次美食足球友谊赛之前，“村超”组委会开启了全国报名通道。数据显示，“村超”组委会共收到报名球队 798 支，确认能够参赛的队伍 297 支，其中贵州省内球队 83 支、省外球队 214 支。榕江县足球协会主席李明星表示，这次组委会将会根据球队的报名情况，挑选综合组织能力强的球队参加第一赛季的比赛。在美食队选择上，组委会的标准是参赛队伍不能仅仅是足球队，要有美食队、拉拉队及文艺表演，最后择优选择，谁组织得好就选谁。最终，初选出来的 297 支球队，来自广东省、安徽省、福建省、甘肃省、河北省、广西壮族自治区、四川省、北京市、重庆市等地。大部分球队以当地独具代表性的美食来命名，如沙县小吃美食足球队、桂林米粉足球队、柳州螺蛳粉足球队、文昌椰子鸡足球队等。

随后，“村超”在网上的火爆经由社交媒体传到了中国香港和国外。2023 年 6 月 11 日，香港明星陈百祥公开“喊话”贵州“村超”，“听说最近贵州‘村超’的足球好厉害，等一等，我带上我的球队来，跟你们拼一拼”；15 日，陈百祥发布视频感谢贵州“村超”的邀请，称将带领香港明星足球队参赛“村超”，“支持贵州，共享欢乐”；21 日，陈百祥再次表示，会到贵州和“村超”足球队见面，香港明星足球队参加“村超”足球友谊赛的手续正在办理中，有新消息会及时跟大家说。一时间，“村超”赛事

1. 以上内容来自 2024 年 10 月 31 日的座谈。

卡卡（右前）现身“村超”向球迷挥手致意（刘续/摄）

又吸引众多球迷关注，“村超”多位主力核心球员还特意录制视频表示欢迎，很多球迷都期待双方球队来一场酣畅淋漓的比赛。在海外社交媒体上，“村超”也受到国外球员、民众的关注。2024 年 5 月 27 日，巴西足坛名宿卡卡与多位国内知名人士空降榕江县“村超”现场，共同参与了一场“逐梦”冠军公益赛，再次将观众的激情点燃到了巅峰。这次活动以“逐梦”为主题，不仅为观众带来了视听盛宴，更通过实际行动践行了足球公益事业的美好愿景。球场上，卡卡执教并兼任队长的“卡卡和他的冠军伙伴队”迎战陈百祥执教的“卡卡和他的逐梦伙伴队”，双方队员均由奥运冠军、前国脚、文艺体育界知名人士、爱心企业代表和“村超”球员代表混搭组成。当这位曾荣获世界足球先生和金球奖的足坛巨星卡卡与中国乡村业余足球联赛“村超”相遇，这场跨国联动的足球文化交流充满了梦幻色彩。这也表明，“村超”已然从贵州小山村的村民比赛转变成为一项具有全球性的足球赛事品牌。

无论是村寨里的球队组织，还是走向国际舞台，“村超”一个非常重要的特点是，没有官方的新闻发布会，没有官方出面组织，走的是群众路线。从乡村大喇叭，到骑着摩托车喊，再到社交媒体喊话、互联网传播，传统媒介和社交媒体的接力，是“村超”组织与传播的主要路径，这也是“村超”从村寨走向国际舞台的群众路线的生动体现，朴实中又充满了群众智慧。

草根的本色

与英超这种职业球员、资本运作的球赛不同，草根足球没有专业训练、没有资本参与，具有“大众性、民间性、真实性和自发性”[1]的特征，在世界范围内广受欢迎。2003年，奥地利举行了首届“流浪者世界杯”，把草根足球运动拉进国际公众视野，将足球延伸成更注重人文关怀的一项运动。研究表明，参加过“流浪者世界杯”的球员，很多人因此开始了新的人生，这种重大的激励和人文关怀将改变弱势群体中很多人的人生轨迹。[2]在中国，草根足球也得到了政策支持。《中国足球改革发展总体方案》对职业足球、社会足球、校园足球、竞技足球的长远发展作了制度安排，倡导一种公共价值，“意在振奋国民精神，将足球内化为人们的一种生活方式、思维方式，充实人的精神世界，充分凸显足球的教育价值功能，进而重塑国民性”[3]，是中国人对中国足球的殷切希望。其中，社会足球就囊括了草根足球。

在草根足球中，农村的草根足球更为特殊。“村超”火爆之前，很多人都想不到，一个村子竟然还能组建一支足球队，甚至一个县里多数村

1. 邱林、施志社：《我国“草根足球”发展研究——以“加油中国冠军联赛”为例》，《河北体育学院学报》2012年第1期。

2. 张昆：《草根足球的人文关怀——以中国香港流浪者足球队为例》，《当代体育科技》2015年第21期。

3. 孙科、乔凤杰、林俐：《中国足球改革的社会文化透视》，《武汉体育学院学报》2016年第3期。

子都能组建自己的足球队。“村超”的球员是来自乡村的农民、厨师、老师、学生、司机等，观众则是来自全国四面八方的游客和周边县乡的本地民众，主力和主角都是当地村民。在“村超”的运行过程中，政府几乎“隐身”，草根则被突出强调。从规则到赛程，全部由足协牵头，比赛中的大小事情都由村民自己商量着办，政府只作引导，搭台唱戏，老百姓才是主角，体现了“村超”的土生土长和原汁原味。这是真正的草根足球，而且是属于农村和农民的草根足球。“村超”的球场是标准足球场，但是没有大门、没有栏杆、不收门票，球场边的跑道上里里外外坐满了人，与场上球员零距离。当大城市还在为建一座专业足球场寻求空间的时候，榕江老百姓却享受到了专业足球场的氛围，男女老少吃着西瓜、摇着扇子，搬着梯子进场了，场内踢球的可能就是自己的阿叔阿弟。在“村超”的观众席上，没有上阵比赛的男人们拿起了自家的芦笙，趁着中场休息时一路“笙”歌。比赛中，无论球员还是观众，都是这里的主角；对于场上的球员，踢球是兴趣，更是他们的心之所爱；对于场下的观众，展示自己，同样是耀眼的英雄。这种草根足球，体现的是中国农民的精气神，绘就的是中国式乡村现代化的幸福模样。

纯粹与快乐是草根足球的精神所在。自“村超”筹备之日起，榕江一直坚持纯粹足球、快乐足球。跟比赛相关的一切都由村民自发组织，参赛球队球员来自各个村寨、各行各业，赛事组织者、裁判员、解说员、表演人员、拉拉队队员也几乎都是周边村寨的村民。为了确保“村超”的草根性，“村超”不接受任何单位、赞助商出资赞助，没有商业广告，不收门票，开放办赛，也没有职业球员，从头至尾都是村味十足的乡村足球体育赛事，最大限度保持了“村超”的纯粹性。在这个过程中，产生的费用，村里都会公开明细，小到一瓶水，大到一顿饭，都写得明明白白。根据“村超”组委会在 2023 年的规定，参加“村超”的球员必须是榕江户籍，或者长期在榕江工作的人，一支球队最多可以有 5 名有榕江户籍但在外地工作或者上学的榕江人作为外援。这样的规定就是为了保证“村超”的草根性和纯粹性，同时利用外援制度提升“村超”的竞争性和观赏性，调动贵州民间足球的积极性，促进贵州民间足球的交流和发展。

民众的广泛参与是草根足球活力的体现。“村超”的火爆离不开民众的广泛参与。在徐勃看来，人民群众才是“村超”的股东。从 90 多岁捐钱为球员买水喝的侗族老奶奶，到苗族老爷爷杨老赶上场为观众表演牯藏节仪式，再到 7 岁的最小摄影师、年龄最小的“村超”教练、自费炒牛肉干送给游客的大爷，以及为“村超”宣传的 3 万多名村寨代言人和为“村超”服务的每一位村民[1]，徐勃谈起群众参与中的典型如数家珍。对“村超”来说，民众参与还体现在对“村超”的保障和传播中。为了发动民众广泛参与到“村超”中，榕江县发起了以“我心中的‘村超’”为主题的征文活动，全县群众都积极参与进来，共收集到近 50 万字的投稿。村民“倪老肥”写道：“村超”是全县人民的大事，作为榕江人，大家都有责任有义务为“村超”出力。如今，榕江人人都在参与“村超”，整个榕江县城，几乎每个商店都有足球元素、“村超”元素，每个人说起“村超”时都喜笑颜开。“村超”总策划欧阳章伟表示，“村超”已经成为一个全民性极强的 IP，每一位老百姓都认为“村超”是他们干出来的。[2] 一些榕江人甚至还没有去过现场看“村超”，原因是要把位置让给外地游客，而自己则在家里看电视。为了接待滞留游客，榕江人自愿组织了免费车队；为了解决游客住宿问题，市民把家里空房间腾出来，免费给游客提供住宿。讲起“村超”，榕江人总是有种自豪感，这种自豪感源于其榕江人的身份，也源于“村超”参与者的身份。

“村超”这场超级文化秀由民间自发而起，也以民间形式呈现，“草根性”得到了彰显。尽管政府在幕后提供了引导、规范和保障，但其仍然是一场草根足球赛事。这一基本定位不仅保证了“村超”本色不变，也是“村超”走上国际舞台的重要元素。榕江县委书记徐勃说：“在榕江，有无数这样的感人故事等待挖掘。”这一个个感人故事，充分表明“村超”是一场全民参与的文化活动，体现出群众路线的价值。就连 BBC 也表示，

1. 以上内容来自 2024 年 10 月 30 日对徐勃的访谈。

2. 以上内容来自 2024 年 11 月 9 日对欧阳章伟的访谈。

这一由当地村民自发组织的比赛，是中国最火热的足球联赛，选手来自各行各业，农民和学生担任主角，是真正的草根足球的代表。

在中国传统体育中，很多体育活动以草根的形式存在，但一直处于边缘地带。这些草根体育和草根体育组织"面临社会合法性与法律合法性冲突，生存在体制默许的边缘地带"[1]，获得关注并得到认可非常难。而榕江县为"村超"所作出的系列规划和保障，无疑为草根体育提供了机会。这或许也是"村超"出圈的又一个原因。"村超"这样的民间体育的火爆，让那些民间足球爱好者、球迷和民间体育组织对自身的角色有了更多认同，有了更多存在感。

守护"村超"

"村超"是群众文化活动的典范。何谓群众文化活动？表面看是有群众参加的文化活动，但对群众而言，几个代表参加很难激发群众活力，真正能够激发活力的群众文化活动体现在发起、组织、比赛、表演的全过程参与。"村超"之所以被视为群众文化活动的典型，与群众全过程参与密切相关，也体现出"村超"是一种全民参与的乡村赛事。

到榕江，一出高铁站就能看见"村超"的宣传牌立在出站口，"贵州'村超'提示您"的牌子随处可见；公交站牌广告板上，处处写着"贵州'村超'欢迎您"。即便是走入酒店、饭馆、超市乃至村寨，"村超"的标语或现场图片也随处可见。这些既是面向本地人的动员，也是面向外来游客的宣传。与其他乡村赛事不同的是，"村超"参与者不只是球员、观众，还包括新媒体及农村自媒体达人，"村村都有代言人，人人都是宣传员"，实现全民参与。

榕江县新媒体专班主任申敏见证了榕江县新媒体的发展。自"村超"火爆以来，她一直在为"村超"忙碌着，经常是忙完自己的事还戴着红袖

1. 汪流、李捷：《社区草根体育组织：生存境遇及未来发展》，《武汉体育学院学报》2011 年第 2 期。

套去维持场地秩序。她的爱人是一名警察，在游客多的时候也会在“村超”现场值守，家里的孩子只能由父母看管。尽管因为“村超”工作繁忙了不少，也没有额外的补贴和奖金，但她依然乐此不疲。当被问及为什么这么有激情、有动力时，她说：“人生工作经历中参与过这么重要的事，是一件非常骄傲的事，能够从中获得很强的荣誉感和自豪感。”[1] 2024 年 7 月，一名外地游客到榕江看完“村超”后，想要赶晚上 10 点多的列车回贵阳，但又打不到车，于是就叫了一个外卖小哥送她去车站。这名外卖小哥骑摩托车送她到了车站，而且没有收钱。游客十分感动，发了一个视频全网寻人，最后也找到了这名外卖小哥。这个“活雷锋外卖小哥”的故事不仅在网上广为流传，也在申敏心中留下深刻印象。因为正是一个个像这位外卖小哥一样的主动参与者，才确保了游客高峰时榕江县不出事故、不出舆情。

让申敏印象深刻的还有群众在网上自发回应各种错误信息。例如，有一次“鬼城”丰都过来表演非遗节目神鼓舞，被一些网民质疑是封建迷信，榕江网民看到了就纷纷在评论区回复“这是非遗”，使发帖者意识到问题并主动删掉了视频。不仅如此，为了营造良好的网上舆论氛围，榕江县也重视走好网上群众路线，对那些喜欢“村超”而且充满正能量的，就考虑培育成“村超”推荐官；针对网上的负面信息，舆情应对走的也是群众路线，自媒体达人、网民会主动沟通、回复、解释。有一次，一名四川游客因为是周一到的，没有看到比赛，在网上发了一条视频，称“你看人都没有，这个‘村超’怎么弄”，引来几百个榕江人回复，告诉他周一没有比赛，应该周六来。最后，这名游客自己就把视频删掉了。

群众自觉守护“村超”既是榕江人因“村超”而获得的自信心使然，也离不开榕江县的群众路线推动。在确定“足球 + 文化”的“村超”定位后，榕江县开展了“村超思想三部曲”大讨论活动：第一步，“我为村超干点啥”。2023 年 5 月 16 日开始，榕江县发动全民参与“村超”，让每

1. 以上内容来自 2024 年 10 月 31 日对申敏的访谈。

“村超”期间，各式小摊为游客提供榕江特色美食（黄万鑫 / 摄）

个人都成为“村超”品牌的参与者。也正因为全民参与，特色小摊才会如雨后春笋般地涌现，酒店不坐地起价，出租车司机不乱收费等，营造了与人为善的良好氛围。第二步，“如何守护村超”。2023 年 6 月底，“村超”火遍全网，“村超”品牌已经树立起来，如何让大家参与到守护“村超”中？ 7 月 4 日，榕江县围绕“如何守护村超”开展全民思想大讨论，让每个人都成为“村超”品牌的守护者。第三步，2023 年 10 月 28 日后，榕江县开始探讨“村超”如何持续发展，于是发出“我为村超氛围营造做点啥”的征集活动，引导全县上下献计献策，把“村超”流量导入村村寨寨，让更多的村寨受益，真正把榕江建设成为世界足球文化之城。[1]

对榕江人来说，守护“村超”已成为自觉行为。由于“村超”在周末设置了“超级星期六”等重要赛事，每到周末的比赛日，就会有大批游客涌入榕江，体育场聚集数万人，宾馆与酒店一直爆满至 7 月底，可谓一

1. 张文静：《“村超”爆红背后有“高人”》，http://www.iceo.com.cn/article/3b8c4341—cdb6—4279—8c70—d7c0ebbba039，2024 年 7 月 14 日。

床难求。为此，有不少村民邀请游客免费到家里住，还给他们提供榕江美食。有一位出租车司机把他不乱收费的原因录成视频，传播出去，所有出租车司机都跟着他学。有几家饭店的经营者率先宣布，凡是来看“村超”的，不但不涨价，还打折或送西瓜。卖卷粉的村民看到外地游客，不但不涨价还会便宜一点，甚至在比赛期间免费“投喂”游客和球员，以自己的方式支持“村超”，维护榕江形象。同时，村寨时刻重视文明观赛的教育。每一支球队和拉拉队从村寨出来之前，村寨都要开“院坝会”强调现场安全、文明观赛。进场以后，每个人都要做“村超”的安全员和守护者，做好一名志愿者。比赛后，球队和拉拉队返回村寨，都要进行安全培训，强调不能酒驾、不能超载等。

除此之外，市政服务、城市管理、社会治安、志愿服务等各个方面，都被广泛调动起来，参与到守护“村超”中。市政服务方面，为保障运力，满足观赛客流需求，榕江县两家出租车公司出台相关补贴政策，在“村超”赛事期间给每辆出租车每月补贴 1000 元的租车费用，直至赛事结束。榕江县交通运输综合行政执法大队进一步加大出租车驾驶员服务技能培训，增设和优化公交路线，为前来观赛的游客提供优质乘车服务。市政管理方面，榕江县提出“把所有锁车的锁锁起来”的口号，不允许锁外地车；小摊小贩来了，城管帮忙找摊位、把东西挑到摊位上去；烟花燃放时，公安干警全部自觉地蹲下，便于游客观看烟花。这些都成为“村超”中的美丽风景。社会治安方面，榕江县公安局治安大队除了正常的治安业务，基本都泡在“村超”赛场周围。饭没吃好，觉没睡好，加上天气炎热，劳累过度，每个人都会有虚脱的感觉，累得受不了的时候，就横七竖八地躺在一间几平方米别无他物的房间里休息。志愿服务方面，共青团榕江县委组织动员返乡大学生、社会青年等加入“小青椒”青年志愿者队伍，为贵州“村超”系列赛事活动提供志愿服务保障。两年不到的时间里，组织了近 1 万人次的青年志愿者参与了 60 余场“村超”赛事，志愿者主要来源于榕江县团员青年、社会青年、榕江籍大学生以及西部计划志愿者、机关单位党员干部及热心群众等，累计服务游客超 100 万人次。比赛期间，身着“红马甲”、佩戴“红袖标”的志愿者们坚守岗位、任劳任怨，活跃在场内外各个角落，尽最大努力默默守护着“村超”。

为了护航“村超”，榕江县创新建立了“部门联防、安保联防、村民联防、志愿者联防、协会联防”的“五联防”模式，全力保障“村超”赛事平稳顺利进行，事故“零发生”。一是部门联防。组织政法委、公安局、法院、检察院等部门形成联防联控队伍，建立“多个警种、多点防控、联巡联动”模式，采取“定点执勤 + 动态巡逻”“步巡 + 车巡”等方式联合巡逻，提高场外见警率、管事率。二是安保联防。围绕应急处置、巡逻防控等内容，由公安局指导安保公司开展服务保障能力提升培训后，选派安保力量重点配合公安机关完成赛事期间游客入场的安保任务。三是村民联防。将参与“村超”赛事、安排文化表演、维护村寨村民良好形象等工作纳入平时的村民大会、小组会讨论和宣传内容，倡导文明观赛。通过召开“榕易谈”“院坝会”等形式，组织村民群众观看普法视频，提升群众法律意识。指定村干部、村民代表作为赛场“安全员”，协助做好比赛期间村民的引导和管理，不断增强村寨和球队的凝聚力。四是志愿联防。用好全县各新时代文明实践所（站），广泛动员和招募共青团员、青年干部、榕江籍大学生等各界青年参与到“村超”志愿服务中。五是协会联防。把县足球协会的指导作用贯穿比赛全场，赛前由县足协组织各参赛球队教练员、领队、球员及当日赛事的裁判员等进行座谈交流，引导球员、教练员等文明参赛、和谐竞技、公正执裁。赛中安排至少一名县足协班子成员在场内值班，做好球队对接、临场调整和应急处置等工作。[1]

无论是民众自发性的守护，还是职能部门的服务性理念，都为“村超”安全、快乐开展提供了保障。在这个过程中，群众的自发参与更是重中之重。为了更好发动群众参与，2024 年 5 月，在“村超”一周年之际，榕江县发起“我为村超再干点啥”全民思想大讨论大解放倡议书，让群众成为守护“村超”的主角。这是继“村超思想三部曲”之后又一次发动群众，旨在引导广大人民群众树立主人翁意识。在这一过程中，我们看到了公务

1.《榕江县“五联防”全力护航村超》，https://www.thepaper.cn/newsDetail_forward_29021543，2024 年 10 月 12 日。

人员的身影，但他们很多时候是以个人的热情投入“村超”；看到了政府在幕后的倡导和组织，但在守护“村超”行动中，群众一直都是主角。“普通村民作为参与主体的能动性、内生型组织主体的整合与团结效能以及政府作为责任主体的规制与引导”[1]，成为“村超”出圈的重要因素。发动群众是为了更好地走群众路线，更好地依靠群众。正如徐勃所言，“村超”的成功，得益于转变思路，坚持“发展靠群众、群众靠发动、发动靠活动、活动靠带动”的新思路，通过引导全民参与，最终实现全民受益。

为什么群众愿意如此广泛深入地参与“村超”？其根本原因在于，人们在“村超”中看到了希望。这种希望既是对传统文化复兴的期许，也源于由此带来的切身经济收入增长的满足，以及身份认同的增强和自豪感的提升。

三份倡议书和两封公开信

如何动员全县人民参与到“村超”中？榕江县采用了一个不太常见的动员方式，即发布一系列倡议书，与民众进行沟通。倡议书本是个人或组织希望共同完成某项任务或开展某项公益活动所采用的一种专用书信形式，试图通过对某一现象或事件的描述，“唤起人们的同情心和责任心，引导读者理解并同意作者的观点，进而使读者主动地做出作者倡议或者建议的行为”[2]。对“村超”这种民间自发活动来说，倡议书或许是最为合适的一种动员形式，它既表达了组织的愿望与号召，也体现出充分尊重群众主体性的基本立场。

在“村超”中，从球队、拉拉队组织，到全民参与赛事，再到全民守护“村超”，都是民间自发行为。然而，自发行为并非无序，自发行为之所以有条不紊，热度持续走高且没有出现负面舆情，都离不开榕江各部门

1. 王鸣捷、白汶龙：《乡村体育文化的新媒体传播与治理——基于“村超”的田野考察》，《现代传播（中国传媒大学学报）》2024 年第 1 期。

2. 刘欣：《倡议书劝说功能的实现——评价理论视角》，济南，山东师范大学，2011 年。

的默默服务。换言之，这些是榕江县走群众路线，突出群众主角地位的结果，也离不开政府“以倡议、引导为主”的幕后服务。

这一切从榕江县发布的三份倡议书和两封公开信中可见一斑。从2023年5月13日“村超”开赛到2023年7月29日“村超”决赛，榕江县先后发布了三份倡议书和两封公开信，对全县群众如何参与“村超”作出引导，并予以感谢。

第一份倡议书：2023年6月2日，榕江县向全县人民发出《“村超”文明行动倡议书》。倡议书指出：“‘村超’赛事正在激烈进行，成为我们榕江人民的一大盛事，成为丰富我们榕江人民精神世界的重要平台，成为展现我们‘苗山侗水 甜甜榕江’多彩民族风情的重要窗口。”对市民，倡议嘉言善行，做文明榕江人；热情主动，做好客榕江人；自觉礼让，做有礼榕江人。对行业管理者、从业者，倡议柔性执法，体现执法温度；规范经营，展现服务热度。在“村超”火爆的紧要关头，倡议书不仅体现出榕江的态度，也对“村超”安全、文明开展起到了引导作用。

“村超”文明行动倡议书[1]

全县广大人民群众：

近日，“村超”赛事正在激烈进行，成为我们榕江人民的一大盛事，成为丰富我们榕江人民精神世界的重要平台，成为展现我们“苗山侗水 甜甜榕江”多彩民族风情的重要窗口。我们榕江人民纯粹快乐的足球精神、热情好客的待人方式引发了全网广泛共鸣和关注，两周内相关内容登上新浪微博本地热榜第一名，登上抖音全国热榜，创造了抖音和快手热点10余个，获得了人民日报社、新华社、央视新闻、光明日报社、中国日报社、中国青年报社、中国新闻社、环球网、中国小康网、贵州电视台、贵州日报社等媒体的关注和报道，吸引了全国人民的目光。

“村超”出圈，提升了榕江的知名度、提高了榕江人的自豪感、增强

1.《“村超”文明行动倡议书》,https://mp.weixin.qq.com/s/rnQBOuzJUbsf3bkXz1EJHg，2023年6月2日。

了榕江人的凝聚力、带动了榕江夜市经济、拉动了农文旅产业发展，让足球的希望洒满榕江。“村超”出圈来之不易，是全体榕江人民共同努力的成果。近期，将会有更多的游客慕名来到榕江，看“村超”，游榕江。这是榕江难得的发展机遇，同时是一大挑战。为此，我们向全县广大人民群众发出倡议：

★ 作为市民

嘉言善行，做文明榕江人。说文明话，办文明事，做文明人，建文明城。积极维护市容市貌、环境卫生。遵守交通规则，安全文明出行。自觉遵纪守法，树立良好道德操守。监督和劝阻不良行为，用实际行动共同维护我们文明和谐的大美榕江。

热情主动，做好客榕江人。热情好客是我们榕江人民的优良传统，把灿烂的笑容当作甜甜榕江的第一张名片，热情大方迎接来自全国各地的游客，积极主动帮助游客解决问题，让游客把美好回忆留在榕江，把榕江人民热情形象带向全国。

自觉礼让，做有礼榕江人。树立主人翁意识，游客跋涉千山万水而来，要以礼相待、以诚相待，笑迎八方客，诚待四海宾，为游客提供更好的旅游体验，构建市民游客和谐共处、相亲相爱的旅游生态。

★ 作为行业管理者、从业者

柔性执法，体现执法温度。要落实监管与服务并重的理念，柔性执法、人性化执法，注重服务民生，做到张弛有度、宽严相济、情理法相统一，以柔性的方式传递法治的温度，以温润的姿态彰显法治的刚性。

规范经营，展现服务热度。要规范经营，秩序井然，便民利民不扰民；诚信经营，明码标价，不“欺客”不“宰客”；守法经营，严把质量关，杜绝出售假冒伪劣商品。把广大游客变成“回头客”，把榕江旅游做长久。

“村超”火热出圈，这是每一个榕江人热血沸腾的时刻。“共创人民足球，共赢健康人生，共享美好生活！人民足球为人民！人民足球人民爱！人民足球闯新路！”榕江人自古热情好客，榕江人海纳百川，每一个有情怀的榕江人，都是榕江的文旅宣传大使，我们是榕江的代言人，是榕江的形象大使，请各行各业的榕江人自觉维护榕江的良好形象，“村超”因为有我们而更加美好！

加油，村超！

加油，榕江！

第二份倡议书：2023年7月28日，“村超”半决赛日，榕江县精神文明办和榕江县贵州“村超”组委会共同发布《倡议书||在家看直播　座位给客人》。这份倡议书在标题里就直截了当地表达了意图，号召榕江本地人“在家看直播，座位给客人”。倡议书提出，“为了让每个来榕游客都乘兴而来，尽兴而归”，倡导大家让景于客，就近在指定的大屏直播点和家里观看赛况直播，“把座位留给更多远道而来的客人，让更多游客切身体验‘村超’的独特魅力，常念榕江、常忆榕江、常来榕江”。显然，这份倡议书也是为了引导群众在特殊时期体现一座城市的烟火气与温情，以群众路线来提升游客体验感。

倡议书||在家看直播　座位给客人[1]

全县广大父老乡亲：

今年5月至今，贵州“村超”火爆出圈、火遍全网、火出国门，成为推动乡村振兴的一个“侧影”，观察中国式现代化贵州实践的一个“窗口”。“村超”的爆火，是每个榕江人为实现梦想而努力的结果。7月28日和29日，“村超”将迎来半决赛和决赛，届时，来自全国各地的球迷朋友将赴决赛之约，云集榕江，体验激情澎湃的足球赛事，享受丰富多彩的民族文化盛宴。

旅游最好的名片不只是风景，更是一座城市的烟火气与温情，是城市中每个人的热情和文明，是全城上下万众一心、齐心协力的归属感和荣誉感。我们相信，榕江有最美的风景，也有最美的人民，为了让每个来榕游

1.《倡议书||在家看直播　座位给客人》，https://mp.weixin.qq.com/s/11b3Wpi45hc-ePFZdaow-g，2023年7月28日。

客都乘兴而来，尽兴而归。在此，我们向广大父老乡亲发出倡议：

我们积极倡导大家让景于客，就近在指定的大屏直播点和家里观看赛况直播（在体育馆周边、一桥头、红七军广场、常驰广场、大河口码头等都设有大屏直播点，各乡镇、街道也设有观看直播点），把座位留给更多远道而来的客人，让更多游客切身体验“村超”的独特魅力，常念榕江、常忆榕江、常来榕江。

“两情若是久长时，又岂在朝朝暮暮”，榕江致力于从“网红”走向“长红”，还将开启全国美食足球友谊赛，周周有球赛，天天有美食，榕江人、榕江足球、榕江美食，“来日方长”。

当好东道主，相约一座城。真诚期望全县人民做好主人翁，全城一心，努力守护“村超”品牌，守护这座城市，为榕江的经济社会发展增光添彩。

榕江县精神文明办

贵州“村超”组委会

2023 年 7 月 28 日

第三份倡议书：2023 年 7 月 29 日，“村超”决赛日，贵州“村超”组委会发布《致广大“村超”爱好者的倡议书》。倡议书提出，决赛日“到现场观赛的人员较多，部分重点路段将会出现交通阻塞、停车难、排队时间长等问题，将影响您的体验效果”“建议您可以关注相关信息，错峰出游、避免扎堆，打出时间差、换得舒适度”。同时，倡议书还建议广大“村超”爱好者选择居家观看“村超”直播或错峰出行。

致广大“村超”爱好者的倡议书[1]

广大“村超”爱好者：

大家好！今天贵州“村超”已进入决赛日。目前，到现场观赛的人员

1.《致广大“村超”爱好者的倡议书》，https://mp.weixin.qq.com/s/5pYwxNMzCiRVQqy55hvF8g，2023 年 7 月 29 日。

较多，部分重点路段将会出现交通阻塞、停车难、排队时间长等问题，将影响您的体验效果。旅行贵在品质，建议您可以关注相关信息，错峰出游、避免扎堆，打出时间差、换得舒适度。在此，我们建议广大“村超”爱好者选择居家观看“村超”直播或错峰出行。感谢大家对“村超”的关注和支持。

贵州“村超”组委会

2023 年 7 月 29 日

三份倡议书都是在“村超”赛事的关键时期发布，目的很明确，就是要以沟通的姿态引导群众，而并非采取各种管制措施。与此同时，榕江县文明办还发布了两封公开信。与倡议书不同的是，两封公开信对榕江县人民群众的参与表示了感谢，并发出了倡议，与倡议书形成了有效互动。

第一封公开信：2023 年 6 月 11 日，榕江县精神文明建设指导委员会办公室发布《致全县人民的一封信》。信中提出：“公安民警、环卫工人、志愿者等各行业人员辛勤服务、默默奉献，为‘村超’出圈，榕江出彩贡献力量。‘村超’的出圈，是每个榕江人为实现梦想而努力的结果，榕江的足球文化已经成为最亮丽的一道风景线。”同时，向广大人民群众发出倡议，要文明规范、文明出行、文明出游、文明用餐、文明经营、文明观赛。从这 6 点倡议可以看出，榕江县在用心维护“村超”品牌，用情呼吁群众支持“村超”发展。群众路线不是居高临下的，而是真正用心、用情与群众沟通、协商，突出人民群众的主体地位。

致全县人民的一封信[1]

全县父老乡亲：

今年 5 月，贵州“村超”火遍全网。“村超”的出圈，最主要是根植

1.《致全县人民的一封信》，https://mp.weixin.qq.com/s/V7hl_bANxS7byDFOOauCbQ，2023 年 6 月 12 日。

于群众当中生生不息的足球文化，“村超”赛事发起、赛程安排、节目表演等都是群众自发组织，20支参赛球队的运动员来自各行各业，有挖掘机驾驶员、木匠、瓦匠、店铺老板、建筑工人、农民、学生等。球场上，世界波、鱼跃冲顶、彩虹过人、圆月弯刀、倒挂金钩等精妙绝伦的过人及射门，在“村超”的赛场上轮番上演，球技了得。球场下，有89岁的苗族寨老带着牯藏节的仪式感来助力“村超”，有扛着各队旗帜奔跑助威的“追风少年”，有从各地汇聚来的1972年榕江县代表黔东南州出征全省青少年足球赛满头白发的“榕江少年”，有凌晨还在收捡垃圾维护球场卫生的环卫工人，更有身着民族盛装的村民“拉拉队”载歌载舞为球员加油助威……男女老少数万名观众齐声呐喊，鼓掌欢呼，氛围火热。赛场外，榕江西瓜、榕江卷粉、榕江烧烤……各种特色美食布满县城，各类少数民族盛装随处可见，充满“人间烟火气”。“村超”期间，榕江宾馆酒店行业诚信经营，热情待客；“村超”拉拉队自带牛瘪、烤香猪、腌鱼等美食，小学生把美食实践课带到赛场，和游客分享榕江美食；夜市摊位让利于民，品种齐全，物美价廉。公安民警、环卫工人、志愿者等各行业人员辛勤服务、默默奉献，为“村超”出圈，榕江出彩贡献力量。“村超”的出圈，是每个榕江人为实现梦想而努力的结果，榕江的足球文化已经成为最亮丽的一道风景线。

凡成大事者，必集众智而为，聚众力而举。“村超”出圈来之不易，机遇难得，需要我们全县人民抓住机会、上下齐心、团结奋斗。在这里，特向广大人民群众发出倡议：

一是文明规范。人人都是“形象大使”、处处体现“流量担当”、事事关系“村超”品牌。从每个人做起，从点滴做起，自觉践行文明规范，注重文明形象，爱护公共环境，遵守社会公共秩序，不粗言秽语、不乱丢乱吐，不躺卧公共座椅，打喷嚏、咳嗽掩口鼻，向来榕江的宾客展示良好形象。

二是文明出行。从规范自身交通行为做起，自觉遵守交通规则，不乱穿马路，不乱停车辆，不闯红灯，依次上下车，不争抢座位，在公交车上主动礼让需要帮助的人，骑摩托车、电动车要佩戴头盔，拒绝酒驾、醉驾，开车不喝酒，喝酒不开车，共同营造文明、有序的交通环境。

三是文明出游。爱绿护绿，不踩踏草地，不摘折花朵。自觉保护公共设施，不损坏公共设施，节约用水用电。

四是文明用餐。遵守餐桌礼仪，文明用餐，爱护用餐环境，不吵闹喧哗，不酗酒。珍惜粮食，杜绝浪费，点餐适量，剩菜打包，不追求奢华，不讲排场。

五是文明经营。广大经营商户要坚持文明经营、诚信经营、热情待客，做到语言文明、礼貌待客、明码实价、货真价实。不店外经营、占道经营，严格遵守“门前三包”规定。宾馆酒店行业要诚信经营、热情服务，不恶意提高房价或拒绝游客入住。出租车、网约车驾驶员要文明礼貌，按标准规范收费，不拒载、不超载、不抛客、不绕道，提供优质乘车服务。

六是文明观赛。赛事期间，途经比赛场地的道路与交通路口时，请文明有序服从现场交警、安保、志愿者等人员的指挥，做到文明、安全出行。去往比赛现场，尽量步行或乘坐公共交通工具，减轻交通压力。在比赛现场，牢固树立主人翁意识，发扬榕江人热情好客、文明开放的优良传统，遵守公共秩序，照顾好老人、小孩，不翻越赛场护栏，不穿越限行警戒线，做到安全、有序观赛。理智对待输赢，不呼喊不文明口号。爱护现场设施，自觉维护赛场环境卫生，做到垃圾坚决不落地、人走场净。自觉参与秩序维护、文明引导等志愿服务行动，共同营造文明有序的观赛环境。

“村超”是一场比赛，更是一条新路，它提升了榕江的知名度、美誉度、影响度，让更多外地人关注榕江、来到榕江、爱上榕江；它推动了榕江餐饮、住宿、旅游等产业发展，让人民群众增收致富；它带动了榕江体育事业发展，让文化体育旅游融合发展成为乡村振兴新引擎。

感谢，每一位为“村超”默默奉献的人！致敬，每一位可爱的榕江人！各位父老乡亲们，你们的支持和参与是榕江发展最大的力量源泉！让我们一起行动起来，为“村超”助力，为榕江加油！

榕江县精神文明建设指导委员会办公室

2023 年 6 月 11 日

第二封公开信：2023 年 6 月 22 日，榕江县精神文明建设指导委员会办公室和榕江县（三宝侗寨）和美乡村足球超级联赛组委会共同发布《致全县广大人民群众的一封信》。此时，“村超”还叫“榕江县（三宝侗寨）和美乡村足球超级联赛”，这封信比第一封信晚了 11 天发布，但增加“榕江县（三宝侗寨）和美乡村足球超级联赛组委会”作为发起组织，强调了文明规范、文明出行、文明经营、文明观赛。前后仅隔 11 天，两封信相继发出倡议，其原因在于“村超”火爆之后，游客猛增，榕江县在吃住行方面面临着压力，只有发动群众、依靠群众，才能让“村超”更为健康地运行下去。

致全县广大人民群众的一封信[1]

全县的父老乡亲们：

大家好，一年一端午，一岁一安康。在这个特别的日子里，愿我们“粽”是快乐，“粽”是微笑，“粽”是幸福安康！

连日来，“村超”火遍全网，各地游客纷纷慕名而来，榕江迎来了“超经济”时代。“村超”的火爆出圈，离不开咱们榕江生生不息的足球文化，离不开各村足球队员的全力以赴，离不开后勤保障人员的辛勤服务、默默奉献；离不开餐饮、酒店行业诚信经营、热情待客；更离不开屏幕前的大家为球员加油助威、鼓掌欢呼。

随着游客的增多，为进一步做好服务工作，我们在这里向父老乡亲们发出如下倡议：

一是文明规范。每个人自觉践行文明规范，注重文明形象，爱护公共环境，不粗言秽语、不乱丢乱吐，不躺卧公共座椅，向远道而来的宾客展现良好榕江形象。

二是文明出行。自觉遵守交通规则，不乱穿马路，不乱停车辆，不闯红灯，乘坐公交车时要做到文明礼让，赛事期间尽量选择步行或乘公交的

1.《致全县广大人民群众的一封信》，https://mp.weixin.qq.com/s/UX3uCKlMn94udTSkvLETNg，2023 年 6 月 22 日。

方式出行。骑摩托车、电动车要佩戴头盔，为避免交通堵塞，共同营造文明、有序的交通环境。

三是文明经营。广大经营商户要坚持文明经营，礼貌待客、明码实价、货真价实、规范经营，严格遵守“门前三包”规定。宾馆酒店行业要诚信经营、热情服务，不恶意提高房价或拒绝游客入住。出租车、网约车驾驶员要文明礼貌，按标准规范收费，不拒载、超载、抛客、绕道，提供优质乘车服务。

四是文明观赛。赛事期间，我们提倡榕江县的广大父老乡亲在家观看比赛，以缓解目前“村超”现场承载压力。牢固树立主人翁意识，发扬榕江人热情好客、文明开放的优良传统。维护好赛场及周边的环境卫生，营造文明有序的观赛环境。

父老乡亲们，你们的支持和参与是榕江发展最大的力量源泉！让我们一起行动起来，为“村超”助力，为榕江加油！

榕江县精神文明建设指导委员会办公室

榕江县（三宝侗寨）和美乡村足球超级联赛组委会

2023 年 6 月 22 日

从这三份倡议书和两封公开信可以清晰地看到“村超”的群众路线。以倡议书和公开信的方式与群众沟通，不仅在倡议书和公开信之间与群众形成互动，也充分考虑到群众感受，体现出“村超”在走群众路线时是有方法论的。倡议书和公开信也表明，榕江县在开展社会动员时，采用的是沟通式理念，从而形成了一种“沟通式动员”。

乡村文化的群众路线

人民主体是中国共产党坚持的根本立场。马克思说，“整个所谓世界历史不外是人通过人的劳动而诞生的过程”[1]，人们正是在构建“为我而存在”[2]的关系中创造价值世界。这在根本上论证了人民主体的本源问题。从理论形态上看，人民主体论包括群众史观和群众路线，“它是历史观、价值观与认识论的统一，因而也是立场、观点与方法的统一”，“统一于中国共产党领导的人民群众的主体性实践”。[3]从实践来看，尊重人民主体性，把人民群众作为主角，是群众路线的必然要求。“村超”的持续火爆，体现出人民主体的巨大能量。

“村超”改变了这座中国西南部的小县城，也改变了这座县城人民群众的精神风貌，让这片曾经默默无闻的土地充满了希望。“村超”像一个正能量磁场，感染了无数人。在“村超”氛围的影响下，村民切身感受到了前所未有的团结。可以说，“村超”的持续火爆是榕江人民共同努力的结果，是“人民主体、人民主创、人民主推、人民主接”[4]的生动体现。

人民主体。“村超”姓“村”，由当地群众自发组织、广泛参与，体现了“村超”坚持人民主体地位的根本立场。“村超”主办单位是榕江县足球协会，承办单位是榕江县三宝侗学会，赛事的队伍组建、赛程安排、晋级规则、节目表演都是由村民自发组织、自行决定和自行实施的，球员都是当地的群众，有驾驶员、搬运工、厨师、教师、学生、农民及在外务工人员等，奖品是本地小黄牛、小香羊、小香猪、小香鸡等农特产品。

人民主创。榕江足球有深厚的历史底蕴、一定的竞技水平和广泛的群众基础，榕江会踢足球、喜欢踢足球的人口基数大。侗族大歌、芦笙舞、木鼓舞、齐跳多耶、珠娘郎美等歌舞，以及神秘水族文字“水书”、牯藏节仪式、龙凤呈祥等富有村味的加油助威入场活动，都是由群众自发组织编排、表演的。在“村超”赛场内外，当地群众充分发挥自身创造力，积

1.《马克思恩格斯全集》第42卷，北京，人民出版社1979年版，第131页。

2.《马克思恩格斯选集》第1卷，北京，人民出版社1972年版，第35页。

3. 张晓东：《人民主体论：从群众史观到群众路线》，《中共中央党校学报》2013年第5期。

4. 以上内容来自2024年10月30日的座谈。

极展示榕江特色美食和神秘古朴的民族文化，把足球赛事与民族文化、非遗文创、手工制作、特色美食、淳朴民风等相结合，进行融合式创新，给无数观众带来了前所未有的“美食大餐”“文化大餐”和视觉盛宴。

人民主推。榕江县按照习近平总书记对贵州省提出的“在实施数字经济战略上抢新机”重要指示，创新性提出“三新农”发展理念，推动建成新媒体电商产业园，累计培育1.2万多个传播乡村振兴正能量的村寨新媒体账号，打造全民参与推广宣传“村超”正能量的新格局。

人民主接。“村超”突然出圈，吃住行等各方面都很难跟上，这么大流量，谁来承接？榕江县组织老百姓来承接流量——热情好客的榕江人腾出闲置的房间免费为游客提供住宿，自发制作美食到现场免费“投喂”游

在“村超”足球场，榕江群众向观众展示当地特色美食

客，自发组成车队免费接送游客，本地市民在家看直播让景于客，为外地游客专门设置“宠粉区”等。我们全力做好“宠”的文章，全力宠游客朋友、宠“村超”球迷。

榕江人民不仅热爱足球，更热爱“村超”这个共同的荣誉。在徐勃看来，“村超”跟足球是不对等的，足球哪里都有，至于社会足球，哪个县都有，但“村超”不是，因为“村超”是全民参与的足球文化现象。“村超”火爆之后，经常有人说“‘村超’背后有高人”。如果说“村超”背后有高人，那这个高人就是人民群众。这是因为“村超”姓“村”，赛事由村民组织，球员由村民组成，奖品有村味。“村超”真正的核心密码就是群众路线，没有群众，“村超”什么都不是，没有人民群众的参与，“村超”什么都没有，就是一张纸，就是一个概念而已。欧阳章伟也表示，“村超”的人民性很强，提升了老百姓的自豪感，每一个老百姓都觉得“村超”是他干出来的。同时，“村超”品牌的收益跟村集体挂钩，也就是跟老百姓挂钩。“它是一个植根于人民群众的品牌，不能用纯商业品牌的逻辑去理解。它是市场化的运作，但不能完全按纯商业品牌去做，这个品牌最终属于人民群众。”欧阳章伟感叹，“‘村超’的生命力真的很强。”

草根足球并不意味着自娱自乐。欧阳章伟表示，“村超”一直坚持“超级共享”，走的是“自己玩、全国玩、全世界玩”的发展路。举办全国美食足球友谊赛时有1000多支球队报名，在排赛程的时候，榕江的球队只排了第一天和最后一天。当时很多人就不理解，为什么“我们那么火了，还让别人来蹭流量”。欧阳章伟认为，“村超”靠自己玩不长久，要把火爆的舞台贡献出来，让全国人民以及全国各地一起来展示。[1]

“村超”火了以后，很多地方到榕江取经。面对络绎不绝的考察队伍，徐勃为他们总结“村超”的成功经验是“发展靠群众、群众靠发动、发动靠活动、活动靠带动”，核心是带动群众就业创业、增收致富，丰富文化生活。作为文化群众路线的生动实践，“村超”走的是全民足球、人民足

1. 以上内容来自2024年11月9日对欧阳章伟的访谈。

球的道路，是真正接地气的道路，是真正把足球上升到全民体育、全民健身、全民健康，真正实现足球从娃娃开始抓起，从基层开始抓起，从群众的兴趣开始抓起。

“村超”的成功实践表明，群众路线是文化事业发展的方法论。何谓文化群众路线？以往，更多是“送文化—育文化—享文化”[1]的过程，而“村超”的实践表明，文化群众路线不只是要送文化，更要让人民群众作为文化的主体。正如习近平总书记指出的，“尊重人民首创精神，坚持一切为了人民、一切依靠人民，从群众中来、到群众中去，始终保持同人民群众的血肉联系”[2]。“村超”很好地践行了群众路线的方法论。

首先，群众路线要回到群众生活。“村超”从筹备开始，就是民间自行组织的，主办方是榕江县足球协会，参赛球员来自不同行业，活动经费由村民共同筹集，奖品是土特产，观众仅凭借一腔热情就能共享快乐。可见，“村超”从根上是群众的运动，符合群众日常生活喜好，也让足球回归体育本质，让文化活动回归群众生活。

其次，群众路线汇聚民间智慧。“村超”的策划、传播、表演等，都是民间智慧的体现，从开场的非遗表演，到中场休息的万人合唱、“民族服装 T 台秀”，集中展示了优秀的民族文化。在“村超”的台前幕后，每个环节都有群众的广泛参与，他们不仅为“村超”出谋划策，还为确保“村超”的安全、文明投入各种公益活动。

最后，群众路线要坚持人民为主体。在“村超”中，赛事、赛程、晋级、表演等都是民间自发组织、自行决定、自行实施，政府则全力做好服务保障工作，始终让群众作为“村超”主角，保持活动的村味。榕江县数十支群众性业余足球队都以村民群众为主。

1. 仇文利、王跃：《“送文化—育文化—享文化”与群众路线的关系及启示》，《新疆社会科学》2015 年第 1 期。

2. 习近平：《高举中国特色社会主义伟大旗帜　为全面建设社会主义现代化国家而团结奋斗——在中国共产党第二十次全国代表大会上的报告》，《人民日报》2022 年 10 月 26 日。

群众路线的方法不只是深入群众、关注群众，更是让群众参与、向群众学习。随着“村超”的不断走红，越来越多人意识到，“村超”之火，在于人民参与。“村超”出圈不只是网红现象，“村超”比赛也不只是民间足球比赛，“村超”现象彰显的是“人民群众的首创精神”[1]，为中国式现代化实践提供了新的思路，是“人民足球”[2]的体现。正是有了人民群众的参与，“村超”的未来也被看好。在胡钰看来，“村超”目前的发展态势“还是挺好的，很健康”[3]，只要按榕江县目前的思路往前走，就能够一直走下去。

“人民足球闯新路，是贵州榕江‘村超’的历史使命。”[4]这是“村超”赋予榕江人民的希望，也是人民足球赋予“村超”的未来。这也说明，任何体育赛事，只有真正做到从人民群众中来，到人民群众中去，让人民群众喜闻乐见、自发参与、自由竞争，才能取得最终的成功。“村 BA”和“村超”的成功之处就在于其遵循了人民主体的原则，做到了从人民群众中来，到人民群众中去，真正成为人民的运动。

1. 邓国超、李坤、陈诗宗等：《群众创造历史　创新引领发展——从村 BA 村超看西部欠发达地区中国式现代化的生动实践》，《当代贵州》2023 年第 42 期。

2. 《村超对话录（二）华东师大吕新雨教授：村超走向世界不是偶发现象，更是一种精神认同》，https://www.douyin.com/video/7394430085857627404，2024 年 7 月 22 日。

3. 以上内容来自 2024 年 11 月 9 日对胡钰的访谈。

4. 《贵州“村超”，人生就该有追求》，http://www.guizhou.gov.cn/ztzl/gzcfa/mtpl/202306/t20230606_80083418.html，2023 年 6 月 6 日。

第四章 狂欢中的快乐文化

快乐就是追求幸福，也是希望的表征，内心有希望才会有快乐。这是一个经济课题，也是一个文化课题。这是因为，“文化创造的根本价值目标是争取实现个体实践的特殊利益和人类历史、文化的普遍性之间的和谐，以个体生存的广泛化来最终完成人类普遍的幸福追求”[1]。快乐文化有一批市场主体的践行者。例如，迪士尼主题乐园，囊括了创造卡通人物的电影、多渠道的文化传播等众多因素，使得迪士尼主题乐园不再是一个简单的休闲娱乐场所，而俨然成为一个集休闲、文化、娱乐、教育等多功能于一体的快乐场所系统。人们去迪士尼，不只为了看卡通人物，更为了享受那种无忧无虑的快乐文化氛围。湖南卫视也长期致力于快乐文化，打造了一系列具有娱乐性、商品性、消费性、通俗性、互动性的综艺类节目，营造出以娱乐为核心的快乐文化。

快乐文化还是一个哲学问题。作为古希腊哲学承上启下的人物，伊壁鸠鲁主张的快乐主义伦理学涉及快乐、正义、欲望、友谊等各种概念，并基于这些快乐主义建构起一种“肉体的无痛苦，灵魂的无烦扰”，超脱世俗、与世无争、退守内心、充满花园般温馨惬意的“沉静的快乐”，开启了一条哲学的新道路。[2] 英国哲学家罗素也关注快乐文化，剖析自我沉湎、竞争、厌烦情绪、嫉妒、犯罪感、舆论等引起人类不快乐的原因，揭示获得人生快乐的哲理和方法，如合理的思想信念、兴趣、爱的情感、建设性

1. 蔡炜：《经济学快乐原则与生产方式的选择》，《党史文苑》2008 年第 24 期。

2. 朱亚男：《“宁静的快乐”——论伊壁鸠鲁的“快乐哲学”》，《呼伦贝尔学院学报》2006 年第 1 期。

的工作、闲情逸趣、学会忍受等。[1]在充满竞争和压力的今天，人们渴望快乐，这种快乐基于希望，而“如果人能在追求成功的同时，更多地关注和体会生活和工作过程本身的美好，就一定可以收获更多快乐”[2]。换言之，我们既要满怀生活希望，也要欣赏生活之美，从中获得快乐。

在贵州“村超”中，人们围观球赛，本质不在于看球技，而是享受现场的狂欢氛围并从中获得快乐。在球场上，观众能看到多彩的传统民族元素与激情四射的现代体育元素同场出现。为了让狂欢更加纯粹、快乐更贴地气，“村超”对快乐元素的设计也与众不同。“村超”的拉拉队，不是身着性感衣服跳舞的足球宝贝，而是参赛球队所在村的村民，是参赛球员的兄弟姐妹、父老乡亲，担着村里产的西瓜、捧着用竹编簸箕装的糕饼，为自己村的儿郎站脚助威；“村超”的中场表演，没有明星大腕的劲歌热舞，而是村民表演的传统民族舞蹈。这种民间元素、民族元素深度融入“村超”，与赛场气氛和谐相处，营造出一种别具特色的快乐文化氛围。这种由狂欢而来的快乐不是表象，而是人们对生活、对社会乃至对未来的一种希望寄托。

群众体育的嘉年华

社会生活中的每个时间、每个空间几乎都可能会出现狂欢。从中国传统庙会、农事节日、世俗庆典，到现代音乐节、体育赛事、户外派对，日常生活中的狂欢活动并不少见。即便是死气沉沉的中世纪欧洲，街头、广场举行的狂欢节、愚人节、复活节及民间广场游乐活动，也广泛存在于人们的生活之中。

远在南美的巴西狂欢节更是举世闻名。每当狂欢节来临，人们就会举行盛大的游行，身着夺目的民族服饰，跳着充满激情的桑巴舞。亚欧大陆

1. 彭秀兰：《罗素的快乐哲学》，《天中学刊》2001 年第 3 期。

2. 何宁：《快乐哲学》，《思想政治工作研究》2010 年第 3 期。

另一端的西班牙，每逢奔牛节，人们就会在狂奔的牛群前拼命奔跑，感受着力与美、生与死的瞬间生成。全球盛行的音乐会，也是人们参与集体狂欢的仪式。人们参与这些狂欢，“在符号建构的情境中实现心理的代偿性满足，将个体的情感能量凝聚升华为集体的情感认同，并通过身体在场或是虚拟身体在场的方式参与到互动仪式中，共享情绪价值和文化价值”[1]。

体育赛事中存在着大量狂欢现象。体育中展现的身体、运动、音乐、舞蹈、韵律等天然构成因素，都是狂欢的基因。在体育赛事中，“人们的身心很容易进入到一种巅峰和狂欢状态”，“甚至可以说体育与狂欢是不可分割的”。[2] 作为起源于足球赛事的“村超”，狂欢是其一个重要基调。

看到“村超”的火爆，有人质疑，真的有这么多人去吗？大家去看什么？是看热闹还是图新鲜？对没有深入了解“村超”的人来说，“村超”可能仅仅是村民之间的足球比赛而已，而当去现场感受几次球场氛围，就会对“村超”有更多具象的理解，这种在狂欢中获得快乐的氛围是与众不同的。

来自广东佛山的何映霞，数年前因牯藏节来到贵州，从此喜欢上了这里的民族服饰和快乐氛围。2023 年 6 月，她刷抖音时看到了“村超”，很好奇这个地方怎么会有这么快乐的氛围，于是来到榕江看“村超”球赛，直到 7 月 29 日“村超”决赛结束，也没有离开榕江。

这一住就是一年多。何映霞租住在距离“村超”球场 10 多公里的一家酒店，那里房费相对便宜。每天早上她会在榕江县城和周边溜达，找地方吃饭，一到晚上就过来看比赛，再溜达回去。没有球赛的时候，她会在“村超”球场的跑道上跑步。到榕江之前，何映霞几乎很少看足球，也不懂足球。直到现在，尽管已经看了很多“村超”比赛，但她还是没搞懂足球里的“越位”是什么意思。对她来说，到榕江是为了看“村超”，但看

1. 韩玉彩：《集体狂欢与心理代偿：户外音乐节的互动仪式探析》，《东南传播》2022 年第 8 期。

2. 王振成、李亚英、刘少华：《当代体育哲学文化反思之四　体育、身体与“狂欢”》，《体育文化导刊》2005 年第 1 期。

"村超"不是为了看球赛。

对何映霞来说，榕江是一个现实中的乌托邦。回想在广东时，每天都是上班、下班、吃饭、睡觉，生活节奏很快。而在榕江，她感受到的是快乐和这个地方的人情味。她说："我之前的人生一直比较忙碌，到榕江就当是给自己放假了。我喜欢这里的环境和人，让我觉得很放松。"也正因如此，每当被问起是哪里人时，她就会说："我是哪里人不重要，现在就差一点把身份证办在榕江了。"[1]

像何映霞这样的游客还有很多。他们到榕江看"村超"，但不是为了看球赛。对他们来说，"村超"带来的更多是放松、纯粹和快乐。正如徐勃所言，在"村超"，有许多来自全国各地、双向奔赴的游客，他们在"村超"中收获了向上向善的情绪价值。有人来了几次，还想再来，因为沉浸于"村超"这种纯粹、这种热爱、这种群众的狂欢氛围太开心了。特别是对那些不懂球的，他们就是来感受这种热爱、纯粹、狂欢的氛围。[2]

狂欢是"村超"最为重要的关键词。当人们走进"村超"赛场时，扑面而来的是浓浓的欢乐氛围。从入场环节开始，就呈现出浓郁的民族气息和狂欢氛围。正如莫斯科维奇所言："每一种象征及它的入场顺序都直接与重新唤起和刺激情感有关，就像某些醒目的大字标语，其目的就是烘托气氛，并且把民众融为一体的过程推向顶点。"[3]"村超"的入场仪式经过精心设计，在一开始就营造出了狂欢的氛围。比赛时，上万人的看台座无虚席，耳边是呐喊声、加油声、喝彩声，这是体育带给人民群众发自内心的一种快乐表达。绿茵场上是奋力奔跑的球员，球场边是为了加油各展其能的"亲友团"，跑道上是身着多彩民族服饰的拉拉队，球场围网外是绚丽夺目的烟火，以及激情澎湃的教练员、裁判员、解说人员、表演人员，无不体现出狂欢氛围。

1. 以上内容来自 2024 年 10 月 31 日对何映霞的访谈。

2. 以上内容来自 2024 年 10 月 30 日的座谈。

3. [法]赛奇·莫斯科维奇：《群氓的狂欢》，许列民、薛丹云、李继红译，北京，中国法制出版社 2019 年版，第 153 页。

“村超”球场上的观众沉浸在狂欢氛围中（吴德昌／摄）

事实也是，“村超”的流量不在于足球赛事本身，更有狂欢氛围的是入场环节和中场休息时的民族歌舞表演。“村超”主打“乡村”理念，整个环节设计都充满了村味，从球员到奖品讲的是纯粹。正是这种纯粹的比赛氛围，让现场观众、游客体会到了足球比赛的欢乐氛围。绝对草根、绝对乡村，在很大程度上助推了“村超”热度。球场之外、村寨之中，妇女们起早贪黑聚在一起制作美食，男女老少浸着夜色吹拉弹唱、编排歌舞，展现出温情、真情，营造出狂欢氛围。文化哲学的生成论认为，情绪和情感并非发生在大脑中的“纯精神事件”，而是超越了头颅和皮肤，延展到环境资源，与外部世界组成紧密联系的整体，是对情境刺激的一种身体化理解和行动倾向。[1]“村超”中狂欢，本质上正是人们内心深处情感与外部

1. 王继瑛、陈欣：《意义建构：生成论视角下的情绪理论》，《心理研究》2024 年第 5 期。

世界联系、碰撞而产生的愉快之情。

“村超”激活了乡村，激励了人心。榕江县居住着侗、苗、水、瑶等16个民族，每当“村超”进入比赛日，当地村民都会穿着民族服饰，用各自特有的方式，在现场为自己的球队加油助威。在入场环节，拉拉队就竭尽所能，各显风采：汉族舞龙舞狮、侗族唱响侗族大歌或琵琶歌、苗族欢跳芦笙舞，各个民族都在展示自己独特的文化，几千名各族群众手牵着手围成圈，在赛场跳舞狂欢。侗族大歌的旋律在球场上婉转悠扬，身着银角、银帽、银围帕、银飘头排、银发簪、银插针、银顶花等银饰的苗族姑娘惊艳全场，伴随着芦笙吹奏跳起了苗族芦笙舞。这种民俗展演和加油助威活动的场景，在每个“超级星期六”的“村超”现场都会上演。

“村超”的特别之处是现场的狂欢氛围、精彩的民俗表演、地道的特色美食、热情的榕江人和接地气的办赛风格。主办方还根据观众需要，不断增添互动元素。2024年10月1日至6日，榕江县开展了第一届贵州“村超”“一带一路”国际友谊赛暨贵州—粤港澳大湾区“村超”足球友谊赛、榕江三宝侗寨才艺大赛等赛事。赛场上，“村超”村寨、“村超”拉拉队、“时代金曲·全民K歌”、“舞动村超·嗨翻全场”等新玩法，让比赛中场表演观赏性、互动趣味性、赛事带动性更强，也让游客更有参与感、体验感。不仅如此，特色小吃、民俗表演也被他们带进了现场，成为“村超”赛场上的一大亮点。为了增添狂欢氛围，榕江在“村超”赛事举办期间，打造“村超美食小吃一条街”，规划数千个免费摊位和流动摊位，为“村超”观赛民众提供餐饮美食、农特产品销售等服务。

2024年11月30日晚，“村超”球场上演了一场有特殊意义的球赛。这场名为“2024‘多彩贵州’（县域）男子足球联赛黔东南赛区半决赛”的赛事，是“村超”火爆后的榕江县足球队第一次与县外足球队开展的竞技式比赛。球场上，榕江县足球队对阵岑巩县足球队，四周看台坐满了观众，从小孩到老人涵盖了各个年龄段，还有很多来自外地的观众，几个拉拉队在边上敲锣加油助威，加油声此起彼伏，战鼓声不绝于耳。仅一个半场时间，榕江队就以7∶0大比分领先岑巩县足球队。值得一提的是，尽管榕江队是主场，但球场上“岑巩队加油”的呐喊声亦是不绝于耳，即便是竞技性比赛也充满了狂欢气氛。

不过，这种需要决出胜负的竞技性比赛在“村超”球场并非常态，绝大多数的“村超”比赛及友谊赛都是非竞技性的，目的在于快乐，而非胜负。大家为村寨而战，为荣誉而战，没有假球，没有黑哨，没有打架斗殴。而且，对一个村寨来说，有了自己的球队，这个村就会空前团结，富有凝聚力。“村超”让足球真正回归到体育本身的价值，给大家带来快乐，带来健康，带来友谊，带来集体荣誉。[1] 在“村超”第一场比赛时，由于当地供电系统出现问题，球场里突然停电了，正当组委会陷入焦虑，担心出现踩踏事件时，现场解说员韩乔生组织观众合唱《我和我的祖国》，让不少人热泪盈眶。这就是“村超”，简单、淳朴又纯粹，让人体会到了足球比赛的真谛。2024 年 7 月，贵州“村超”组委会发布一篇长达 2500 多字的《贵州“村超”致广大游客球迷和媒体网友的感谢信》。感谢信中写道：“无论是烈日炎炎还是刮风下雨，都有大家在绿茵场上奔跑的身影，每一次奔跑、每一次传球、每一次射门，都展现了足球运动的竞技魅力和大家对足球运动的纯粹热爱。足球不仅是一场体育竞技，更是一种精神传承。”[2]

“村超”俨然已成为集文化、体育、旅游于一体的狂欢盛事。全国乃至全世界的人来到这里享受足球的快乐和纯粹。“村超”是民众的大联欢，是村民与市民一起的大狂欢。在“村超”，没有主队，球不管到了哪边禁区，看台上都会发出同样的惊叹和欢呼。对观众而言，只有进攻，没有传球，往球门里踢就对了。无论是游客还是球员，玩起来就对了。足球带来的快乐比什么都重要，过程比结果更有意义。大家在狂欢中收获友谊和快乐，已胜过一切。徐勃表示，“村超”的受众比较特殊，不仅包括足球爱好者，还有很多并不热爱和关注足球的人。因为“村超”的核心就是快乐，就是向外界展示快乐足球。“村超”新媒体传播

1. 徐勃：《踢好快乐足球　传播快乐文化　发展快乐经济》，《传媒》2024 年第 11 期。

2.《贵州“村超”致广大游客球迷和媒体网友的感谢信》，http://www.guizhou.gov.cn/ztzl/gzcfa/zxbd/202407/t20240722_85140277.html，2024 年 7 月 22 日。

负责人王永杰也表示，“村超”不能因为政府介入就改变原有的形态，政府要服务它、支持它，不要去改变它，才能保证民众的整个主人翁意识和参与感。[1]

“村超”踢球的宗旨是快乐，快乐是“村超”的首要追求。快乐的“村超”让人民享有更加充实、更为丰富、更高质量的精神文化生活，大家收获了健康和快乐，收获了团结和友谊，也提高了幸福感和获得感。人们希望有更加理想的生活，而理想的生活中，快乐不可或缺。“村超”探索的是一条“快乐足球 + 快乐文化 + 快乐经济”的社会发展之路，本质上是传播真诚、释放活力、分享快乐的足球文化狂欢节。复旦大学全球传播全媒体研究院副院长张志安也认为，贵州“村超”的成功在于提供了情感价值，这种情感既有情绪的快乐，也有情感的结构，激发了人们一边吃美食，一边看比赛的快乐基因。[2]

对于“村超”的狂欢氛围，巴西《论坛》杂志指出：“对于许多远道而来观看‘村超’比赛的观众来说，来看的还不仅仅是足球。比赛前，拉拉队还会身着民族特色的传统服饰，与球员并肩入场，观众在中场休息时欣赏舞蹈表演和民族音乐等非物质文化遗产。在这里，纯粹的体育精神，对足球炽热的爱，与当地独特的民间文化交融碰撞，造就了‘村超’和‘村 BA’，这样一场场群众体育的嘉年华，其热烈的氛围，也深深感染大批海外网友。”[3] 贵州省政府主要负责同志认为，“村超”的“这种快乐集中反映出在全面打赢脱贫攻坚战之后，贵州各族群众在精神上、物质上深层次根本性的‘千年之变’”[4]。

1. 以上内容来自 2024 年 10 月 31 日的座谈。

2. 《张志安：16 字点赞贵州村超！谈县级融媒体还将这样玩转村超》，https://www.thepaper.cn/newsDetail_forward_28458977，2024 年 8 月 18 日。

3. 何映宇：《直击贵州“村超”，以足球为名狂欢》，《新民周刊》2023 年第 25 期。

4. 《国新办举行“推动高质量发展”系列主题新闻发布会 围绕“坚持以高质量发展统揽全局 开创经济兴、百姓富、生态美的多彩贵州新未来”作介绍》，http://www.scio.gov.cn/live/2024/34092/index.html，2024 年 6 月 14 日。

最原始的拉拉队

拉拉队起源于1880年普林斯顿大学的美式足球赛，“是一项在音乐伴奏下，通过运动员集体完成连续、复杂的翻腾、抛接、托举、金字塔、舞蹈等动作内容，并结合服装、口号、标示物品（如口号板、花球、麦克风与旗帜）以及队形变化等要素，充分展示团队高超的运动技能技巧，并追求最高团队荣誉感的一项体育运动”[1]。拉拉队具有积极动感、健美大方、现代时尚、富有朝气、刚劲有力的特点，不仅有很强的观赏性，也展示出青年人的青春活力以及积极向上、团结协作、相互支持、坚定信念、永不言败的团队精神。

富有民族特色的“村超”拉拉队

早期的拉拉队成员都是男性，后逐渐演变为以女性为主。随着女性活跃于拉拉队，纸制彩球、扩音器、体操的各种翻腾、叠罗汉等动作也被纳入拉拉队，使拉拉队内容更加丰富、生动、活泼，并以美妙的舞姿赢得了

1. 徐中秋、邱建钢：《国际全明星啦啦队竞赛评分规则》，成都，电子科技大学出版社2006年版，第1—3页。

众人目光。[1] 随后，职业表演拉拉队应运而生，他们以赛场为服务对象，提供烘托赛场氛围、娱乐表演等服务，满足观众娱乐身心的需求，悄悄地融入社会文化的大范畴。由于过度竞争或商业操作，如今的拉拉队文化已经异化为“视觉快餐”。一些职业商演拉拉队靠低俗的表演博眼球，使拉拉队文化陷入恶俗的文化困境。在追求商业效益最大化过程中，拉拉队内具的传统校园文化的精神实质，“异化为大众媚俗文化的另类形态”[2]，拉拉队在人们心中的形象畸变成了足球宝贝、身材火辣、露脐装、跳热舞。

作为呐喊助威的有组织的观众队伍，“村超”拉拉队打破了泛娱乐化语境中人们对拉拉队的印象，显得与众不同。“村超”每一支足球队背后都有一支拉拉队，每一场比赛都有拉拉队的民俗表演，轮番上场表演民族歌舞和特色乐器。拉拉队的队员来自汉族、藏族、苗族、布依族、侗族、土家族、水族、瑶族等不同民族，他们没有规定人数，也没有年龄限制，队里有蹒跚学步的幼儿，也有掉了牙的老奶奶。入场时，拉拉队中的各民族队员各显风采：汉族舞龙舞狮、苗族芦笙舞、侗族大歌和琵琶歌、水族芦笙铜鼓舞和神秘水书、瑶族舂杵舞，呈现出一番文化盛宴景象，在足球场上演“最炫民族风”。

榕江县古州镇镇政府办公室主任杨连江参与了“村超”中期宣传、拉拉队组建、现场引导等诸多工作。在她看来，榕江的文化底蕴有着与外界不同的地方，如讲究食物、注重生活品质和保护传统文化，强调榕江人民的乐观精神、对生活的热爱和参与集体活动的积极性。根据“村超”赛事进程变化，杨连江每段时期的工作重心会有所不同，决赛期的6月、7月，她的工作重心是拉拉队和球队。杨连江表示，古州镇有3支球队进入8强，所以要投入到拉拉队中，开院坝会，策划如何共同完成拉拉队的建设、管理以及秩序维护。

1. 雷雯、李鸿：《对啦啦队文化发展的审视与思考》，《成都体育学院学报》2011年第12期。

2. 雷雯、李鸿：《对啦啦队文化发展的审视与思考》，《成都体育学院学报》2011年第12期。

在杨连江看来，村里的人非常积极主动，特别是拉拉队每个节目表演时的激情，完全不是外界所能想象的。在村里，村干部牵头，老百姓有时间就来参加。下班后，家人参加球赛，大家就要争取去拉拉队，不固定人，有时候谁想参加就来。拉拉队的表演水平也非常拿得出手，每个人都能跟上，每次表演节目都不同。杨连江表示："这是人民的智慧，每个人都有自己的想法。"2023 年的"村超"，古州镇有 8 支球队，有一天同时有 3 支球队进场，杨连江就在进场之前等着球队和拉拉队，检查拉拉队是否准备好。

作为"村超"的文化盛宴，拉拉队发展也经历了一个过程。杨连江表示，"村超"刚开始时，大家只知道去加油，敲锣、打鼓、敲盆，去球场上扮演各种角色，想着把氛围搞起来，对拉拉队并没有什么概念。榕江县税务局退休干部杨明，带领几条街舞龙舞狮、排练节目；场坝的老百姓自发做很多的美食，最开始很多美食都是从场坝出来的；古州镇丰乐社区党支部书记陈开华召集能力强，在大家还没什么想法的情况下，带头成立了"乐开花拉拉队"。

随着赛事管理的成熟，拉拉队管理也更加规范，拉拉队成为"村超"赛场一道亮丽的风景线。"村超"刚开始时，球赛现场没有设栏杆，大家手拉手围成圈，因为现场人比较多，队伍很长，特别是入场口处秩序很难维持，需要很多人，有的声音都喊哑了，就拿个大喇叭在那里喊。拉拉队正式入场后，涉及美食和特产展示的环节，场面更是热闹不已，维持秩序的人手实在不够，只能在现场拉起了绿丝带。对于拉拉队现场管理，杨连江很有经验。以前拉拉队都是在场内加油，而现在为了规范和安全，把拉拉队放在场外。以前球场没有围栏，游客可以进到球场内，现在加了围栏，游客不能到球场里面看比赛了。特别是在后期美食环节，出现了较多的争抢美食现象，还在继续规范中。杨连江表示，所有工作要以安全为前提才能开展，之前人少，没有这么多安全隐患存在。现在人太多了，为了大家安全考虑，以后会更加规范一点。

拉拉队管理是一项群众工作，做起来并不轻松。杨连江说："每个人看到我，都知道我是搞'村超'的，他们不知道我也是政府上班的人。"

在她看来，群众工作的方法很重要，必须与群众打成一片，在需要时予以帮助，群众才愿意积极参与，从而确保拉拉队能一直有人。她表示，老百姓都非常淳朴，唯一的问题是文化水平有限，理解问题的方式可能存在局限。因此“不能与他们较真，即使是那些不讲理的人，也只是因为认识不到位”[1]。随着“村超”的火爆，老百姓参与的积极性被充分地调动了起来，村民参加拉拉队的激情高涨。村里有的大妈因为有“村超”球赛，哪怕好朋友的女儿结婚都不去，就说“我要搞‘村超’，就不来了”[2]。每次球队出发时，村民自发组织的拉拉队就跟着球队一起来，“有的离县城远还带着糯米饭来”[3]“火爆的时候，想加入拉拉队还不容易”[4]。

作为返乡创业者，刘勤兰也以自己的方式参与“村超”。白天工作，她以工作室的方式解决农村妇女的就业问题，把民族服饰推出去。比赛时她就去球场，当起免费导游，“不管天气有多热，只要到球场去，都会穿着民族服饰去”。很多游客过来合影，合影完她就跟游客介绍本地美食，介绍周边景点，有时间就亲自带他们去玩。刘勤兰记得，有一家子从江西到榕江，“有个爷爷坐着轮椅来，我刚到那里他就问我这里有啥好吃的，我就给他们介绍我们的美食”。她一边给这家人介绍，一边慢慢地推着这位老人，跟拉拉队一起。“他就坐着轮椅，拿着大喇叭，在那里喊着加油，特别的开心。”刘勤兰回忆说。[5]

无论是球队还是拉拉队的组织，都会受到村寨里人际关系的影响。位于榕江东部的古州镇村寨，祖祖辈辈生活在一起，互相都有亲戚关系，关联性、团结性强，每个村都能组建自己的球队。而城镇组建球队，则需要通过爱好踢球的人去寻找同好者。月寨村里97%的人都是李家人，基层组织好，村民凝聚力强。在“李家军”组织下，月寨村在“村超”中表现

1. 以上内容来自2024年11月1日对杨连江的访谈。
2. 以上内容来自2024年11月1日对杨连江的访谈。
3. 以上内容来自2024年11月1日对杨连江的访谈。
4. 以上内容来自2024年11月29日对村民的访谈。
5. 以上内容来自2024年11月1日对刘勤兰的访谈。

很出彩。作为拉拉队的月寨孃孃团，成员都是60多岁的老人，包括退休干部和工厂工人等。她们在“村超”期间自制凉粉、甜酒粑分发给工作人员，还排练节目，创造性地联想到了农具走秀。目前，月寨孃孃团已经成立工作室，打造月寨的村级旅游品牌。而凤凰社区作为2014年建立的生态安置小区，社区成员的集体荣誉感不如村寨强，因而该村拉拉队的成员主要是球员家属。针对社区参与积极性欠缺的现状，古州镇通过领导班子牵头、召集、引领的方式，调动多方参与，提升社区参与度。[1]

“村超”拉拉队是干什么的？榕江县足协副主席杨亚江介绍，当一个村的球队要出去踢球时，村里面老人、小孩子和爱好足球的人就会组成拉拉队，代表整个村的荣誉和荣耀。到了比赛时，大家会花时间、花精力、花钱参与拉拉队，一旦需要拉拉队出场，便会精心打扮，“穿民族服装，打扮得漂漂亮亮的”，到现场加油。一个寨子的人凝聚力非常强，整个村寨自导自演了很多节目。2023年，榕江县一共踢了100多场球赛，每一场都会加入一些特色节目。这些节目都是拉拉队白天干活，晚上到村里编排而来的，有时会来几百人，目的就是给球队加油鼓劲。有些节目是老人自编自导的原创侗歌，用歌词鼓励球队，为球队加油。在杨亚江看来：“这是一种最原始的拉拉队。”[2]

球队出发时，整个村的拉拉队也会列队出发，就像一条大鱼一样，去给足球队加油。拉拉队的加油方式不只是到现场，也会在后方支持——老人、妇女担心球员踢球会肚子饿，就在家包好糯米饭，带上美食，做好后援。除此之外，场下送美食也是拉拉队的一项重要业务。每次“村超”比赛前，榕江群众都会自发组成拉拉队，提前动员拉拉队制作各种当地美食，等比赛时把制作好的榕江牛瘪、卷粉、杨梅汤、西瓜等带到赛场，让远道而来的游客在观看比赛的同时品尝榕江美食。

“村超”火爆之后，为了大家的安全，村里会在拉拉队出发前交代，

1. 以上内容来自2024年10月31日的座谈。
2. 以上内容来自2024年10月31日对杨亚江的访谈。

“村厨”拉拉队进场（黄万鑫／摄）

要注意交通安全，注意文明，爱护“村超”，热情好客。[1] 榕江六佰塘村的党支部书记杨实显表示，他们村的拉拉队本来是村里为了庆祝民族节日组织起来的，为球员呐喊助威只是拉拉队的“业务”之一，平时主要是村里各大活动的氛围组。而为了更好地为参加“村超”的足球队服务，拉拉队在赛前进行了任务划分，300多个人分成几个小组，有的负责足球队的保障，有的负责现场的垃圾处理，有的则负责招待客人。每次“村超”比赛前一个星期，杨实显都会把自然寨的领队组织起来开会讨论，把队伍的职责分清。比赛开始前三天，每个寨里挑选出来的拉拉队队员要参加村里的集体彩排，没有专业的老师培训，节目都是自己编排。为足球队加油的方式也很简单，跳当地舞蹈和喊口号，口号也只是简单的两句：“六佰塘加油”“六佰塘必胜”。[2]

1. 以上内容来自2024年10月31日对杨亚江的访谈。

2. 《“村超”拉拉队：腼腆的他，一到球场就“放飞自我”》，https://baijiahao.baidu.com/s?id=1769673381181857634&wfr=spider&for=pc，2023年6月25日。

“村超”球队中最大的丰乐村，组建了一支2000多人的拉拉队。他们穿着节日盛装出席，且自掏腰包。为什么“村超”会有这么多的人参加？徐勃表示，这是因为，“一个村，只要有一支拉拉队，就会少几十桌麻将；一个村，只要拉拉队来‘村超’球场转一圈，过几个星期，这个村便游客爆满，妇女们都不再打麻将，忙着搞长桌宴、拦门酒、民宿、种植养殖”。[1] 这就是“村超”给榕江带来的变化，也是群众路线带来的根本性的文化影响。

“村超”拉拉队用他们的热情和精神，展现了足球的魅力和乡亲的情感，更展示了榕江本地的民族文化和美食文化。与其说是拉拉队，不如说是文化宣传队，他们的表演不仅为足球赛事加油呐喊，也为“村超”奉上了一场文化盛宴。在很大程度上，拉拉队已不再是足球赛的拉拉队，而是榕江文化的拉拉队。正是有了这些拉拉队，“村超”的文化氛围更浓了，快乐氛围更浓了。

贵州省政府主要负责同志表示，“村超”“村BA”不仅仅是一场体育赛事，更是一场文化盛宴。在比赛的间隙，芦笙表演、木鼓表演、侗族大歌等各种民俗表演轮番上阵，体现了贵州多彩文化的各种元素，且场内场外随处可见身着民族服装的群众载歌载舞，比赛奖品也是贵州的土特产。大家跨越山海而来，共赴“村超”“村BA”之约，就是要亲身体验比赛当中蕴含的文化元素，同时也醉心于贵州别具一格的民族风情。[2] 这些文化体验，有很大一部分是拉拉队带来的。

梦想的力量

每个人都有自己的梦想与追求，有了梦想与追求，心中才会有希望。法国哲学家加斯东·巴什拉认为，人类经验的时间由生活时间和精神时间

1. 以上内容来自2024年10月30日的座谈。

2.《国新办举行“推动高质量发展”系列主题新闻发布会　围绕“坚持以高质量发展统揽全局　开创经济兴、百姓富、生态美的多彩贵州新未来”作介绍》，http://www.scio.gov.cn/live/2024/34092/index.html，2024年6月14日。

构成，“生活时间是沿着时间的水平轴通过一系列重复或相继绵延而形成的时间流程，而精神时间是与生活时间的水平轴成直角的特殊时间”[1]。在巴什拉的梦想研究中，“这种垂直时间意识的影响下，成为一种积极向上的创造性力量”，“梦想在这种垂直时间里，可以重建自己的时间结构，不仅提升了人类生活经验，而且拓展了个体自由生存的空间。”[2] 因此，梦想具有一种积极向上、超越现实的升华作用，人有了梦想，就会有向上的动力。

在榕江，无数的足球爱好者满怀梦想，这些梦想让一个个民间球员对“村超”充满激情。陆金福就是一个走在梦想之路上的年轻人。

2024 年 9 月 30 日，阿尔及利亚穆鲁迪亚足球俱乐部跨越上万公里来到了贵州省榕江县，同贵州“村超”的球员们展开了一场精彩的友谊赛。此次前来参加“村超”的球员多数为退役球员，曾效力于穆鲁迪亚俱乐部或者阿尔及利亚国家队。面对这支已有百年历史的强队，年轻的“村超”球员们拿出了势如破竹之态，率先踢进两球。场上比赛的激烈，也将场边观众的激情点燃，观众跟随着球员的每一脚球呐喊、欢呼。在热情氛围的带动下，贵州“村超”青白茶队最终以 5∶3 赢得比赛。

阿尔及利亚球员代表队和贵州“村超”青白茶足球队在比赛中拼抢

1. Roch C. Smith. Gaston Bachelard [M]. Boston: Twayne Publisher 1982:65.

2. 张海鹰：《加斯东·巴什拉梦想理论的哲学背景探析》，《东方论坛—青岛大学学报》2006 年第 4 期。

在这场比赛中，来自榕江县古竹镇高古村的陆金福因踢球受伤而一战成名。这个年仅 19 岁的小将从小学四年级开始踢足球。在踢球之前，他十分瘦小，看起来像是营养不良。因为太瘦小，陆金福的妈妈担心他受伤，甚至都不让他踢球。所以在小学一年级到三年级，陆金福没有踢球，“每天早上一醒来就要么去网吧，要么去河边洗澡”。因为踢球，他被一个省里来的老师发现，带到贵阳的北京市日坛中学贵阳分校——一所足球为强项的学校，3 年后，本可以继续深造的他因为想家回到了榕江一中。高三时，陆金福和经常一起踢球的同学组建了一支球队，根据所在地方属于新农村而取名“新农村”足球队。刚加入球队时，陆金福跟朋友们踢球是日常娱乐，后来“村超”开赛，就以“新农村”足球队名义报名比赛，取得了第四名的成绩。2024 年，陆金福所在球队获得了冠军，而这场胜利让陆金福涨了 2 万多粉丝。

回忆球场受伤的场景，陆金福表示，受伤的第一时间没感觉，还准备回场去，但“后面动了一下感觉有点痛，就躺了下去”。在陆金福成长过程中，从小到大都没有受过这么严重的伤，一时感到害怕，担心以后不能踢球了。但他有一颗拼搏的心，“爸爸妈妈在榕江打拼，因为他们吃苦耐劳，就会影响到我，踢球就不会轻易放弃。”陆金福说。

谈起“村超”，陆金福感受颇多。他表示，“‘村超’打开了我们的眼界，也让我们有更多的机会接触到国外的球员以及感受国外的文化”。因为“村超”，陆金福去了法国，还去过中国香港、鄂尔多斯、北京、芜湖、洛阳等多地。在法国期间，他还与法国不同社区的球员们进行了交流，成为“学转英超”的学员，得到了专业的技术培训。在陆金福看来，“村超”不仅是球场，更是展现榕江球员自信的舞台。平时非常腼腆的他，坐着就不说话，也不知道说什么。“因为有了‘村超’，有了粉丝支持，让我们在这里找到了自信。”[1]

“村超”既为狂欢，也为文化，更深层的是为了一种追求和梦想。

1. 以上内容来自 2024 年 10 月 30 日对陆金福的访谈。

而这也是“村超”精神所在。对此，由守义，这位贵州“村超”总顾问、总策划，榕江县乡村振兴顾问，乐乡村、空申村“名誉村长”，回想“村超”兴起之路就颇为感慨。他既是“村超”的策划者之一，也是“村超”中无数追求梦想者之一。2021 年 11 月，由守义应榕江县邀请，关闭个人艺术馆，跨越 3000 公里从老家吉林辗转来到榕江县。刚到榕江的由守义到乐乡村考察，被当地独特的民族文化吸引。于是，他想到将乐乡村十几栋老屋进行商业化、艺术化改造，再交由村集体经营，开放给游客参观体验。改造过程中，有 1/3 的活都是他自己做的。此时，“村超”尚未出圈，榕江县已着手通过新媒体产业园培养新媒体人才，而由守义就负责榕江县新媒体产业园的筹建工作。刚开始，媒体产业园只有 4 栋木屋，连宿舍带办公室就由守义一个人，近 2 个月时间吃住都在那里，探索如何推动新媒体产业发展。由守义先是坚决否定一个同事提出的“买流量”的做法，认为这样做没有出路。随后，他提出“村寨代言人”的概念，让村寨里的自媒体人有了新身份，也有了一种荣誉感和责任感。后来，从事新媒体的人员多了起来，企业一家一家落地，新媒体产业园逐渐成型。

新媒体产业是“村超”精神的起点，而“村超”精神的正式提出则经历了一个过程。在“村超”开赛之初，有些人在做新媒体时存在一个误区，认为“拍摄大场景，人越多越好”。最初拍摄大场景时，将“村超”球场周边楼房都拍摄进去，有网友留言说，“这哪是乡村足球赛，明明是在城市里”。由守义提出：“我们还是应该拍摄球场上的场景，让营造的场景乡土味浓一些。”他把“村超”定位为“乡土味、乡愁味和乡情味”。

但这还不是“村超”精神。“村超”初见成效后，由守义在围着足球场转时，忽然看到球门边一群小孩在追足球、踢球。他看到小孩那种开心、快乐、执着，冒一头汗奔跑的样子，心想“这不就是人生吗”——小孩在“追球”，县长带领一帮人也在“追求”，“追求”两字就在他的脑海里和人生连在一起。“人生就该有追求（球）”的口号就在脑海里闪现出来了。“人生就该有追求（球）”这句口号得到了认可，“村超”有了精神层面的东西，定位就更加完整了，每一部分逐步往前推进，内容逐渐丰富。[1]时至今日，“人生就该有追求”的横幅依然横挂在“村超”的入口处上方。这是“村超”精神的生动写照。通过“村超”，榕江人追求得到体现，并不断实现各种愿望。他们一边快乐着，一边追求着，满怀希望地前行。这里有球员的梦想与追求，也有观众、游客的快乐、放松与追求。

球员的追求与希望五颜六色。“村超”最小的运动员陈德毅表示：“长大后我想当一名职业足球运动员为国争光。”对他来说，“村超”是展现自己的大舞台，让他成了家人的骄傲。陈德毅的弟弟陈佳兴，小时候看哥哥踢球时总想上去踢两脚，如今也是校队运动员，他眼中“村超”就是要“踢出‘绝杀球’，以一己之力挽救整个球队”。而对车江一村足球队教练杨双荣来说，小时候没有钱买足球、买球鞋、建球场，踢的是“三无”足球，如今因为“村超”，不仅有了自己的球队，还能在万人欢呼中踢球，因此“村超”成为他的“圆梦之旅”。[2]而针对陆金福踢球受伤，徐勃认为，这说明球员是有血性的、是拼搏的、是奋斗的。只有这样，足球才有可能赢。

借着“村超”的机遇，乡村体育教育和基建也更持续深入地开展。在2024年“村超”比赛中，口寨村的拉拉队每次进场，都让青训队的孩子们走在最前面。解说员说：“这是传承，也是希望。”这支青训队成立于2012年，成员不仅有中小学生，还有幼儿园的孩子。在口寨村足球队领队杨怀章看来，口寨青训队培育了口寨村足球队的绝大部分队员，也为口寨村喜欢踢球的中小学生开展足球培训，“球队的成绩离不开我们村开展的足球青训”。随着“村超”的火爆，这种青训正在越来越多的村寨开展，不少参与“村超”的年轻球员，利用周末和节假日，为小球员传授足球基本技能。榕江县足协副主席杨亚江表示，在“村超”的带动下，越来越多的年轻“村超”球员投入村寨青训，将极大助力榕江足球人口增加、人才

1. 以上内容来自2024年10月29日晚对由守义的访谈。

2.《人生就该有追“球”》，https://mp.weixin.qq.com/s/BZnw1xc2eRo8mArhOUyWyQ，2023年7月29日。

培育。

足球人才培养不仅是维系“村超”长远发展的基础，也是维系青少年足球梦想与追求的举措。2023 年第一届“村超”，村民自发组成了 20 支足球队参与，让榕江足球火爆出圈；2024 年第二届“村超”，参赛球队增加到了 62 支，覆盖了所有乡镇、街道；2025 年第三届“村超”，参赛球队达到 103 支，被称为“百村大战”。不仅如此，榕江也在开展“班超”系列比赛，志愿者免费到中小学担任足球教练，让“足球种子”在孩子心中“生根发芽”，全县已开展了 1000 多场次“班超”比赛，把更多的孩子从手机游戏中“抢”到了绿茵场上。“班超”“师超”“园超”校园足球体系，成为“村超”社会足球体系的重要保障。这也说明，榕江人对“村超”有了更多的期待，对足球、对梦想有了更多的追求。

同时，“村超”牵手英超，为球员带来了提高球技的机会。“村超”运营管理负责人彭西西认为，英超教练传授的是从事教练员工作的方法论，对于基层教练而言更有实践性和趣味性，未来教孩子踢球时在调动其积极性和创造性上会有很强的示范作用。他表示，如果乡村孩子中有很有天赋的，或可尝试打通一种上升渠道，“希望通过牵手英超，找到双方的契合点，看到符合‘村超’自身定位的东西，让‘村超’以人民群众为主的核心价值观发挥得更充分，输出更多的纯粹与快乐”[1]。

从快乐经济学到人文经济学

快乐是人类行为的终极目的，也是经济学的核心命题，“资源配置、社会分配、增长方式等所有经济问题的核心，最终都要看是否有利于增加最大多数人的快乐幸福生活”[2]。随着经济社会快速发展，人民群众对美好生活有更高的期待和憧憬，经济学研究开始回归到实现国民幸福的最大化，

1.《“村超”与英超双向奔赴，一项小村赛的高质量发展探索》，https://baijiahao.baidu.com/s?id=1786239596716703406&wfr=spider&for=pc，2023 年 12 月 25 日。

2. 陈惠雄：《“快乐经济学”的质疑与释疑》，《学术月刊》2010 年第 3 期。

“经济学由物质转向精神，快乐经济学应运而生”[1]。如今，快乐消费已成为人们日常生活不可或缺的组成部分。无论是迪士尼、湖南卫视，还是淄博烧烤、哈尔滨冰雪旅游，再到“村超”“村 BA”，它们的内在逻辑是人们对快乐和幸福的追求。对快乐经济学来说，“成功的快乐品牌满足消费者对‘快乐’需求这一单一利益点，快乐情感的特性决定品牌品类具有高度敏感性”[2]。

“村超”文化是一种充满希望的快乐文化。人们想去看“村超”，最有可能的原因是“好精彩，想去看看”“好热闹，想去看看”，而不是“好专业，想去看看”“好奇怪，想去看看”。这种心理背后就是“村超”营造出的快乐氛围。无论是村民还是游客，他们以球员、观众、拉拉队等各种身份参与到“村超”中；无论是出租车司机、环卫工人、小商贩还是公务员，他们都以实际性行动参与到“村超”的保障中。这些个体的参与并不能从“村超”中获利，也得不到经济报偿。对他们来说，快乐不仅是一种氛围，更是参与后的心理满足。

“村超”不仅营造了快乐文化，也给榕江带来了快乐经济。针对“村超”现象，清华大学文化创意发展研究院院长胡钰提出了“乐经济暖发展”的理念。在他看来，文化最后的实质价值是追求一种快乐，如果没有快乐，有物质也没有意义。越是大城市，越是好学校，越是中产越抑郁，这不是物质原因，是缺精神，因为精神不松弛，大家都很紧张。胡钰表示：“人本来就是要生活，生活的艺术、生活的科学远比其他的更重要。”[3]而对榕江县来说，为了让“村超”可持续、有长远性，“要对标足球世界杯去做一个世界级的、给更多人带来快乐和自豪的体育文化 IP，利用快乐足球来发展快乐文化，最终实现快乐经济”[4]。在徐勃看来，榕江县是“以足

1. 丁红卫、王美玲：《经济社会中的快乐机制——论快乐经济学的发展》，《中国青年政治学院学报》2007 年第 6 期。

2. 朱红红、孙曰瑶：《快乐品牌的经济学分析》，《财经科学》2009 年第 2 期。

3. 以上内容来自 2024 年 11 月 9 日对胡钰的访谈。

4. 黄祺：《“村超”，想成为“另一种世界杯”》，《新民周刊》2024 年第 13 期。

球为引爆点，用文化来做内容输出，最终实现的是大家的体育、文化、经贸往来”[1]。

为此，榕江县按照市场但非商业的逻辑助推“村超”发展，既不资本化，又不拒绝市场化，摒弃政府大包大揽推动所有的事情。“村超”发展，既要让老板们赚钱，也要让老板们愿意投资、放心投资，如此才能更好借助足球带动发展。事实表明，自“村超”火爆以来，“超”系列经济快速发展，彰显快乐经济的无限潜力。[2]

一是打造“超好吃”品牌展示特色美食。制定榕江牛羊瘪、濑粉、卷粉等美食标准体系，推动特色美食工业化发展，让游客吃得上、记得住、带得走。完善“村超”球场周边美食街区业态，打造粤黔美食一条街、体育美食夜市街，结合榕江美食文化、民族文化、民族手工艺、康体养生等打造榕江“村超”品牌美食街区、民族文化非遗创意街区、百节体验街

榕江群众在“村超”球场向游客投喂美食

1. 以上内容来自 2024 年 9 月 25 日对徐勃的访谈。

2. 以下“超”系列经济发展及数据摘至《榕江县抢抓村超赛事流量密码激活消费新场景》，https://mp.weixin.qq.com/s/X8evFVKvooFnODv6G9hCKg，2024 年 6 月 26 日。

区、榕江“夜间经济”品牌、民族手工艺品牌及相关旅游服务配套设施，丰富街区旅游业态，吸引游客“看村超、品美食”。同时，引导流动摊位、便民摆卖区域、农特产品展销点规范有序经营，推动夜间经济发展。

二是完善“超好住”条件提升游客体验。完善住宿基础设施，做好行业领域安全生产检查及景区景点环境治理，提升格调品位，营造安全、便捷、舒适的住宿环境。加大酒店的招商引资力度，推进“村超”人文主题社区项目建设。加快民宿产业带建设，建设“村超”服务中心乡村服务点，把游客导入周边村寨。采取联名、授权、冠名等方式，引进市场主体投资发展品质酒店、房车营地、露营基地和折叠式、便携式、集装箱式民宿等新业态，满足游客多元化住宿需求。

三是优化“超好行”服务增强出行保障。用好国家铁路局帮扶机遇，增加榕江高铁站列车停靠班次和票额，改造县域内国道和乡村旅游公路。鼓励和引进旅行社、旅游车队等主体，拓展租车服务、景区直通车、摆渡车等，优化景区道路和停车场建设，在“村超”球场周边建设“超好充、超快充”充电体验基地，满足游客充电需求。规范管理已规划的停车位，完善道路标识标线和停车导向标识标牌，让文明停车更“入位”。

四是推出“超好游”路线丰富旅游业态。提升“中国乡村旅游1号公路”榕江县域各旅游村寨充电设施、交通设施等配套服务，开发更多“快旅慢游”精品旅游线路，推动榕江与凯里、西江、镇远、台盘、丹寨、肇兴、贵阳等周边景区形成联动，做到游客互送、资源互享。推出“村超文旅”特色旅游路线，打造集体育运动、斗牛赛事、民族文化、非遗美食、蓝染文创、休闲研学、度假养生于一体的特色旅游路线。

五是搭建“超好购”平台激发消费动力。在抖音、快手、微信等平台搭建“村超甄选”“村超专营店”线上销售店和直播间，加强与淘宝、京东、抖音和小红书等平台及直播团队对接，引入大V、大咖直播团队进驻赛事直播间，通过直播带货助推黔货出山。发挥榕江“三新农”优势，用好线上农特产品“村超”商城，引进市场主体在线下开设更多“村超”专营店，展销百香果、杨梅汁、酸汤、刺梨等优质农特产品，蓝染、刺绣、银饰等非遗产品，以及“村超”授权联名工业品或消费品。依托新媒体直播电商物流园，整合全县物流快递行业，规范安全统一入园，实行抱团发展，降低物流成本。

六是创新“超好玩”玩法焕发文旅活力。搭建民间“村超”和学校“班超”两套足球体系，全面推进学校“班超”足球体育教育，通过“班超”IP带动少儿足球和青少年夏令营足球活动，并引进足球学校和青训团队来榕发展足球事业。策划推出“我要上村超”“带着非遗来村超”“来村超约场球”等20种“快乐村超吃喝玩乐”2.0版本的新玩法，让更多游客有参与、有体验，共享“村超”流量。支持民间举办萨玛节、牯藏节、苗年、侗年等节庆活动和西瓜节、香羊节、百香果节、杨梅节等特色美食节，带动更多游客开展沉浸式旅游体验。

榕江县发展的“超经济”本质上是一种快乐经济。人们为了追求快乐，来到榕江，来看“村超”，沉浸在“村超”现场的欢乐氛围，欣赏民族风情和自然风光，享受榕江美食，也为了快乐在榕江消费。对快乐的追求是榕江发展“超经济”的根本动力。

快乐经济追求的是快乐，本质其实是获得感。在徐勃看来，“村超”没有产业基础，只能靠创新、创意、创业做品牌，探索人文经济学视角下的“乐经济暖发展”，“乐经济”是快乐经济，“暖发展”是老百姓有参与感、有获得感的温暖发展。“‘村超’为什么这么让老百姓快乐喜欢，这么可持续？因为大家有收获。有些经济数据老百姓不认可，说工资怎么没增长却统计增长，但是‘村超’让大家都觉得增长了。”徐勃说。而在胡钰看来，榕江“村超”的发展契合了人文经济学的理论内涵，提供了优质的人文公共品，提升了人文效率，增强了人文效用。胡钰认为，“村超”的可持续发展需要凝练深化“村超”理论，并提出把“人文经济学”作为“村超”的理论基础。在他看来，人文经济学的理论逻辑在于，对经济现象的研究不仅要关注经济行为产生的“物”，更要关注作为经济行为主体的“人”。人文经济学强调“人文的自觉”，以中国实践为方法，以自主创新为追求，以人民群众对美好生活的向往为目标。而“村超”的成功经验证明，以“人”为主体的经济发展道路具有可行性。因此，“村超”发展可以聚焦于研究新时代人文经济学的榕江样本，围绕人、文化、经济三大发展要素，为以“人”为主体的中国式现代化探索鲜活经验。[1]

没有乡村的现代化，就没有国家的现代化，“没有农民的快乐就没有整个国民的快乐，没有农村社会的和谐就没有整个社会的和谐”[2]。而财富不一定意味着快乐，经济增长率和社会整体快乐程度并不绝对成正比，幸福感才能带来快乐。从这个角度来说，“村超”不只是球赛，也是一种文化现象，是一种乡村振兴的新动力，是一个发展快乐经济的品牌。这让榕江县看到了希望，也让榕江县人民看到了希望。在满足人们对快乐和幸福的追求时，“村超”带来了经济社会的全面发展，是一种体现人们追求幸福的人文经济学现象，更是一种希望哲学的生动实践。

1.《人文经济学视角下的贵州“村超”丨清华大学教授胡钰与榕江县人民政府县长徐勃对谈录》，https://mp.weixin.qq.com/s/9bZcyYYsOvzzDlHTehbOjw，2024 年 6 月 7 日。

2. 刘范一、邱力生：《从快乐经济学看农民问题与建设和谐社会》，《广州大学学报（社会科学版）》2008 年第 4 期。

第五章 文化外溢与变迁中的社会活力

社会活力是“社会系统的生存与发展的自主能力”[1]，体现在社会生活和社会发展的各个层面、各个领域之中，是社会希望的基础。在社会变迁过程中，必然会牵动社会关系格局，“引发既有秩序及其内在动力来源的调整”，从而产生“秩序与活力”的平衡问题，这是由于中国社会作为复杂性与多元化的统一体，其“土壤”是公众的社会日常，“而维系社会的纽带在本质上是一些基本的价值、需求和利益，这些基本的价值、需求和利益也是社会的组织、团结和认同的主要基础”[2]。因此，在中国式现代化的进程中，有必要构建“一个既充满活力又拥有良好秩序的社会”[3]。

一个充满活力、和谐有序的乡村社会，是中国乡村百姓的共同向往与希望。乡村社会在现代化进程中的滞后性，使得乡村活力在很大程度上成为社会活力的风向标。而作为激发乡村活力的战略，乡村振兴是一种全面的振兴，需要每一个村庄根据自身特点找到切入点。其中，乡村文化是乡村振兴和乡村活力的精神基础。有研究认为，乡村文化产业振兴与产业兴旺、伦理文化复兴与乡风文明、自治文化重建与有效治理、农耕文化复兴与生态文明建设，都存在“目标耦合”[4]。而在“村超”中，

1. 汪健：《社会活力论》，《文史哲》1993 年第 4 期。

2. 李友梅：《秩序与活力：中国社会变迁的动态平衡》，《探索与争鸣》2019 年第 6 期。

3. 张欢、赵栋：《理论 · 历史 · 实践：活力与秩序有机统一的三重审视》，《天津大学学报（社会科学版）》2024 年第 6 期。

4. 吴理财、解胜利：《文化治理视角下的乡村文化振兴：价值耦合与体系建构》，《华中农业大学学报（社会科学版）》2019 年第 1 期。

我们不仅看到了两者的“耦合性”，更看到了乡村文化发展对乡村振兴的文化外溢效应，这种文化外溢让我们看到了乡村文化振兴的更多可能性。

作为“村超”的核心元素，乡村文化所产生的文化外溢效应，突出体现为文化创新发展带动经济社会发展。从“村超”现象可以看到，民族歌舞、民族服饰、民间足球等传统乡村文化在短视频等媒介的传播下，聚合在一起，吸引了不同圈层的网民，汇聚了庞大的流量，形成超越乡村文化的破界效应，借助民间体育赛事使乡村文化外溢到主体相关的其他领域，带动周边产业的全面发展，进而为地方经济社会发展赋能，让人们看到了乡村的希望。由此可见，文化外溢的基本路径是“聚合—破界—外溢—赋能”4个阶段。从这个意义上来看，“村超”的焦点早已不再是如何办好球赛，而是基于文化聚合的破界效应如何更好提升文化外溢效果，更好为经济社会发展乃至地方形象、国家形象赋能。

乡村振兴的助推器

人民有信仰，国家有力量，民族有希望。实现中华民族伟大复兴的中国梦，既要物质财富的极大丰富，也要精神财富的极大丰富。这种希望大到国家经济社会活力，小到个体生活的幸福感和获得感。而经济活力是社会活力的集中体现。民间足球赛受到全国广泛关注，这本身不是最重要的，更为重要的是如何利用好这些流量。“村超”是否成功、取得多大程度的成功，一个重要标准是能否给榕江带来经济活力。2024年1月9日，时任外交部发言人华春莹点赞“村超”“不仅是足球比赛，更是中国乡村振兴的催化剂”。随着“村超”的火爆，助力乡村振兴已成为“村超”的一张名片。

随着“村超”的外溢效应日趋明显，越来越多的人意识到，“村超”不仅是球赛，而且是一个具有强大资源聚合效应的大媒介，是一个能够激活社会经济发展的大平台，也是一个展现贵州形象、中国形象的大舞台，是激活经济活力和社会活力的一种希望。榕江县借助“村超”的外溢效应，打造“‘村超’与民族文化、特色美食和地方产业相融合发展模式”[1]，把“村超 +”模式作为乡村振兴和文化发展的助推器。

一方面，推动“村超”与文化融合。榕江县建有非遗展演基地 27 个、民族村寨传承基地 12 个、校园传承基地 15 所；共有世界级人类非物质文化遗产 1 项、县级以上非遗项目 228 项、非物质文化遗产传承人 305 名。“村超”之所以火爆，离不开民族文化的融入。在比赛的中场环节，身着节日盛装的侗族男女用传唱千年的侗族大歌表达对美好生活的向往；苗族牯藏节仪式表演、多耶舞等民族节目表演向更多人揭开了多彩贵州神秘的面纱；水书、侗族蓝染等民族物品彰显出贵州深厚的民族文化底蕴。特别是在“超级星期六”，赛事过程中会举行侗族大歌、苗族芦笙舞、水族服饰走秀、瑶族舂杵舞、少儿体操、齐跳多耶等民俗展演。球场上的装饰、看台上的观众，以及中场演出的各种节目，俨然已将现场编织成民族文化大舞台，展示出贵州民族文化的独特魅力。为更好打造“村超 + 民族”，榕江县把“村超”视为一个大平台，聚合民族文化，搭建集赛事、文化、娱乐于一体的共享平台。足球赛事与民族节日、民族歌舞等民族文化深度融合，成为榕江县发展“村超”的一个重要方向，也为民族村寨注入了现代性。

另一方面，推动“村超”与美食融合。榕江县有丰富且独具特色的饮食文化，榕江小吃融合了川菜辣、粤菜清淡的特点。榕江饮食三里不同味，十里不同菜。最有名的是养生美食百草药膳牛羊瘪，还有糟辣酸汤鱼、卷粉、濑粉、汤粉、腌生、腌鱼、腌肉、甜藤粑、芋头糕、肉汤圆、侗家烧鱼、三鲜水芋粉、凉粉等。“榕江十八道名菜”[2] 享誉省内外。每一道

1.《榕江县坚持“村超 +”模式助推乡村振兴》，http://www.rongjiang.gov.cn/xwzx_5903512/rjyw_5903513/202410/t20241017_85947780.html，2024 年 10 月 17 日。

2. 指牛羊瘪，稻花烧鱼，烤香猪，白切醋血鸭，酸汤牛肉，小香鸡稀饭，庖汤，香辣牛干巴，糟辣酸汤鱼，禽鱼，芥末牛肉，鱼皮卷，三鲜水芋粉，榕江卷粉，侗家三宝姊妹饭，糯米圆子，榕江腌生，血灌粑。详见《榕江十八道名菜》，http://www.rongjiang.gov.cn/zjrj_5903491/tsrj_5903511/202205/t20220511_73992411.html，2021 年 9 月 29 日。

菜的背后都有其历史和文化。以“村超 + 美食”吸引游客、留住游客，成为榕江县打造“村超”品牌的重要策略，“村超”的外溢效应，也进一步提升了榕江美食的知名度。为利用好“村超”的外溢效应，榕江县在“村超”赛场城北新区体育馆周边合理规划夜间经济聚集街，打造“村超美食小吃一条街”，规划免费摊位，并向全社会发出倡议书，鼓励和引导广大经营主体通过流动摊位、后备厢集市等形式入驻夜间经济聚集街，为观众提供餐饮美食、农特产品、赛事周边销售等服务。与此同时，美食自身也作为媒介发挥着连接作用。榕江县以“爱上村超 味美榕江”为主题，设立“我爱榕江美食”“村超”活动互动区等活动专区，发起贵州“村超”全国美食足球友谊赛。在“村超”全国美食足球友谊赛上，来自全国各地的球迷围坐在足球场边的观众席上，一边观看精彩的足球竞技，一边享受拉拉

榕江脐橙大丰收（蒋佐仙／摄）

队精彩的民俗表演和丰富的特色美食。媒介溢出带动美食走红，美食也成为吸引球迷和游客的重要元素，全国各地民族传统文化在此得以交融。

产业振兴是激发乡村内生发展动力的源泉，更是乡村全面振兴的基础和关键，承载着亿万农民的美好愿景和期盼。党的二十届三中全会对乡村产业振兴作出部署，强调“壮大县域富民产业”“培育乡村新产业新业态”；2024 年中央一号文件也提出“坚持产业兴农”“提升乡村产业发展水平”。凭借着“村超”的巨大流量，榕江县把“村超 + 产业”作为推动乡村振兴的方向。

一是农业产业。榕江县瞄准县域内具有地方特色的生产基地实行规模化发展，提升各项产业品牌效应。在精品果蔬产业上，榕江县聚焦百香果、柑橘等优势品种，加强主导品种和主推技术推广运用，打造“千亩片”“百亩村”规模基地建设。同时，利用自然气候、饲草资源优势，加大对肉牛产业基础设施建设、产业奖补、金融、保险、用地、环保等支持力度，实施肉牛养殖“十百千万”工程，大力推广“小牛超市”“小规模大群体”等肉牛产业发展模式。经过对农业产业的扶持，榕江县的百香果、小香鸡、香羊、油茶等多个生产基地获粤港澳大湾区“菜篮子”基地认证，农村产业融合发展示范园成功入选第三批国家农村产业融合发展示范园认定名单，获得绿色食品认证 6 个、有机产品认证 4 个、国家地理标志保护产品 4 个、“黔系列”品牌产品 5 个。[1] 不仅如此，新型农业经营主体显著增多，共有农民专业合作社 618 家、家庭农场 147 家，成功培育州级以上农业重点龙头企业 32 家、示范合作社 59 家、示范家庭农场 44 家。[2] “村超”的火爆为榕江带来难得的发展机遇，已成为榕江高质量发展和乡村全面振兴的强大引擎。2024 年年初，榕江县委第七次全会通过了《中共榕江县委 榕江县人民政府关于用好“村超”品牌推动农文旅体商融

1.《榕江县大力发展特色优势产业推动“三农”工作持续取得新成效》，https://mp.weixin.qq.com/s/ZuogB4A_Q5qwGpIbC_3ITw，2024 年 9 月 5 日。

2.《榕江县精准务实培育农业产业助力乡村振兴》，https://mp.weixin.qq.com/s/YJWz43qxrkvStUclIOQS—A，2024 年 7 月 30 日。

合发展的决定》，对如何利用“村超”赋能农业产业发展作出了部署。

二是文旅产业。对外界来说，“村超”带来数百亿流量和近2000万游客，由此推动的文旅市场发展或许是最令人羡慕的。榕江县享受了“村超”的流量红利，但没有止步于此，而是积极引进市场新主体，以赛事预约为核心，开发与推广县域及周边文旅产品及相关服务，改造闲置校舍为非遗研学基地、体育休闲旅游景点，打造了侗天井上、月亮山居等一批网红民宿点，开发“村超＋村寨”“村超＋拉拉队”等新玩法，推出“来榕江看“村超”、游村寨、吃牛瘪、听大歌、住民宿”快旅漫游等精品旅游路线，推动乡村旅游发展。同时，榕江县建立了“看村超·游贵州”线上预约综合服务平台，开发榕江旅游智慧语音导览系统、榕江美食智慧语音导览系统，整合全县旅游资源信息，为游客提供“一站式”服务，开发“5G+村超”助力贵州乡村振兴加速度项目，建设榕江智慧停车管理平台、榕江县旅游景点人数及境外游客来源统计平台、入境游客短信平台、慢直播平台等大数据平台。凭借这些措施，“村超”对文旅产业的赋能效应得到了释放。数据显示，2023年12月，“村超”入选全国首批“5G+智慧旅游”应用试点项目；2024年1—9月，榕江全县累计接待游客774.2万人次，旅游综合收入90.05亿元。[1]

三是数字产业。在中国西南部一个小县城发展数字经济，这是很多人未曾想过的。而在徐勃看来，中国虽然不是互联网技术强国，但却是互联网应用强国，因此尽管榕江县没有数字经济的技术支撑，但可以拿数字经济的平台做文章，充分利用好短视频、直播等平台，做好数字经济大文章。榕江县的数字技术以线上市场需求为导向，聚焦打造“民风民俗”“生态康养”“特色产业”“美丽田园”“美食体验”五大类型综合发展区，形成以笔架山为核心，覆盖小黄牛养殖、苗侗文化体验等多类项目，集社会公益、结对帮扶、企业引领等资源于一体的“产业补链”体系。同时，榕江县以新媒体为载体，在线上制作和发布忠诚镇特色产业、自然资

1.《榕江县聚焦旅游产业化加快推进“大数据＋旅游”融合发展》，https://mp.weixin.qq.com/s/yF_fpdxv5JA0zoTARG3yuw，2024年10月21日。

源情况等专题宣传片，邀请短视频达人实地打卡，互动“村超”话题，结合线下足球友谊赛、农特产品推介会、文旅经验交流会等，打造以“忠诚牛瘪”为首，融合多类美食及文化展演的文旅体验招牌。借助“村超”品牌影响，榕江县把推荐特色产品线上认领融入忠诚村“村超”拉拉队展演预热，将线上农产品认领与村寨民俗及研学等活动有机融合，认领客户作为“农场主”实地采摘认购产品，提升农村田园旅游观光体验。通过线上直播链接省级官方媒体推广，县乡两级运用官方平台进行集中宣传，村级不定期向客户展示农特产品种植生长情况，联合忠诚村足球队“村超”草根明星创作宣传短视频等系列举措，实现各级平台互有关联、各有任务，确保与客户的积极互动。为了更好发挥数字经济效能，榕江县还建立线上推广体系促线下文旅体验，依托高校技术支持、政策专项扶持，开发“乐在乡农场”微信小程序，覆盖宣传乐乡、寨章、干烈、安乐等村寨，对现有农场土地、人才以及产业等资源进行分类介绍，采取“线上报名＋线下体验”方式，开展不同节庆主题活动，融合“文体娱乐＋非遗研学＋田园旅游＋农耕体验”4方面具体内容，整合“超好玩旅游开发”、行知新学堂、尚鼓时代、慈花苡苑、卜萨·研旅、石芳迷刺绣蜡染工作室等7家市场运营主体，为游客提供“一站式”培训、研学、考察、接待服务。[1]

四是林药业。在“村超”火爆之前，林药业是榕江支柱产业之一。榕江是贵州省传统林业强县之一，森林覆盖率高达74.04%，位居全省第三，也是全国158个林业重点县之一，全国杉木中心产区，素有“杉木之乡”的美称。目前，榕江县工业园区已形成以木材产品深加工为主，电子信息、刺绣、家具生产等为辅的产业体系，有6000多家市场主体。与此同时，榕江县依托丰富的森林资源，立足市场需求，大力发展林下草珊瑚中药材种植等林下经济。目前，榕江县草珊瑚种植面积达8万多亩，成为当地群众

1.《基层探索丨忠诚镇乐乡村“三建三促”赋能数字经济与乡村产业融合发展》，https://www.gzzzb.gov.cn/zzjs/jcdj/20240701/20240701_725856.shtml，2024年7月1日。

增收致富的产业之一。[1]在“村超”的流量带动下，榕江县林业、药业等山地绿色产业乘势而上，通过新媒体平台走出贵州，走上了绿色致富路。

从“村超+”到产业化，这一系列数据成为乡村振兴的生动诠释，贵州“村超”也因此成为乡村振兴的密码。“村超”不仅体现了创新、协调、绿色、开放、共享的新发展理念，也突破了传统体育赛事的局限，在组织模式、活动内容等方面展现出独特的创新思维，摒弃了政府大包大揽的做法，促进了体育与乡村文化、经济等方面的协调发展，展现了农村原生态环境、民族文化，注重保护和传承利用，吸引各个民族参与和关注，为广大村民和参与者提供了一个交流互动、共享欢乐、展示自我的平台。“村超”带来了巨大流量效益，打响了城市品牌，拉动了餐饮、住宿、旅游等相关产业的蓬勃发展，推动了体育与农业、旅游、文化等产业的融合，带动了乡村产业发展，为榕江经济发展注入活力，吸引了一批乡村人才、企业家会聚榕江，不断拓展乡村发展的新路径和新模式。基于这些成功的探索，榕江县获评“全国首批文化产业赋能乡村振兴试点”，“村超”上榜2023年度乡村振兴十大新闻。

“村超”要走得更远，赋能产业发展只是第一步，打造“村超”品牌才是方向。在推出“村超”赛事之初，榕江县就开始按照品牌化模式进行策划，先后获得了134项商标授权，而且是国家知识产权局的优秀案例。为了做大做强“村超”品牌，榕江县推出了系列举措。首先，挖掘“村超”品牌的市场价值和产业潜力。大力发展超好吃、超好住、超好行、超好游、超好购、超好玩、超好招等“超经济”，把文化瑰宝和自然珍宝转化为群众增收致富的金银财宝，推动农文体旅商融合发展，真正将“村超”的“流量”转化为社会效益的“质量”和经济效益的“增量”。其次，推动“村超”品牌的开发和应用，与众多大企业建立深度合作。有品牌就有议价权，就能吸引大公司到榕江建工厂。榕江县拿出“村超”品牌的饮料授权招商，吸引6家企业入驻；签约了11家南海的制造业企业，给“村超”做联名产

1. 周光胜：《贵州榕江发展茶经济》，《中国绿色时报》2024年3月21日。

品。如今的“村超”品牌已辐射到可乐、冰淇淋、凉茶、果汁等饮料商品及动漫、短剧、电影、图书等文艺产品，为榕江带来了源源不断的收益，也带来了众多的就业岗位。在徐勃看来，品牌效应可以倒逼第一、第二、第三产业向“村超”聚拢。这是“村超”作为一种文化、一种品牌，为榕江、为贵州带来的巨大外溢效应。徐勃表示，接下来将深入挖掘“村超”赛事的文旅价值和消费潜力，加快推进“村超”电影、“村超”短剧、“村超”食品、足球服装、体育装备等“村超”项目落地投产，全力将“村超”赛事做成旅游产品、做成体育产业，真正把“村超”流量转化为游客“留量”和经济“增量”。再次，做好“村超”品牌的维护和可持续发展。为此榕江县成立了贵州“村超”文化旅游开发（集团）有限责任公司，对“村超”品牌实行公益化管理。“村超”品牌运营获得的收益，用于人才团队开疆扩土，推动“村超”市场化、专业化、品牌化、国际化及民生项目和村足球队发展，确保“村超”品牌收益取之于民，用之于民。

农文体旅商的融合剂

互联网时代的网红现象，展现出巨大的经济价值，使得网红经济成为文旅融合的重要突破口。所谓网红经济，本质上是“依赖‘粉丝’群体的支持与助力来完成流量变现的全过程，从而将‘虚拟’的超高人气转化为实质的经济收入”[1]。因此，如何将网络流量转化为发展人气，将发展人气转化为经济社会活力，是任何一个网红城市或乡村必须思考的重要议题。

对“村超”来说，借助出圈推动文旅融合是其目标之一。“村超”启动之后，在各大媒体报道、短视频平台上，“村超”精彩射门瞬间、球员故事、民族舞蹈、苗寨侗寨景观等各种短视频广为传播，榕江县政务官微及抖音号等媒体主打“超级星期六”“乡村足球之夜”等概念，广泛讲述“村超”的历史、故事。凭借铺天盖地的短视频传播，榕江县赢得了

1. 丁永安、沙彦奋：《网红经济为乡村振兴赋能——以地方“乡村网红”为例》，《边疆经济与文化》2024 年第 5 期。

第一波流量。这些内容的传播使得网民不再仅仅关注球赛本身，也开始关注“村超”所体现的风俗、风景。在“村超”球场上，榕江西瓜、白茶等农特产品，牛瘪、卷粉等特色美食，以及蜡染、刺绣等非遗产品，相继走进观众席。这些文化嵌入“村超”这个大媒介，并借网络媒介走进全国视野。而在场外，“村超”热度辐射到了榕江县旅游、住宿、餐饮、土特产等领域，进而带火了榕江县旅游业。

在组织化的传播下，榕江县根据形势适时调整传播重点。当人们对足球之外的美食、服饰等表现出兴趣时，榕江县就通过短视频等方式全方位展示当地丰富的原生态文化，进一步激发“村超”的溢出效应。不仅如此，榕江县还不断释放各类信息，吸引外界持续性关注。2023 年决赛落幕之后，榕江县立即着手延伸性的预告，称“明年请期待扩容版‘村超’，‘一带一路’‘村超’小世界杯可能上演”等，为短期流量长期化留下空间。

破界后的“村超”，给榕江县带来了“超经济”的快速发展。源源不断的游客涌入榕江，超好吃、超好玩、超好行、超好游、超好住、超好购等“超”字号系列产业的市场价值和产业潜力持续释放，夜间经济、地摊经济、周末经济等新业态的繁荣，实现了村民欢、观众乐、经济火。这一切，都是“村超”破界之后的外溢效应，促使“村超”成为文旅融合的成功典范。如今的“村超”内涵日益丰富，外延也不断拓宽。利用好“村超”的外溢效应，推进文旅深度融合，使其为当地经济社会全面发展赋能，成为榕江县的一项重要战略。

首先登场的是作为“村超”仪式一部分的民间艺术。在“村超”中场休息时，苗族、侗族、水族等民族服饰，以稻草为原料的手工编制品等纷纷搭上了“超经济”。球场上，拉拉队队员身着蜡染民族服饰，不仅展现了民族舞蹈，也使蜡染、扎染衣服变成了热销商品，不管是“村超”球场外的小店，还是苗寨、侗寨的文创店，这些衣服几乎成为游客的必买品。而以往作为农民农闲娱乐的编稻草，也以“金牛”“金凤凰”等稻草作品的形式受到欢迎并打开了市场，甚至还卖到了省外。

随之而来的是农副产品搭上了文旅融合快车。在“村超”赛场附近，榕江县专门设立了农特产品展销点，合理规划300多个免费摊位，榕江西瓜、杨梅、白茶、蜂蜜、腌鱼、葛根粉、锡利贡米等农特产品，以及蜡染、刺绣等非遗产品不断走近游客、走向全国。在“村超”的外溢效益下，农特产品畅销，全县农特产品线上线下销售额创下新高，村民口袋也富了起来。数据显示，2023年，全县销售农产品4198万吨，农产品线上线下销售额6.26亿元，农产品网络零售额4747.99万元，带动当地8000多人就业增收。

“村超”带动的文旅消费市场火爆，是很多媒体、专家关注的焦点，也是一些地方羡慕、学习“村超”的原因。一到比赛时间，榕江县酒店就会出现一房难求的现象，即便是民宿也供不应求。为解决游客住宿问题，榕江县各级政府做好后勤保障，搜集有空房的酒店和民宿，实行统一登记调配。数据显示，自“村超”举办之后，榕江县酒店、民宿等入住率达83.6%，比赛日入住率均为100%，“村超”带动了餐饮、零售、住宿、旅游、交通等行业全面发展，实现了市场经济良性循环。位于“七十二寨”的梦龙烈酒店，“村超”期间入住率达100%，赶上节庆日入住率达到80%以上，即便是平时没有节日或比赛，也有30%以上的入住率。一年间，全县接待游客超760万人次，实现旅游综合收入超84亿元。

如果说这些消费数据是动态的，那么市场主体的增加更是经济活力的象征。数据显示，“村超”出圈的半年多时间里，全县新增市场主体2582户[1]，其中县城区新增餐饮行业市场主体212家，累计达937家，县城区餐饮业营业额4.82亿元，带动夜间消费4.48亿元。全县新增56家住宿业市场主体，床位数从5958个增长至1万个以上。全县农产品线上线下销售额6.26亿元，主营蓝染、蜡染、刺绣和民族服装等的6家精品店销售额1700万元。全县农产品网络零售额4747.99万元，同比增长112.42%，增速排全州第一位。新增16家娱乐业市场主体，累计达74家，营业额7164.88万元；7家等级农家乐实现了1400万元的营业额，真正将村超“流量”转化

1. 截至2024年9月，全县新增市场主体上升到3964户。

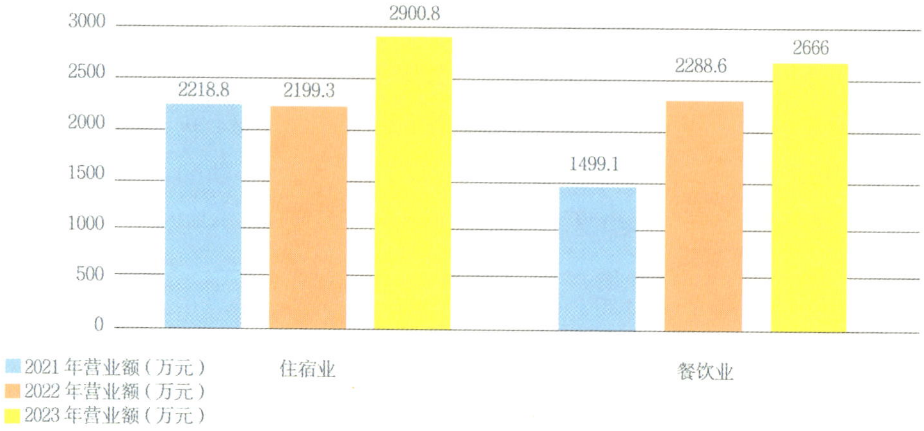

“村超”出圈后榕江县餐饮住宿业发展情况

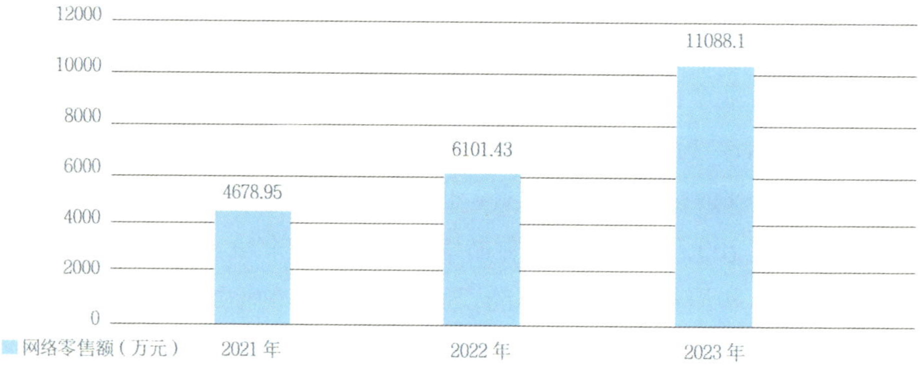

榕江县 2021 年至 2023 年网络销售情况[1]

为经济的“增量”。[2]

作为一个文化品牌，“村超”不断赋能榕江发展。为了系统打造这一品牌，榕江县高度重视产业发展的核心作用，以融合式创新打出组合拳，

1. 数据来源：榕江县文旅局。

2. 资料来源：2024 年 2 月 20 日，徐勃在榕江县第十八届人民代表大会第三次会议上作的政府工作报告。

形成了“足球赛事＋民族文化＋特色美食”的文化联动，实现品牌增值溢价，把握住“村超”的外溢效应。自“村超”火爆之后，榕江发挥“村超”品牌价值，完善旅游配套设施，丰富提升业态产品，优化提升服务质量水平，吸引游客、留住游客，推动体育与农业、商业、文化旅游等产业深度融合。[1]

一是推动文体旅融合发展。榕江县以“村超”为平台，深入挖掘整合红色资源，推出以榕江红七军历史陈列馆为主题的文创产品保温杯、笔记本等18个系列产品和“红色榕江·廉洁之旅”廉洁教育旅游线路，深挖红色资源，推动红色文化与旅游融合发展。结合贵州“村超”赛程，满足“村超”游客参观需求，举办了2024全国“村晚”示范展示活动暨贵州“村超村晚”、“我们的中国梦·文化进万家”系列文化活动，展示“村超”的活力和榕江独特的文化魅力。此外，还持续鼓励和扶持非遗文创企业发展，谋划打造“文创公司＋村集体公司＋合作社”的多元链条，带动传统手工艺全面振兴。截至2024年10月，成立重点文创企业（非遗工坊）12家，其中3家非遗工坊获评州级优秀非遗工坊生产基地，开发蓝染家居、染花集、蓝染装饰挂画等400多种产品，极大丰富了文创产品类型。

二是推动农文旅融合发展。榕江县通过流转或入股方式盘活农村闲置农房61栋，用于开办民宿、研学基地、民俗文化体验馆、画室等。乐乡村成功申报省级乡村旅游重点村，空申村成功申报州级乡村旅游重点村。推出农产品研发、开展精深加工合作和举办开园活动等，优选以山茶油、茶叶、百香果、罗汉果、葛根等为代表的特色农产品，开发“村超”冠名或联名产品，树立榕江农特产品品牌，实现农业生产、农产品加工、休闲旅游等环节有效衔接。

三是推动体教旅融合发展。为了培养足球人才，榕江启动了“班超”“师超”“园超”比赛。截至2024年10月，全县已有32所中小学校开展“班超”校园足球比赛，涉及796个班，覆盖12463人，开展比赛

1. 资料来源：榕江县文旅局。

1189 场次。目前，学校基础设施达到开展“班超”条件的中小学已全部开展“班超”活动。同时，抢抓“村超”机遇，成功举办了一系列省州县三级的体育赛事活动，开展青少年冬夏令营活动，以促进全民健身和体教文旅的融合发展。为扩大影响，还通过“班超”邀请全国各地青少年到榕江踢“班超”，开展足球研学活动。仅 2024 年暑假期间，就吸引了千余名省内外师生及家长到榕江参加全国“班超”足球友谊赛。

四是推动商文旅融合发展。榕江县利用闲置的忠诚镇乐乡小学、平松小学校舍改造成非遗研学基地、体育休闲旅游景点，吸引游客到景点研学和打卡。开发非遗文创产品，打造“村超”联名或冠名产品，延伸产业链，提高产品质量和附加值，支持非遗工坊拓展民族工艺品项目，融入文创、旅游、研学等项目，成立榕江重点文创企业（非遗工坊）14 家，成功申报 3 位非遗传承人，推荐榕江水族斗牛舞等 18 个州级非遗项目申报第六批省级非遗项目，县文体广电旅游局获评全国非物质文化遗产保护工作先进集体。通过传统技艺与“村超”文化相融合，开发服饰、文创伴手礼等非遗文创系列产品以及“村超”足球衍生产品超 250 种。

自贵州“村超”开赛以来，榕江县吸引了全国各地乃至海外游客前往观赛游玩。与此同时，榕江县积极发挥新媒体产业、夜市摊位、零工市场等的主体优势，促进劳动力就业增收，推动全县经济收入增长的同时，也使“村经济”开始蓬勃发展。徐勃介绍，“村超”已经成为乡村振兴的发动机，县域经济发展的新引擎，开赛以来，榕江新增 4200 多家市场主体，流入 1460 多万名游客，带来了 150 亿元收入。不仅如此，在房地产不景气的大环境下，榕江县房地产欣欣向荣，吸引 27 个项目落地和 10 多家企业前来投资。[1]

对众多网红城市来说，“旅游公共服务成为其重要旅游吸引物”[2]，提高服务水平将是考验文旅融合可持续发展的重要因素。“村超”是如何留住

1. 以上内容来自 2024 年 9 月 25 日对徐勃的访谈。

2. 蔡礼彬、万方亮、李平：《从“网红”到“长红”：旅游公共服务吸引力与供给次序——基于抖音“淄博烧烤”话题的用户评论分析》，《消费经济》2024 年第 2 期。

流量的？徐勃喜欢用“自古营销留不住，唯有真字动人心”这句话来阐明“村超”的经验。贵州“村超”组委会发布的《贵州“村超”致广大游客球迷和媒体网友的感谢信》中也提到：“将用真心服务游客，用真情帮助游客，用真诚打动游客，让贵州‘村超’走得更远！”[1]这一“真”体现的其实就是文旅融合发展的服务理念。

基层治理的共同体

乡村的基层治理是国家治理体系的重要组成部分。构建共建共治共享乡村治理格局既是乡村振兴中的重要实践问题，也是国家治理现代化的重要内容。在治理转型背景下，一些学者关注宗族、民间信仰和族群等传统载体在提升村庄治理方面的作用，并认为“村级治理陷入主体性弱化和治理成本外部化等风险”[2]，乡村基层政权运转正遵循着“不出事逻辑”[3]；一些学者则发现，国家与乡村社会“结合点”的基层政权组织通过“群众路线”“驻队”“包村制”“工作组”和“统分结合”等非科层化治理方式，低成本、高效率地实现其“承上启下”功能的治理模式；[4]还有学者提出，国家权力以项目、下派第一书记、加强农村基层党建、财政支付村干部报酬等方式全面进入乡村社会，基层干部行政化现象出现“选择性行政化”[5]趋势，“导致了村级治理难以应对细小琐碎的农村公共事务，难以满足农

1. 贵州“村超”组委会：《贵州“村超”致广大游客球迷和媒体网友的感谢信》，https://mp.weixin.qq.com/s/UqHpqgo—Vu0EPoAoD9ItLQ，2024 年 7 月 19 日。

2. 毛一敬：《构建乡村治理共同体：村级治理的优化路径》，《华中科技大学学报（社会科学版）》2021 年第 4 期。

3. 贺雪峰、刘岳：《基层治理中的“不出事逻辑”》，《学术研究》2010 年第 6 期。

4. 欧阳静：《简约治理：超越科层化的乡村治理现代化》，《中国社会科学》2022 年第 3 期。

5. 景跃进：《中国农村基层治理的逻辑转换——国家与乡村社会关系的再思考》，《治理研究》2018 年第 1 期。

民自下而上的多样化需求”[1]。

在现代化进程中，基层治理如何开展？基层组织如何发挥作用？面对乡村基层治理的种种现象，学术界提出了解决思路。有学者提出，“重建地方政治及重建地方政府与农民的利益连带关系”[2]；有学者认为，乡村治理现代化要处理好“上面千条线、下面一根针”的实践关系，“发挥基层简约治理功能，以保持乡村治理的自主性与灵活性”[3]；有学者提出，构建乡村治理共同体，“通过权力、责任和利益分配规范共同体内主体行为，整合共同体内主体优势，激发共同体内主体动力，确保基层政府、村干部和村民作为价值、行动和利益共同体在村级治理中的一致行动力”[4]。在乡村基层治理的现代化中，无论是传统的宗族力量还是现代行政力量，都离不开基层党组织，“基层党组织治理能力决定乡村治理的成效”[5]。在全民参与“村超”的过程中，榕江县借机健全完善基层党组织领导的基层治理体系，建设人人有责、人人尽责、人人享有的社会共同体，而“村超”实际上已经成为一种乡村文化的共同体，在基层社会治理中发挥着潜移默化的作用。

基层党组织和党员成为服务“村超”的中坚力量。面对远超于全县人口总量的游客涌入，榕江获得了千载难逢的发展良机，也面临前所未有的治理挑战。为此，榕江充分发挥各级党组织的战斗堡垒作用，加强“支部与支部”的联动，按照行业、部门、属地等特征，成立 16 个服务保障小组；探索街区党建，组织社区“两委”力量，推进“街区示范”“商圈示范”建设。全县各领域党组织快速融入带动，将原来的“报到式”社区服务拓展为“驻点式”常态支援。在职党员轮流、有序深入

1. 贺雪峰：《村级治理的变迁、困境与出路》，《思想战线》2020 年第 4 期。

2. 贺雪峰、刘岳：《基层治理中的“不出事逻辑”》，《学术研究》2010 年第 6 期。

3. 欧阳静：《简约治理：超越科层化的乡村治理现代化》，《中国社会科学》2022 年第 3 期。

4. 毛一敬：《构建乡村治理共同体：村级治理的优化路径》，《华中科技大学学报（社会科学版）》2021 年第 4 期。

5. 蔡文成：《基层党组织与乡村治理现代化：基于乡村振兴战略的分析》，《理论与改革》2018 年第 3 期。

社区开展交通管控、政策宣讲、市场监督、健康义诊等一系列服务活动，实现县级资源力量整合。榕江县委组织部城市党建工作有关负责人介绍："2023 年以来，在有关制度机制的支持下，全县机关企事业单位及两新党组织 2262 名在职党员根据社区需求事项清单、单位职能职责和个人特长到社区报到 9400 余人次，精准开展结对共建。"[1]"村超"所在辖区车民街道卧龙社区，4 个党支部、10 个党小组、174 名党员参加治安巡逻、维持公共秩序、游客车辆停放引导、接待游客等工作，为"村超"提供服务。在基层党组织推动下，从"赞助商"到志愿者，从拉拉队到表演者，从免费提供食宿到义务清理赛场，各个社会群体都成为"村超"大舞台的主角，既参与其中，也乐享其中。群众欢乐的背后，离不开政府及党员干部的默默付出。"村超"改变了基层干部的为官理念，服务意识逐渐在榕江扩散。

在乡村地区，榕江县将院坝会、院坝协商、群众会等基层议事载体进行整合，创新"访民情、听民意、与民商、大家谈、解众难"的"榕易谈"服务群众机制。榕江各城市社区党组织秉持"发展靠群众、群众靠发动、发动靠活动、活动靠带动"的理念，依托线下"榕易谈"、线上留言讨论等方式广泛动员群众开展"我为村超干点啥""如何守护村超""我为村超氛围营造做点啥"思想三部曲活动，营造线上线下良好舆论氛围。在比赛前，村里也会交代，让球员不要因为一个小碰撞而打架或者起冲突，让大家都忍下来，从而保证比赛过程的和谐。[2]比赛进入高潮期，由于游客太多，全县干部群众纷纷主动打扫空余房间，免费邀请外地游客入住。各个社区党组织快速组织工作人员开展统计和备案工作，为外地游客提供指引服务超 10 万次。

"村超"的安全顺利运行离不开政府的服务和保障。第一，硬件保障。随着"村超"的出圈，球赛规模、游客数量都在增加，榕江县就对球场周

1.《榕江不止于"足"——解锁网红城市的"发展密码"》，https://mp.weixin.qq.com/s/uZ6f—KBMV3wijhE3J7PBKg，2024 年 6 月 8 日。

2. 以上内容来自 2024 年 10 月 31 日对杨亚江的访谈。

边进行升级改造。针对夜间踢球的灯光问题，为尽可能满足比赛标准，政府出资70多万元，新建6个灯柱。第二，安全保障。“村超”的比赛每次都有上万人来到现场，甚至决赛时一天就有30多万人到榕江。随着“村超”的影响力越来越大，地方政府要给外地的游客提供更多更好的服务，特别是要做好安全保障。为了给游客提供安全保障，当地政府从报备审批、维持秩序、完善设施等多个方面做起了后勤保障，公安、交警等部门在各个路段进行值守。第三，市场保障。统筹组织就业服务、综合执法、市场监督等部门集中力量，以优化服务为抓手，在“村超”赛场外、城北新区体育馆周围作出合理规划，设置临时摊位，打造“村超就业一条街”，在“村超”球场外为村民提供近2000个免费摊位、2000多个灵活摊位，拓展了本地人就业创业渠道。第四，人才保障。针对基层教练、裁判不足等新的挑战，榕江县通过建训练基地、办夏令营、设“村超”公益基金等方式，推动足球人才培养，支持特色足球学校教育。第五，赛事保障。为了延长“村超”赛事周期，策划了一系列赛事，确保赛事不会中断。为提高“村超”的观看效果，组委会特地将比赛安排在了晚上，而且是在榕江县最大最好的球场——城北新区体育馆进行。

另一个值得关注的现象是媒介对基层治理的重要作用。“村超”中各村寨的新媒体，不仅是传播的力量，更是治理的力量。从动员村寨参与“村超”，到动员市民文明礼让、参与志愿服务等，“村超”期间良好的社会秩序离不开新媒体的助力。正如有研究指出的，“村民个体文化主体性的彰显、村庄共同体组织性的激活以及内生型的地方文化传统”[1]，是“村超”呈现出的乡村治理智慧。

一场足球赛，像一个正能量磁场，传递了快乐，感动了无数人，也影响着干部群众的一言一行，成为基层社会治理的有力感召。一些村寨借机将“球规”转化为“村规”。丰乐社区的村规民约里明确规定了“为‘村超’出点子被采用一次加2分、主动为游客提供服务一次加2分”等加分

1. 王鸣捷、白汶龙：《乡村体育文化的新媒体传播与治理——基于“村超”的田野考察》，《现代传播（中国传媒大学学报）》2024年第1期。

条款，而跟游客起冲突、卖东西乱加价、破坏环境卫生等近10项不文明行为则为减分项。丰乐社区党总支书记陈开华也明确表示，过去社区组织活动，群众积极性不高，“村超”火爆以来，社区将群众对“村超”的热爱、支持纳入村规民约，并细化文明加分项。[1] 这种做法也得到了榕江越来越多村寨的借鉴，逐渐形成了一种共识。

民族团结的大舞台

2024年9月27日，全国民族团结进步表彰大会在北京举行。在“全国民族团结进步模范集体”名单中，榕江县人民政府赫然在榜。这不仅是对榕江县长期以来在民族团结进步事业中所作贡献的充分肯定，也是“村超”在民族团结中发挥巨大作用的成果。

作为一个文化平台，“村超”已然成为民族团结的舞台。榕江县把“村超”视为铸牢中华民族共同体意识的活态教育基地，把赛场作为铸牢中华民族共同体意识的重要平台，不仅为榕江县的各民族提供展示舞台，也为来自全国的各民族提供了交往交流交融平台。为了发挥好“村超”在民族团结进步中的文化平台作用，“村超”赛场边上悬挂着“铸牢中华民族共同体意识 各民族像石榴籽一样紧紧抱在一起”的醒目横幅。在赛事中，全县各族群众积极参与其中，民族文化展示和交流更是精彩纷呈。不仅如此，截至2024年9月，“村超”累计吸引来自31个省级行政区近300支队伍到榕江交流，蒙古舞、川剧变脸、佛山醒狮等民俗文化亮相“村超”，有效促进了民族大团结。

通过“村超”平台，各民族之间的交流交融得以加深，中华民族共同体意识更加牢固。榕江县民族宗教局有关负责同志表示，榕江县充分利用好“村超”这一平台，探索“村超”+民族团结进步、“村超”+民族文化、“村超”+文创、“村超”+旅游、“村超”+基层治理等深度融合发展

1. 孙蕙、华姝：《推进“网红”变“长红”的榕江探索　将700亿“村超”流量转化为基层治理磁场》，《贵州日报》2024年8月5日。

在“各民族像石榴籽一样紧紧抱在一起”的横幅前，党相村足球队和东门村足球队在进行 2024 年“村超”冠军争夺赛（罗京来 / 摄）

新路径。[1] 同时，榕江县推出了“榕易融”服务管理机制，通过精细化的服务，给易地搬迁群众、农业转移人口和外来暂居人员办理新市民证，让他们凭证享受租房补贴、子女入学、就业创业、社会保险、司法救助等方面政策。这些措施不仅增强了新市民归属感、安全感和获得感，也促进了各族群众在生产生活中平等相待、友好相处、互促共融。截至 2024 年 9 月，全县累计创建 470 个民族团结进步示范单位，建成 14 个民族团结进步活动中心，发放 3.1 万余张新市民证，2.5 万余人搬出大山融入城市新生活。[2]

1.《榕江县：以体为媒、以球为介，推动各民族“三交共融”》，《贵州民族报》2024 年 3 月 6 日。

2.《书写民族交融的优美诗篇——记“全国民族团结进步模范集体”榕江县人民政府》，《黔东南日报》2024 年 10 月 10 日。

借助“村超”的东风，榕江县做足民族特色美食和民族特色文化的文章。一方面，榕江县依托丰富的民族文化资源，挖掘地方民族特色美食的文化内涵、民族特色食品的民间文化故事等，利用媒体大力宣传榕江县民族特色餐饮文化，推出了特色民宿建设、民族蜡染手工艺传承保护、民族团结进步食堂建设等重点项目。另一方面，以非遗文化和民族节庆为载体，促进各民族交往交流交融。在“村超”的桥梁作用下，榕江县开展“村超”研学游、“班超”邀请赛、青少年足球夏令营等活动，促进各族青少年交流，先后组织539名青少年学生前往德国、西班牙等国家和中国香港等地交流学习，有来自青海、新疆、香港、台湾、澳门等地的1200余名青少年到榕江开展交流活动。[1] 此外，作为承载个人记忆、集体记忆乃至社会记忆的一种媒介形式，照片“既是对历史、文化、传统等静态的展现，同时也是保留和凝聚个人或群体共同文化传统和价值观念的重要手段”[2]。在“村超”附近的酒店、饭店里，墙上、天花板上随处可见“村超”比赛现场的巨型照片，这幅各民族现场共同狂欢的场景，成为体现榕江民族团结的永久性集体记忆。

“村超”对民族团结带来的影响是看得见的。在“村超”球场上，各族人民共同参与体育赛事，共同表演民族文化，共同为球队加油助威，中华民族共同体意识在一次次狂欢中得以铸牢。2023年7月1日，“村超”赛场上5万名观众齐唱《我和我的祖国》《没有共产党就没有新中国》；7月29日总决赛之夜，万人齐唱共跳“多耶”舞，诠释了“各民族像石榴籽一样紧紧抱在一起”的生动内涵。2024年2月进行的“村超村晚”上，中外大学生唱响《和世界握手》，促进了民族文化的国际交流；7月1日的“村超”现场，侗族歌手深情演唱《唱支山歌给党听》等歌曲，把侗族人民爱党之心，把各族人民在党的领导下繁荣发展的自豪表现得淋漓尽致。

1.《书写民族交融的优美诗篇——记“全国民族团结进步模范集体”榕江县人民政府》，《黔东南日报》2024年10月10日。

2. 孙信茹、杨星星：《“媒介化社会”中的传播与乡村社会变迁》，《国际新闻界》2013年第7期。

2025 年 1 月 4 日，各族群众在贵州“村超”开幕式上齐跳多耶舞

“村超”赛场上，各拉拉队到现场尽情展现民族服饰，分享当地特色美食，表演民族歌舞等，拉拉队和外地游客一起手牵手围成一圈又一圈唱跳民族歌舞，有效增进彼此之间的浓厚情感，增强各族群众的文化自信和自豪感，促进各民族广泛交往、全面交流、深度交融，生动诠释了“民族团结一家亲”。

由于“村超”中蕴含着丰富的民族文化元素，中华民族共同体意识也成为“村超”研究的重要议题。有研究认为，贵州“村超”作为一个由民间自发组织的“足球 + 民族文化”活动，赢得世人广泛关注和各族人民积极参与，充分展现了全民大联欢、民族大融合的空前盛况，是铸牢中华民族共同体意识的成功范例。[1] 也有研究认为，“村超”现象中，各个民族积极参与、团结和谐，展示了民众无处不在的家国情怀与对党的拥护，中华

1. 骆凯：《铸牢中华民族共同体意识视域下贵州“村超”出圈的启示》，《贵州社会主义学院学报》2023 年第 4 期。

民族共同体意识自然而然地涌现出来，为铸牢中华民族共同体意识提供了一种由内而外的新思路。[1]

作为民族团结的抓手，“村超”的特殊之处在于把铸牢中华民族共同体意识做于无形之中。以“村超”为载体，铸牢中华民族共同体意识更容易“往实里抓、往细里做”；以群众喜闻乐见的民族歌舞表演为载体，铸牢中华民族共同体意识更有形、有感、有效。作为文化平台，“村超”对民族团结的外溢效应是“润物细无声”的。在这里，游客能真真切切地感受多民族的交融，就像球场上的标语写的那样，“各民族像石榴籽一样紧紧抱在一起”。

国际传播的新思路

在世界百年未有之大变局中，国际传播是增强综合国力、提升国家文化软实力和国际话语权的重要议题。其中，县域工作直接面向具体的人、事、物，其参与国际传播具有真实、立体、可信的优势。但县域因资金、人才、技术的不足，也面临着参与国际传播的现实困境。如何提高县域国际传播能力，“村超”提供了一个较好的样本。“村超”的目标是成为与英超媲美的国际性赛事，而且已经走出贵州、走向世界，“成为连接不同文化的桥梁，既展示出足球运动的活力与魅力，也让世界看到了中国乡村振兴的坚实步伐和无限可能”[2]。

如何做好县域国际传播？榕江县新媒体专班主任申敏有她的思考。在她看来，一个县做国际传播能做到什么程度，能发布到哪些平台上，总体上是非常难的。榕江县的第一个办法是靠主流媒体去推。央视国际频道英文、西班牙语都到榕江拍摄过纪录片，拿这些纪录片去展演，在国际频道上播放。第二个办法是用好留学生、企业家、外国球员、外国游客等群

1. 朱全国、肖艳丽：《贵州现代乡村表演与中华民族共同体意识的呈现——以贵州“村BA”与“村超”为例》，《中南民族大学学报（人文社会科学版）》2024 年第 4 期。

2. 崔海教：《贵州村级活动引发国际传播的启示》，《传媒》2024 年第 11 期。

体。第三个办法是境外媒体报道，截至 2024 年 10 月 3 日，已有 2326 家外媒、80 余人次到榕江进行报道，且没有对“村超”的负面报道。同时，申敏也表示县级的国际传播还存在一些难题。如文化差异、叙事方式不同，即便是不停地推送素材，也会因为文化差异有不同解读，对“村超”的热闹景象，有的人喜欢，有的人可能不喜欢。不仅如此，县里缺乏那种既会剪辑，也能说外语，还会表达，且懂足球的人才。[1]

“村超”的火爆，从国际人文交流角度打开了榕江参与国际传播的通道。“村超”传播总策划欧阳章伟表示，对“村超”来说，足球本身有一定生命力，文化的生命力也是极强的，“村超”把两者融为一体，“其实是在做文化输出，输出的是中华优秀传统文化”。在 2024 年 3 月 27 日的博鳌亚洲论坛年会文化圆桌会议上，时任榕江县县长的徐勃在发言中表示，“村超”是创新、协调、绿色、开放、共享的文化平台。“村超”不止于足球，而是以足球为媒介，用民族文化来搭台，让经贸产业唱戏，用数字媒体来创新，推动现象级文化传播。在贵州卫视《论道》节目中，前外经贸部副部长、博鳌亚洲论坛原秘书长龙永图问及“有没有打算通过举办‘村超’的国际比赛，吸引一些外国游客来参加，作为观众”时，徐勃表示：“村超要做国际传播，就是想更好地通过民间交往、通过足球这样的平台，用世界第一大语言去更好地讲中国故事，尤其是把我们老百姓对快乐、对幸福的向往，幸福的笑脸传达出去。”[2]

就榕江县国际传播实践来看，目前借助“村超”开展的国际传播行动主要有 3 种方式。

“村超”国际传播的第一种方式是人文交流。作为既定战略，“与世界人民一起玩”在“村超”发展蓝图中早已有系统规划：第一步，2024 年，举办“村超”国际交流赛；第二步，2026 年，举办“一带一路”“村超”友谊赛；第三步，2028 年，举办第一届“村超”世界杯。在徐勃看来，“村

1. 以上内容来自 2024 年 10 月 29 日的座谈。

2.《论道 • 徐勃丨“村超”要做好国际传播，讲好中国故事》，https://www.guizhou.gov.cn/ztzl/gzcfa/mtpl/202407/t20240711_85087589.html，2024 年 7 月 11 日。

超”不单是足球比赛，国外友人来的时候，还把他们国家的民族文化、美食文化和各种非遗文化带到“村超”的舞台。“村超”赛事逐步成为搭建跨国友好交流的桥梁纽带。回顾“村超”这两年，国际传播已悄然开始。从“村超”球员走出国门，去法国、去皇马，到世界足球先生卡卡到榕江踢球，带了4只小香鸡回国，再到开展的一系列与国外球队的“村超”友谊赛，“村超”架起了中外人文交流的桥梁。

2023年9月，“村超”与英超牵手。在双方谅解备忘录中，英超将为“村超”提供培训，两者进行内容互动，还计划共同筹备社区足球友谊赛。徐勃认为，双方牵手一方面基于“村超”的流量；另一方面则基于英超的成熟运作体系，完全有资格成为“村超”的老师。

2024年2月26日，法国人民援助会队与贵州“村超”联队在榕江“村超”球场展开了一场中法青年友谊交流赛。赛事中场休息间隙，球场上进行了侗戏、苗族芦笙舞等民族文化展演，法国青年球员则献唱了法语经典名曲《玫瑰人生》《香榭丽舍》。

2024年4月13日，贵州“村超”赛场上迎来贵州大学留学生足球队对阵上饶渣渣灰江西米粉队。来自37个国家的118名留学生代表现场体验当地多彩的民族文化，以及中国民间体育蓬勃发展的魅力，也为现场带来了多国美食和各自的传统歌舞表演。这些留学生来自贵州大学国际教育学院、音乐学院、外国语学院和体育学院。球队成员来自欧洲、亚洲和非洲三大洲，有也门、埃及、泰国、孟加拉国、布基纳法索、老挝、毛里塔尼亚、摩洛哥、塞拉利昂、多哥、苏丹、几内亚、加蓬、土库曼斯坦、阿尔及利亚、坦桑尼亚、英国、柬埔寨和印度尼西亚等19个国家。入场仪式上，他们挥舞着各自国家的国旗，手中举着联合国六种官方语言的宣传牌，有汉语、英语、法语、俄语、西班牙语和阿拉伯语，向大家表示“您好”和“谢谢”，代表着团结友爱与文明交流互鉴。

2024年9月28日，“发现中国之美・相约贵州村超”国际友谊赛在“村超”足球场举行。24名驻华外交官与当地“村超”球队进行了一场国际友谊赛。来自阿根廷、多米尼克、克罗地亚、南非、哥伦比亚、格林纳达、摩洛哥、墨西哥、秘鲁、古巴等15个国家的7名驻华大使、24名驻华外交官在榕江县期间深入侗寨，欣赏当地多彩风景、感受民族风情，并通过“村超”，体验中国乡村的风土人情。

2024 年 9 月 30 日，阿尔及利亚穆鲁迪亚足球俱乐部与贵州“村超”青白茶足球队展开了一场精彩纷呈的对决。全场比赛，比分交替，高潮迭起，呐喊声和助威声响彻球场。最后中阿两队比分为 5 : 3。

2024 年 10 月 1 日，第一届贵州“村超”“一带一路”国际友谊赛暨贵州—粤港澳大湾区“村超”足球友谊赛举行。其目的在于将“村超”作为“一带一路”国际传播和民间交往的文化平台，谋划“村超”文化品牌的国际传播战略，加强对外交流合作，扩大“朋友圈”，努力做到“以足球为媒、让文化搭台、用经贸唱戏”，为贵州打造世界级旅游目的地贡献“村超”力量，为全世界足球文化的交流提供平台。主办方要求国内参赛队伍带文艺展演、美食、拉拉队等参赛，建议国际参赛队伍带文艺展演、美食、拉拉队参赛等。为了更好体现这次足球友谊赛“以足球为媒，搭建各地、各国文化展示平台”的初衷，允许各支球队结合当地文化特色，策划与赛事相关的文化推介活动，而且在入场巡游环节，各球队可通过口号、标语、服装、表演、美食等形式，面向球场观众和全网网民展示本地区积极向上、引人入胜的优秀文化。[1]

2024 年 12 月 31 日跨年之夜，贵州“村超”嘉年华，一场激动人心的“村超”国际友谊赛激情上演。来自非洲的埃塞俄比亚 · 黄金咖啡足球队在“村超”球场上开展了国际友谊赛。中场休息时，绿茵场变成了国际民族文化交流的绚丽舞台，埃塞俄比亚拉拉队活力四射，带来了热情洋溢的《民族大联舞》。

“村超”的氛围感染了到榕江看球赛的外国人。英国驻重庆总领事馆副总领事施博荣表示，“村超”在英国越来越出名，人们看到的是激情，是社区团结，是比赛的成功。在他看来，在球赛特别是小型比赛时，人们在某种程度上会有一种满足感和代入感，感觉自己像是比赛的一部分，

1. 资料来源：榕江县“村超办”提供的赛事材料。

“看世界杯的感受在‘村超’也能体验到。你能看到人们的热情，大家像老友见面”[1]。

“村超”国际传播的第二种方式是模式输出。相比人文交流，模式输出的影响力更为深远。不到一年时间，“村超”模式就走出了国门。目前，已有非洲的贝宁、南非、多哥等多个国家举办过“村超”。2024 年 3 月 3 日，在贝宁帕拉库市，中国援贝宁棉花技术项目驻地内，首届非洲“村超”足球赛鸣锣开赛。[2] 当地多个村庄的村民等组成 12 支队伍参赛，比赛采用联赛制，周末举行，持续到 5 月底。赛场上，中法文两种版本的“非洲村超活力四射”的大字映入眼帘。比赛中场休息期间，还有贝宁孔子学院的学生表演侗族舞蹈和中国武术，歌曲《歌唱祖国》也在足球场上响起。在组建非洲贝宁“村超”的过程中，项目基地成为传播中国文化和增进两国友谊的舞台。[3]

“村超”国际传播的第三种方式是外媒报道。“村超”火爆出圈后迅速火到国外，海外媒体对“村超”进行了广泛报道。传统媒体积极播报，英国广播公司（BBC）、《经济学人》，美国《华尔街日报》《华盛顿邮报》，日本《经济新闻》，新加坡《海峡时报》《联合早报》等国际知名媒体纷纷报道；社交媒体上，中国国际电视台在脸书（Facebook）直播“村超”决赛盛况，当日观看量突破 40 万次，点赞超过 2400 万次。这些报道和讨论都“呈现播报语态积极、话题泛化深入、关注人民主体的特点”[4]。同时，“村超”话题也从早期关注赛事的规模和场面，到中期关注赛事的群众自发性和文化特色，再到后期开始广泛关注对地区经济、文化、旅游的促进和刺激作用，最后寄予“乒乓外交式”的期待。在报道中，外国媒体表现出对

1.《“村超”与英超双向奔赴，一项小村赛的高质量发展探索》，https://baijiahao.baidu.com/s?id=1786239596716703406&wfr=spider&for=pc，2023 年 12 月 25 日。

2. 贝宁“村超”是中国援非洲贝宁棉花技术项目组在当地举办的民间足球比赛，中国援贝宁棉花第三期技术项目组组长首小勇是贝宁“村超”的发起人。

3.《非洲贝宁“村超”打造无差别“足球梦”》，《中国青年报》2024 年 5 月 13 日。

4. 王蕊：《国际传播中“人民形象”的立体构建——以国际媒体对“村超”“村 BA”的报道为例》，《传媒》2024 年第 11 期。

草根崛起的欣赏，从注重描绘村民观看赛事的生动氛围和画面，逐渐过渡到乡村体育赛事对“熟人社会”情感链接和纽带的强化，甚至表现出对“拒斥”资本的“欣赏”，以及对赛事奖品回归“乡土生活”的津津乐道。[1]

“村超”参与国际传播，体现出县域国际传播的独特优势。一是具象化的国际传播。在“村超”国际传播中，“体育”是共通要素，“人民”是互通基础，“人民才是国际传播的最大公约数”[2]。从国际传播来看，赛场上拼搏的运动员、生活中的普通百姓、文化里的各族群众，在报道中形象生动可见，呈现出一个真实、全面、立体的贵州形象乃至中国形象。二是民间交流式的国际传播。在国际传播中，体育赛事向来是不同国家和民族间文化交流的重要载体。“村超”迸射出乡土中国的精气神，“以村民自发的热爱和纯粹还原了真实又富有感染力的多彩贵州形象”[3]。

“村超”参与国际传播，打开了县域国际传播的新思路。一方面，“村超”能够集中呈现乡村文化、乡村振兴、文化自信、民族团结、中国式现代化等众多议题。正如徐勃所言，“村超”世界杯、“村超”“一带一路”、“村超”全世界，是中国品牌，是小足球大外交，是中国的文化自信，是中国的民族团结，是“中华民族一家亲、同心共筑中国梦”的真实呈现，是人类文明新形态，是中国式现代化实践的生动诠释，是人民群众最幸福的笑脸，是全世界人民跟中国人民的双向奔赴和情绪价值。另一方面，“村超”是一种看不见的文化输出。徐勃表示，“村超”要搭建快乐平台，通过这个非官方的快乐平台，使“村超”成为文化软输出和民间交往的战略。面对国际话语权的弱势局面，抢夺话语权需要技巧，“村超”的意义在于“用西方的表达话语，来表达我们的文化”。在徐勃看来，“村超”就是要踢掉思想枷锁，踢掉弱者标签，踢掉固化思维，用足球这种西方能

1. 王蕊：《国际传播中“人民形象”的立体构建——以国际媒体对“村超”“村 BA”的报道为例》，《传媒》2024 年第 11 期。

2. 王蕊：《国际传播中“人民形象”的立体构建——以国际媒体对“村超”“村 BA”的报道为例》，《传媒》2024 年第 11 期。

3.《从“村超”看创新对外传播话语》，《贵州日报》2023 年 8 月 30 日。

够接受的、非政府的形式，开展国际传播。由此可见，“村超”作为一种文化输出，具有很多媒体传播所不具备的优势。胡钰也认为，乡村是提升国际传播能力的战略高地，榕江文化可以借助“村超”走向世界，利用非官方、非刻板的传播方式，让“村超”文化深入国际舆论场。同时，借助“村超”为不同国家、不同文化的人群提供文化交流的舞台，以“足球”和“快乐”为世界共通语言，讲好“村超”故事，提升“村超”的国际影响力。[1]

“村超”就像一扇门，让世界看到榕江，让榕江走向世界，逐步提升品牌国际影响力。下一步，榕江县将积极参与和组织国际交流活动，通过举办“一带一路”“村超”友谊赛来吸引更多国际游客和投资者，关注“村超”的文化和旅游资源，选树“村超”最美推荐官、“村超”超级公益推广大使、“村超”“一带一路”国际传播大使宣传推介“村超”，讲好中国传统文化故事，进一步打响“村超”品牌，通过足球这一全球性语言，“村超”正在不断联动世界、扩大“朋友圈”。

村寨活力与人的现代化

在乡村人口大量流动、社会结构发生较大变化的情况下，乡村面临着“乡村文化消散和消极化带来的秩序失衡，乡村社会参与弱化和缺失产生的活力不足”[2]的问题，我们需要回应乡村群众明显增加的文化需求，重建乡村秩序，激发乡村的社会活力。在这一过程中，“培育和增强乡村振兴内生动力”[3]被视为一个重要路径。其中，乡村文化振兴显得尤为重要。作

1.《人文经济学视角下的贵州“村超”丨清华大学教授胡钰与榕江县人民政府县长徐勃对谈录》,https://mp.weixin.qq.com/s/9bZcyYYsOvzzDlHTehbOjw,2024年6月7日。

2. 叶鹏飞：《秩序与活力：乡村文化治理的问题与反思》，《湖北民族大学学报（哲学社会科学版）》2021年第6期。

3. 刘旭冉、王昕萌、孙超：《乡村振兴内生动力的现实困境与促进机制》，《陕西理工大学学报（社会科学版）》2022年第4期。

为一种日常生活方式的乡村文化，乡村文化振兴离不开文化的主体，而"村民作为文化的内生动力，会出现'熟悉的陌生人'和'选择性漠视'等认知困境"[1]，需要以政策供给破解内生动力的生成困局。从这个意义来看，"村超"是一种以民间形式为乡村提供内生动力的方式。通过"村超"的带动，榕江县不仅为当地民众创造了更多的收入来源，还极大地丰富了他们的精神文化生活，增添了无尽的欢乐与活力。[2]

经济支持对乡村来说是最直接可见的一种动力供给。榕江县因"村超"新增150亿元收入，这些钱怎么花？徐勃表示："都给老百姓分了。"[3]徐勃介绍，"村超"品牌取之于民，收益用之于民，除30%的激励费用外，剩余收益的51%用于壮大250个村集体经济，49%用于助力"村超"乡村体育公益赛事发展。在他看来，经济发展的核心是信心，而实实在在的就业和增收让大家看到了希望，对未来更有信心。为了挖掘"村超"潜力，徐勃开始思考"如何把'村超'导入村寨"。为此，县里发出"我为村超做点什么"的号召，使榕江县每个人都能参与"村超"，守护"村超"，借助"超经济"效应让农户实现了家门口就业。"村超"将发展成"体育赛事+民族文化+全民健身+乡村旅游"多元融合的品牌体育赛事活动，借势借力，为当地民众提供新的经济增长点。

为了增加"村超"附加值，让村寨都能得到实惠，榕江县投资3个亿开创了"村超可乐"品牌，全县有20个村寨加入，后来发展到62个村寨参与。这些举措切实为村寨、村民带来就业、收入，更激活了大山深处曾经出一次远门需要半年的村寨的活力。素有"文化千岛"之称的榕江县，有着丰富多彩的民族文化资源，在"村超"火爆后，这些民族的蜡染、刺绣、银饰等非遗产品借势出圈，成为激发村寨活力的文化纽带。

1. 顾海燕：《乡村文化振兴的内生动力与外在激活力——日常生活方式的文化治理视角》，《云南民族大学学报（哲学社会科学版）》2020年第1期。

2. 余清楚：《用爆款产品激发乡村文化振兴活力——贵州"村超"现象分析》，《传媒》2024年第20期。

3. 以上内容来自2024年9月25日对徐勃的访谈。

在“村超”外溢效应下，村寨活力得到极大的激发。

三宝侗寨，位于榕江县车江乡坝区，距离县城约 5 公里，由大小不一的寨子连成，分上、中、下宝寨，合称“三宝侗寨”，是全国侗族人口居住最密集的地区。这里有一年三熟的万亩良田大坝，有清澈见底、透明如镜的车江，有清代侗乡独一无二、铭刻侗汉文字交流印记的车寨鼓楼，有 21 世纪刚修建的气势宏伟、登上了吉尼斯世界纪录的三宝鼓楼，还是电影《秦娘美》主人翁珠郎、娘美的故乡和侗戏《丁郎龙女》出产之地。都柳江沿岸共有 30 多株 300 多年历史的参天古榕树，高 20 米，树围 6 米以上，彼此之间根系相连、枝叶相拥，形成一片罕见的榕树群。“村超”火爆之后，三宝侗寨古榕群景区门前的游客、汽车排成长龙，宾馆酒店一房难求。

大利侗寨，距“村超”赛场约 20 公里，是第一批中国传统村落。在“村超”入寨的行动中，大利侗寨已经融入了“村超”旅游链条，来往游客络绎不绝，甚至还有影视剧团队在这里拍摄。寨里的老人在“花桥”上摆放传统手工艺品，民宿从“村超”火爆之前的 18 家增加到了 47 家[1]，比赛期间每天都爆满。穿梭于巷道间的游客享受民族文化、自然美景之余，买几件手工艺品，住几晚民宿，为这个村寨带来源源不断的经济收入，也使这个曾经闭塞的村寨与外界建立了紧密联系。

摆贝苗寨，一个深居月亮山腹地的古老苗寨。历史悠久，文化底蕴深厚，却因交通闭塞、观念落后而发展缓慢。随着“村超”的持续火爆，这个曾经沉寂的苗寨焕发了新的生机与活力。“村超”现场的摆贝村“村超爷爷”受到广泛讨论，引发很多网民在评论区咨询蜡染围巾、T 恤的购买，在第一书记罗丽萍的建议下，村民立即赶制蜡染产品、开通新媒体账号，接住了这波流量。随后，村集体公司与多家企业签订研学旅游合作协议，打开了非遗产品销路，开办了蜡染刺绣车间，蜡染、刺绣等非遗产品通过线上线下相结合的方式，销往全国各地。同时，村里积极发展民宿，推出

1. 以上内容来自 2024 年 10 月 29 日对杨再祥的访谈。

三宝侗寨的大榕树

大利侗寨

摆贝苗寨

具有地方特色的文旅产品，丰富游客的体验。随着住、吃、游、学等消费点的不断增加和完善，摆贝村正逐步实现从传统农业向非遗文旅产业的华丽转身。2023 年，全村非遗相关产业共计收入 80 万元，人均收入提高了 11.74%，村集体经济收入同比增长 93.97%。[1]

宰荡侗寨，中心位置有座高大的侗族鼓楼，建于清代，里面的火堆旁，老人看着电视聊天，鼓楼墙上挂满了村里的荣誉奖牌。这里的民俗和老建筑样式保存得很好，女村民多穿民族服饰，侗族大歌有名气，村寨的表演队有水平。在宰荡侗寨，侗族大歌没有伴奏，没有指挥，并且是多声部的。这里的人似乎生来就有一副好嗓子，唱起大歌宛如天籁一般。在"村超"影响下，游客络绎不绝。走访时路过村里一条小河，边上一位中年妇女热情地与我们打招呼，交谈得知，她家住贵阳，每个月都会到宰荡侗寨住几天。

村寨之所以有活力，源于村民有活力。随着智能手机的普及，一些原本偏远和封闭的民族村寨，不可避免地"被更密切的金融贸易活动和更高效快捷的通信方式裹挟其中"[2]。而在"村超"出圈过程中，榕江培养起来的农民新媒体、新农人，让手机深入乡村生活与乡村经济，对乡村社会产生了深刻影响，村民也因此与外界有了更多接触。作为新媒体发展衍生出的新职业，电商直播为乡村女性灵活就业、行使网络话语权提供了技术条件。研究发现，"做主播"让乡村女性具备了更多发掘自我价值、促进自我觉醒的机遇，"女主播通过弹性演展和退让协商，在经济、主体和家庭之间进行调适，表现出包容的情感能量和以退为进的智慧"[3]。借助直播崛起的"新农人"，是村民走向现代化的生动写照。

1.《榕江摆贝村：借"村超"东风 非遗文旅产业焕新生》，http://gz.news.cn/20241021/79f5409608904ab18b02d1fe9573c4f6/c.html，2024 年 10 月 21 日。

2. 孙信茹、杨星星：《"媒介化社会"中的传播与乡村社会变迁》，《国际新闻界》2013 年第 7 期。

3. 曾昕、龙耘：《超越赋权：数字时代中国乡村女主播的自我认知与行动实践》，《新闻大学》2024 年第 5 期。

侗族大歌传承保护发展
示范村
人类失去记忆 世界将一片荒芜
请保护文化遗产
安全撤离线路
黔东南州级文物保护单位
宰荡鼓楼
黔东南州人民政府2011年1月25日 公布
榕江县人民政府2013年12月20日 立

宰荡鼓楼

一个国家、一个城市、一个乡村，现代化最为基础的单元是人的现代化。人的现代化是“社会现代化的过程中，人在素质、行为、观念等方面的现代化过程”[1]，“是一切社会现代化的出发点和落脚点”[2]，“离不开本民族的文化传统，且必须具有文化主体性”[3]。美国著名学者英克尔斯（也译作“英格尔斯”）认为，人的现代化就是从传统人向现代人转变的过程，当现代性深入大多数国民的性格时，现代的态度、舆论、行为就会变成一种巨大的内在推动力。在他看来，现代不应该只被看作“一种政治或经济体系的形式，而是一种精神现象或一种心态”，现代性反映在“现代人的态度、价值与行为之中”[4]。英克尔斯从一个现代的、复杂的社会对日常生活的要求，尤其是从一个现代的工业设施对工人或职员的需要上，派生出了现代个人素质清单，诸如乐于接受新经验、准备接受社会的变革、具有形成意见并持有意见的倾向、意识到周围的态度和意见具有多元性等。[5]

在“村超”热潮的裹挟下，“群众的思想观念发生深刻变化”[6]，打开了村民走向现代化的新路径。贵州省社科院有关负责同志认为，“村超”带来的最大影响是人的现代化，因为通过“村超”，村民见识多了，与外界接触和交流也多了。这种交流对深居大山的村民来说，成为“人的现代化”的推动力。对个体来说，教育对早期的个人现代性获得贡献较大，而在后期发展中，个人所进入的职业和接触大众传播媒介的程度更为重要。

1. 张峰、栾淳钰：《“人的现代化”：研究述评与展望》，《社会科学动态》2024 年第 9 期。

2. 李云峰：《人的现代化的历史出场、发展定位与价值指向》，《山东社会科学》2024 年第 8 期。

3. 白羽弘：《“马克思－英格尔斯之问”：人的现代化的路径澄明及当代回应》，《理论研究》2024 年第 4 期。

4. [美]阿列克斯·英克尔斯、戴维·H.史密斯：《从传统人到现代人——六个发展中国家中的个人变化》，顾昕译，北京，中国人民大学出版社 1992 年版，第 21 页。

5. [美]阿列克斯·英克尔斯、戴维·H.史密斯：《从传统人到现代人——六个发展中国家中的个人变化》，顾昕译，北京，中国人民大学出版社 1992 年版，第 25—26 页。

6. 余清楚：《用爆款产品激发乡村文化振兴活力——贵州“村超”现象分析》，《传媒》2024 年第 20 期。

“村超”以游客、新媒体、文创等为媒介，为人的现代化和全面发展提供了平台。一方面，人的现代化要在共同富裕的过程中逐步实现。“村超”为榕江县以及各个乡镇、村寨带来巨大的商机，很多村寨、村民借助“村超”的东风走上了富裕之路。在“村超”的流量支撑下，不少村寨推出了文体娱乐、非遗研学、田园旅游、农耕体验等新形态文旅，即便是球场门口的小吃小摊在比赛期间也能获得超出往常的收入，高峰期1元钱一份的肠粉一天能卖出1万多份。这些都很好地激发了村集体经济发展的新动能，推动着共同富裕的进程。另一方面，人的现代化要在物质文明与精神文明相协调中逐步实现。“村超”的经济效益和文化效益是显而易见的，成为榕江县探索中国式现代化进程中物质文明和精神文明相协调的重要路径。为更好发挥“村超”的这种作用，榕江县委书记徐勃表示，要通过办好“村超”，既让榕江的“超经济”名片更响，也让榕江人民的“口袋”更鼓，更让各民族群众的“脑袋”更富。

对榕江这个西南部县城而言，外出务工是乡村地区人民群众收入的重要来源，榕江的年轻人基本上都是往外跑，妇女、儿童、老人留守农村。而自“村超”火爆之后，一些在外务工的年轻人回到家乡创业，或加入球队边打工边训练。一些年轻人带着技能回到榕江，挖掘家乡特色，聚焦村里的美景，通过民俗、民宿、文创等各种方式参与家乡建设。在“村超”的带动下，小丹江苗寨2023年旅游接待人数突破10万人次，民宿从两三家增加到20多家，有20多名年轻人返乡。截至2024年10月31日，榕江已有近300名大学生青年返乡创业就业，自由职业、返乡创业等新增劳动力超过1万人[1]，榕江县村超品牌管理有限公司有一半左右的员工都是返乡创业就业的青年[2]。曾经的榕江县，长辈们希望子女能够走出大山，而如今很多老人都希望年轻人回到家乡。“作为城市和乡村之间的联结”[3]，这些

1. 2024年10月31日，榕江县“村超办”提供的数据。

2. 以上内容来自2024年10月31日对杨亚江的访谈。

3. 贾楠、郭强：《新生代农民工群体特征分析——现代性的渗入与缺失》，《河南大学学报（社会科学版）》2011年第1期。

外出务工的年轻人，通过教育、传媒、城市生活经历等途径，与现代性相遇相融，拥有改变社会的巨大潜力。返乡创业者刘勤兰回忆，小时候家乡太穷了，还没有通路，有的孩子穷得鞋子都没得穿。冬天光着脚上学时，她的梦想就是好好读书，长大了可以当老师，带着更多的孩子走出大山。而如今，村村都通公路了，生活都比之前更好，在省城当老师的她又返乡创业，回到了村里，希望能帮助村民。刘勤兰说："以前就想走出大山，现在慢慢地又回来，回来后又想到村里做一些事情。"特别是那些年纪大一点的村民，感觉自己没有价值了，刘勤兰想通过自己的工作室让他们靠自己的手艺赚钱，获得成就感。

榕江县古州镇一家非遗制作工坊，村民正在赶制"村超"文创订单产品

从外出务工作为首选到返乡创业就业，这一巨大的转变源于“村超”赋予年轻人的家乡自信、文化自信。如今的榕江，大家都以“村超”为骄傲，为自己是榕江人而自豪。年轻人返乡不仅是为榕江经济注入活力，对家庭也非常有好处，曾经只有留守儿童、空巢老人的乡村家庭，如今又逐渐有了活力（不过，对于那些高龄老人来说，由于语言不通，即便游客多起来，仍然三五成群地坐在那里）。随着“村超”的火爆，榕江县还出现了一批外地来的人，他们为了追求事业的发展，把户口迁到榕江，成为真正的榕江人，也被称为“榕江新市民”[1]。这种从人口流出到人口流入的迹象，表明了“村超”给榕江带来的活力和机会。

从村寨活力到人的现代化，其背后是村民精神上的幸福感。在徐勃看来，“村超”是群众最幸福的笑脸。在“村超”中，每个人都是自带口粮干革命、自带节目上演出，每个人都在为家乡的发展发光发热。在榕江，每一个人都觉得“村超”是他干起来的。“村超”足球队的建设，也带来了村寨精神风貌的大变化，一个村只要组织足球队，这个村就会无比的团结、无比的有凝聚力，很多矛盾都减少了。徐勃表示，现在的榕江“哪个村没有组织足球队，这个村的村干部会被老百姓骂不担当、不作为，为什么别的村搞得那么好、那么有凝聚力，我们村就不行”[2]。在他看来：“村里多一支球队，就无比团结；多一个拉拉队，就少了几十桌麻将；多一个节目，村民的凝聚力也就更强。村里原来有点小矛盾的，这时候大家聚在一起就能在无形中化解掉了，一起为集体荣誉而努力团结奋斗。”[3]榕江县足协副主席杨亚江也表示：“每个人的心中，都在想着如何更好地呵护‘村超’，‘村超’打了一年多了，很少会出现像什么打架斗殴之类的现象，大家都是一个非常团结的景象。”[4]

目前，仍有一些偏远的乡镇受“村超”影响不明显。离县城 40 多公

1. 以上内容来自 2024 年 10 月 31 日对杨连江的访谈。

2. 以上内容来自 2024 年 10 月 30 日晚对徐勃的访谈。

3. 黄祺：《“村超”，想成为“另一种世界杯”》，《新民周刊》2024 年第 13 期。

4. 以上内容来自 2024 年 10 月 31 日的座谈。

里的平永镇，很多村寨是多个民族杂居，民族特色不突出，很难发展特色旅游、民宿这些新型服务业。村里的年轻人都外出务工了，很多老人带着小孩到县城租房上学，只在放假期间回农村老家住，留下的是70岁以上的老人。来自平永镇的杨师傅，40多岁，因为不想种地，就在县城开出租车。她的哥哥是村寨的致富带头人，承包了村里的土地，雇村民种百香果、罗汉果。“村超”之前，这些水果有人上门收购，也会拿到县城去卖；“村超”之后，开始了直播带货，很多水果在直播中就卖了，销路畅通，直播卖不完就线下接着卖。[1]而那些留在村里的中年人就是种水果、收水果，从中拿工资。对没有外出务工的他们来说，这是一个重要的经济来源。这可以看出，即便是偏远村寨，“村超”依然以其流量和“三新农”理念对它们产生影响，空心化的村寨也由此看到了一丝希望。

如此看来，贵州“村超”是传统乡村与现代融合的样本。从经济社会发展，到文化传承与转化，再到人的现代化，一切都在因“村超”而发生变化。对此，中央民族大学民族学与社会学学院教授郭伟和表示，“村超”由内向外挖掘自身资源禀赋、传承优秀传统文化，成为现代化转型发展的新动力。[2]而在欧阳章伟看来，好的文化就是需要让世界看见，展示出去，展示出去就有机会，就能变成经济发展的希望，转变成经济效益。“村超”只是把古朴的文化更好地展示在世人面前。以前榕江这个名字可能是落后的象征，而随着“村超”出圈，大家都知道了榕江，榕江人变得更有自信，也更有自豪感。“‘村超’这两年给我们带来的最大的一个东西就是自信，所有人都自信了。”[3]古州镇党政办主任杨连江说。在“村超”助力下，榕江人通过接触不同的人和物，拓宽了视野，结交了朋友，更加自信、更加团结。村民因为“村超”与外界接触，融入了现代社会系统，为人的现代化奠定了基础。这种影响也体现在未成年人群体中。在“六一”儿童节

1. 以上内容来自2024年12月1日对杨师傅的访谈。

2. 李依霖：《贵州“村超”：乡村传统与现代融合的高分答卷》，https://mp.weixin.qq.com/s/4A9rVQWBV3WdCzErMJXw4g，2023年8月2日。

3. 以上内容来自2024年10月31日的座谈。

举办的童歌会上，小学生上台表演。当听到古州四小——一所易地搬迁学校的孩子们演唱的《大山里的孩子》，很多人不由得红了眼睛。完全想象不到，这些走出大山的孩子们的自信起来，和城里的孩子一样快乐开心。同时，大街上穿着民族服装或者身着文创产品的人也多了，这是一种文化自信的表现。针对“村超”给榕江人带来的变化，徐勃表示：“榕江还是那个榕江，榕江人还是原来的榕江人，‘村超’激发出了人们心中的真善美，并且持续保持真善美。”“村超”的价值到底是什么？徐勃认为，其实大家现在看到的，只是“村超”的“小荷才露尖尖角”，还会有“班超”，有逐梦足球队，有“村超”“一带一路”国际友谊赛，有“村超”世界杯，还会有品牌经济效应、“村超”超经济，“村超”的巨大社会意义和经济意义可能在未来 10 年才会得到更大显现。[1]

1. 黄祺：《“村超”，想成为“另一种世界杯”》，《新民周刊》2024 年第 13 期。

第六章 意义建构与人的幸福感

建构主义理论认为，社会问题的研究主题不是“有问题的”客观事实或状态，“而是这些事实或状态被宣称成为社会问题的活动和过程”，这些活动和过程使得“社会问题建构性地存在着”[1]。乡村问题何尝不是如此。自市场经济发展起来以后，乡村人口流失，而基于人口流失与人口流动，乡村问题在各种不同话语中被建构。在乡村振兴语境中，中国乡村问题需要一个解构过程，并重新基于乡村实践建构起一套新的话语体系。其中，“由于返乡青年掌握着中介化生活世界完整的时间脉络、意义系统与资源优势，故而充当了新生活世界的原住民，并在城乡双向融入的过程中完成了从‘返乡者’向‘新农人’这一中介性身份概念的蜕变”[2]。类似这种建构，可以为乡村振兴注入新的视角。

随着旅游消费逐渐成为人们日常生活消费的重要形式，文旅融合作为文化发展的新思路得到了广泛关注。基于乡村的自然风光和淳朴民风，乡村文化与乡村旅游的融合已成为文旅融合的重要内容。在这个过程中，民众亲身参与到乡村文化、民俗的体验中，民众作为主体扮演着重要的角色，“揭示民俗主体的意义建构与感知方式”[3]，从而更加全面理解乡村，而非陷于建构起来的乡村问题中。与此同时，我们也需要基于乡村社会实践，建构一套新的乡村意义系统和乡村振兴话语体系。

在“村超”中，政府部门的幕后支持，主流媒体的加持，专家学者、

1. 闫志刚：《社会建构论：社会问题理论研究的一种新视角》，《社会》2006 年第 1 期。

2. 张杰、罗敏：《城乡中介化生活世界的意义建构与交往关系再生产——基于返乡青年短视频实践的考察》，《新闻大学》2024 年第 2 期。

3. 王雨铭：《民俗主体的意义建构》，《文化产业》2024 年第 28 期。

调研团的实地研究等，都为“村超”提供了巨大的品牌支持，也不断基于“村超”建构起一套宏观话语体系，“村超”被媒体誉为观察中国式现代化的一个窗口和中国式现代化实践的生动诠释，其意义已不仅仅局限于民间球赛。2024年的中央一号文件提到，坚持农民唱主角，促进“村BA”、村超、村晚等群众性文体活动健康发展。显然，“村超”已纳入主流叙事，建构出超越民间体育赛事的社会意义。

现代化的生动实践

媒体建构人类认知图景，影响人类社会生产生活。拟态环境论认为，媒体对新闻和信息选择、加工和报道后，可以结构化地向人们提供环境；而涵化理论认为，媒体根据一定的观点对信息进行加工整理，具有完整意义结构的系统，影响人们认识和理解现实世界。这些理论无不在揭示一个现实：媒体对事件、现象的社会意义具有建构作用。

随着“村超”的火爆，主流媒体大量报道“村超”，对“村超”进行了意义建构。据不完全统计，贵州“村超”先后获得了人民日报、中央广播电视总台、新华社、光明日报、人民网、中国新闻网等国家级主流媒体刊播稿件超600条，新华社、央视、人民日报等100多家媒体和平台跟进直播。这些报道既是媒体的主动聚焦，也是榕江县的主动出击。“村超”传播总策划欧阳章伟表示，“村超”的传播是有节奏的。最开始，“村超”完全靠自媒体，经过自媒体发酵，官方媒体的小视频和图文开始介入，再到官方媒体深度生活化的图文介入，外交部发言人的推荐，各种调研报告。在欧阳章伟看来，小视频发展到一定阶段之后，需要图文跟进，图文有的是新闻性的，有的是生活化、趣味性的，可以丰富和补充现场。当这些都得到传播之后，就需要更多的权威报道来定性。[1]

如何认识“村超”？“村超”之火意味着什么？就“村超”的社会意义，各大媒体纷纷参与报道、解读和建构。在媒体建构下，“村超”从“中国

1. 以上内容来自2024年11月9日对欧阳章伟的访谈。

式现代化的实践”成为“中国式现代化实践的生动诠释”，从而获得了其社会意义与理论价值。

作为最早报道“村超”的中央主流媒体之一，《人民日报》先后刊发了多篇报道聚焦“村超”。《人民日报》的“村超”叙事，不仅意味着“村超”在主流媒体中得到认可，也很大程度上增强了“村超”的社会意义。据统计，从“村超”开赛之日起，截至2024年10月15日，《人民日报》中提及“村超”的报道多达139条。其议题涉及经济目标、文旅融合、文化底蕴、体育强国、群众赛事、乡村文化、乡村振兴等众多方面，多条报道更是在标题中直接聚焦“村超”。《人民日报》第一篇关于“村超”的报道发表于2023年6月13日，恰逢“村超”开赛一个月的时间节点。这篇题为《从“村超”看县域体育生长》的文章提出，“举办‘村BA’‘村超’等多样化的体育赛事活动，让小小县城成为跨区域的体育中心，带动县域经济、文化、旅游融合发展，打造起县域‘体育+’产业链”[1]。显然，此时的“村超”在主流叙事中已不再仅仅是球赛，而是带动县域经济、文化、旅游融合发展的重要事件。当《人民日报》再次聚焦“村超”时，乡村振兴、乡村文化成为“村超”叙事的关键词。2024年3月31日发表的《“中国的乡村文化活动越来越丰富、越来越精彩”》一文提出：“在华国际人士通过体验多姿多彩的中国乡村文化生活，充分感受到新时代中国乡村文化建设和基层公共文化服务的充沛活力。”[2] 该文通过一个英国年轻人的视角，把“村超”对乡村面貌的改变进行了刻画，并从“村超”走向国际舞台的视角进一步提升了“村超”的价值。此后，《人民日报》又从多个角度报道，挖掘了“村超”的多重意义。2024年5月27日体育版刊登的《贵州“村超”精彩继续》一文提出，“村超”热度不减，乡村足球带给人们的，不只快乐，还有带动增收、传承热爱、促进交流等多种功能，已成为推动

---

1. 晨曦：《从“村超”看县域体育生长》，《人民日报》2023年6月13日。
2. 黄娴、邵玉姿、宋豪新等：《“中国的乡村文化活动越来越丰富、越来越精彩”》，《人民日报》2024年3月31日。

当地经济社会发展的新引擎。[1] 同时配发评论《擦亮“村”字招牌》，强调通过“村超”，人们既可以感受足球运动的活力，也可以体验乡村文化的魅力。[2] 同日的评论版发表的《乡村的“乐子”发展的“路子”》指出：“把弘扬中华体育精神同坚定文化自信结合起来，推动群众体育在乡村广泛开展，一定可以更好地为推进乡村全面振兴凝心聚气。”[3]7 月 22 日，“村超”决赛之后，《人民日报》又发表了《2024 年贵州“村超”决出总冠军》一文，可见对“村超”的关注度之高。8 月 7 日刊发的《来榕江，看一场精彩“村超”》一文的编者按表示，这是“跟着文旅热点去旅行”系列报道，旨在“观察各地如何创新产品供给、提升文化品位，进一步推动文旅深度融合，更好满足人们的精神文化需求”。同时配发记者手记《将文旅流量转化为发展增量》，表示：“作为一项群众性文体活动，‘村超’坚持农民唱主角，用看球赛、赏民俗、品美食等接地气的形式，不断汇聚人气，既满足了人们对精神文化生活的需求，又展现了当地蓬勃发展的活力。”[4] 连续多篇文章报道“村超”，甚至对赛事情况进行了介绍。这种高密度聚焦一个县、一个活动的现象，在《人民日报》上是很少见的，“村超”的社会意义在这一过程中得到了有效建构。

故事生产与接受具有意义建构的功能，而叙事是一项故事生产者与接受者共同参与的活动，“在故事与故事接受者互动后，故事潜移默化地影响了个人与社会文化背景”[5]。《新华每日电讯》发表的《“村超”：中国农民从容“对话”世界》一文，提出“谁掌握了‘村超’的流量密码？谁是‘村超’背后的高人”的问题，走访 11 位“村超”深度参与者，以 11 个人物故事从不同视角建构“村超”的意义。文章开头提出，数百亿次关

1. 陈晨曦：《贵州“村超”精彩继续》，《人民日报》2024 年 5 月 27 日。

2. 孔庆元：《擦亮“村”字招牌》，《人民日报》2024 年 5 月 27 日。

3. 张丹华：《乡村的“乐子”发展的“路子”》，《人民日报》2024 年 5 月 27 日。

4. 苏滨：《将文旅流量转化为发展增量》，《人民日报》2024 年 8 月 7 日。

5. 宋杰：《背景・阐释・影响——马可・卡拉乔洛的叙事意义建构论》，《文艺评论》2024 年第 2 期。

注、数百万人次到访、数十亿元旅游收入……最后一批脱贫的榕江县，依靠“村超”实现逆袭。把“村超”与“脱贫”联系在一起，再一次提升了“村超”的价值。文章分析认为，融合创新是“村超”的流量密码，“村超”将多彩的民族文化嵌入草根足球，打造出富有魅力的特色文旅体验。而为了找到这串密码，榕江曾5次试错，并让群众成为“村超”的主角，当积聚的热爱被点燃，热爱就成了一股力量，赋予榕江特有的精气神。而在榕江，几乎人人认为，“村超”就是自己干出来的。这种集体参与的热情，甚至形成了彼此认同的义务。[1]“群众”“集体”的叙事被纳入对“村超”的叙事结构中，“村超”的意义又一次得以丰富。2024年6月3日发表的《“村超”做对了什么？》一文指出：“‘村超’植根于民间，群众基础好，‘村味’浓郁，借助榕江民族聚集的区域优势，深刻诠释了‘民族的就是世界的’。”2024年7月30日发表的《“出圈”到“长红”，“村超”何以能？》一文表示，“以文塑旅，以旅彰文，助推当地文体旅商的融合发展”，“这些竞相出现的新场景、新业态，正在成为促进消费、扩大内需的‘催化剂’”。2025年1月1日，新华社发文回顾了2024年“村超”系列赛事的“大突破”，即“规模突破、玩法突破、国际突破”[2]，对“村超”的创新再次进行了总结提升。

作为中央媒体的另一重要代表，中央广播电视总台对“村超”也给予了高度关注。2023年12月23日，中央广播电视总台官方公布了2023年度乡村振兴十大新闻，以贵州“村超”为代表的村级体育运动入选。评委团认为：“村BA”全国火热，“村超”“村排”“村乒”等村味体育活动大放异彩，带动农文旅大融合，为乡村振兴注入强大文化动能。2024年6月2日，“村超”登上了央视《新闻联播》，新闻中提及，贵州省榕江县“村超”和台江县“村BA”以体育为引擎，打造文旅新业态，生动展现出新时代人民群众昂扬向上的自信与自强，被誉为观察中国式现代化的一个窗

1.《“村超”：中国农民从容“对话”世界》，《新华每日电讯》2023年12月29日。

2. 罗羽：《“村超”又一年　三个“大突破”》，https://baijiahao.baidu.com/s?id=1820044092969243517&wfr=spider&for=pc，2025年1月1日。

微博平台上贵州“村超”关键词词云图[1]

口。央视新闻《“县”在出发》人物专访系列《知县》首期节目专访了时任榕江县县长徐勃，指出：“‘村超’火爆，是‘中国式现代化’在榕江这个小县城的生动实践。”[2]“‘村超’本质上是在做乡村振兴县域文化品牌，‘村超’是一扇门，让世界走进榕江，让榕江走向世界。”

在主流媒体报道的同时，“村超”也在互联网广受关注。“村超”相关内容综合浏览量超 850 亿次，全网观看直播人数超 7 亿人次，单日最多 1 亿多人次观看直播，40 余次冲上了抖音、快手、知乎等的全国热榜。数据分析显示，在社交媒体平台上，作为超级流量的“村超”呈现出的形象与媒体建构的形象几乎一致，但也有差异。与媒体建构的现代化、乡村振兴的重点不同，社交媒体呈现的更多与贵州“村超”直接相关，突出贵州、足

1. 数据截至 2024 年 12 月 20 日。
2.《榕江县县长：“村超”是乐子更是路子》，央视新闻微信公众号，https://mp.weixin.qq.com/s/iJW3pc—PcZ7KNcETdhZcyw，2023 年 7 月 30 日。

球、榕江、旅游、文旅、中国、乡村、文化等关键词。尽管如此，这些关键词与媒体建构的形象在内在逻辑上是一致的，即贵州“村超”通过足球赛事，带动文旅发展，从而促进乡村振兴。只不过，媒体是更直接的意义建构，而社交媒体则是更具体的意义表达。

足球的原始价值体现在赛场，但是足球的社会价值体现在镜像、图片和文本之中。在经过媒体的广泛报道之后，足球赛事会演化为一种大众文化。在这一过程中，足球的主导性力量是赛事，媒体是重要的参与性力量，“媒体对足球的描述展示出现代人的价值选择”，“足球不仅造就出庞大的观众群，还在新旧媒体的合力作用下实现了戏剧化转型”。[1]对“村超”来说，这场村寨之间的足球联赛早已不再是简单的足球赛事。经过《人民日报》、新华社、中央广播电视总台这些主流媒体的大格局叙事，“村超”的地位、作用和意义得到提升，而且成为一种颇具象征意义的仪式性活动。

幸福图景的呈现

人类生活无不为了追求幸福，“幸福是人文知识的核心命题”[2]，对幸福的憧憬和向往是人类亘古不变的话题。从古希腊的苏格拉底、柏拉图和亚里士多德的幸福哲学，到卢梭、叔本华的幸福哲学，无不在探讨人类对幸福的理解和追求。卢梭认为幸福就在我们自身，它和知识无关，也与财富地位无关，本质上是一种自由处境[3]，叔本华也认为人生幸福应从人自身的拥有和内在的素质去寻找，而不是外在财富与名声，要降低对幸福的期望值，减少欲望，学会简单生活和享受孤独[4]。马克思对幸福概念的修正，使

1. 路云亭：《从民间新闻到好莱坞大片：媒体对足球的叙事性干预》，《体育科研》2018年第1期。

2. 苗元江：《跨越与发展——主观幸福感的过去、现在与未来》，《华南师范大学学报（社会科学版）》2011年第5期。

3. 陆庆祥：《论卢梭的幸福哲学》，《河南科技大学学报（社会科学版）》2011年第6期。

4. 包德敏：《叔本华幸福哲学观及其启示》，《人民论坛》2013年第29期。

人的自由全面发展成为人类幸福的内在尺度和标准，使劳动实践成为人类幸福的普遍本质活动，使社会生活成为真正意义上的幸福生活理论。[1] 尼采则批判资本主义社会过度商业化及非个性化、非精神化的倾向，高扬个体幸福的合法性，主张个体应当用超人意志去体验生命、创造幸福，以昂扬的生命斗志“成为你自己”。[2] 先哲们对幸福哲学作出了诸多探索，揭示了人类追求幸福的本质，而在现实生活中，评价幸福生活却十分复杂。

评判一个人或社会是否幸福，幸福感是重要的测量维度。作为“理性与感性、质与量、共建与共享、个人与社会的统一”[3]，幸福感不仅包括对生活满意度的评价，还包括人生价值以及自我潜能的实现，对社会的贡献和与社会的融合程度。学术界对城市居民幸福感作过很多研究，指出“收入与城市居民幸福感之间具有一定的正相关”，“高收入群体幸福感水平明显高于低收入群体”[4]，同时探究幸福感的影响因素，发现生活质量评价、生活满意度受年龄、收入、人际支持、亲密度 4 个因素的影响，而正向情感、负向情感和快乐感受人际支持、支持的利用度、亲密度和适应性 4 个因素影响[5]。然而，这种测量方式也有很多弊端。一方面，幸福感这种抽象的感知很难测量，会因为外在环境变动而不断变化；另一方面，对幸福感的思考过度聚焦于城市居民，有两类人群的幸福感很少得到关注。一是城镇化背景下的大规模流动人口的幸福感。有学者对流动与幸福感之间的关系研究后发现，“迁移行为显著影响个体的主观幸福感”，“主观社会地位对于迁移行为—主观幸福感的关系具有明显的中介作用”[6]。这种研究在很大程

1. 蒲德祥、张雯：《幸福哲学的范式修正：亚里士多德与马克思》，《浙江社会科学》2022 年第 4 期。

2. 丰大双：《尼采幸福哲学的当代启示》，《唐都学刊》2023 年第 4 期。

3. 蒲德祥：《幸福感的基础理论、测量及展望》，《理论与现代化》2010 年第 1 期。

4. 邢占军：《我国居民收入与幸福感关系的研究》，《社会学研究》2011 年第 1 期。

5. 池丽萍、辛自强：《幸福感：认知与情感成分的不同影响因素》，《心理发展与教育》2002 年第 2 期。

6. 张雅欣、孙大鑫：《人口流动如何影响主观幸福感——基于主观社会地位的中介效应》，《系统管理学报》2019 年第 6 期。

度上还是基于城镇视角，而对于流动人口来说，他们的幸福感离不开远在家乡的父母、妻子、孩子。比如，对很多城市打工族来说，缴纳“五险一金”还不如一个月多1000元工资，不如返乡与家人团聚一次。二是乡村农民的幸福感。乡村农民的幸福指数有时并非用金钱来衡量的，有的人衣食无忧，每天能够打打麻将，就能幸福感爆棚。这种幸福感很难用量化指标评价。

在人们对美好生活的向往中，哪些社会因素会影响人们的幸福感呢？评价一个人、一个社会的幸福感是多元化、多维度的，物质生活的满足是基础性的、不可或缺的，而一旦物质得以满足，精神层面的满足将是幸福感的重要维度。其中，文化体育活动是精神需求的重要一面。有研究表明，“参与体育锻炼的程度越高，获得的主观幸福感越强”，“观看体育比赛的程度越高，获得的主观幸福感越强”，“社会交往和身体健康状况在参与体育锻炼对主观幸福感的影响关系中起部分中介作用，阶层认同和社会经济地位调节参与体育锻炼对主观幸福感的影响关系”。[1]

与个体幸福感相比，社会的幸福图景既是个体的自我幸福感知，也是个体对社会的感知，有些时候还源于外在的社会建构。作为一个典型的乡村体育赛事，“村超”所呈现的幸福图景，既来自巨大流量带来的经济收益，也来自球员、拉拉队队员、志愿者参与时的成就感与获得感，以及社会力量的建构。一方面，人们参与“村超”赛事，沉浸式体验现场狂欢，感受快乐文化，从个体层面获得精神满足。这种满足是经济、物质所无法代替的。另一方面，在“村超”流量加持下，榕江县的文化旅游、餐饮住宿、农特产品等都打开了市场，本地人从中获得了实实在在的利益，这种看得见的获得感是构建幸福图景的基础。当个体层面的获得感与幸福感扩散，整个社会形成一种氛围之后，就会呈现出整体的幸福图景，而这种幸福图景需要一定的社会建构。在“村超”的幸福图景建构中，各种调研考察团以一种特殊身份参与其中，建构并传播

1. 张勇、李凌：《体育参与对主观幸福感的影响——基于社会学实证研究》，《沈阳体育学院学报》2021年第2期。

着“村超”所带来的幸福图景。

“村超”后的榕江，成为各类调研考察团的热门地。2024 年 10 月 30 日晚上 8 点多，徐勃在“村超驿站”同时接待了 3 批调研考察团队。接近尾声时，一位返乡创业青年表演了他新研发的电子芦笙。座谈结束后，他又接待了 3 批谈合作的人。榕江县委办公室工作人员表示，这算正常的，最多的时候，一天十几支调研团队同时在榕江。对榕江来说，这些调研、考察团队都是为了“村超”而来，成为建构“村超”意义的一支特殊力量。首先，调研团队的到来意味着这个地方有研究价值、示范意义，受到了学术界和上级部门关注。其次，调研团队的深入调研，可以从理论上进行总结和提炼，从而更好发现其中的规律。最后，调研团队的研究成果无论是内参渠道报送还是公开发表，都可以起到宣传推广作用，而且这种宣传推广的效果比新闻媒体、社交媒体的传播更有力度。这些调研及其得出的结论，赋予“村超”更加深刻的社会意义。

“村超”走红之后，徐勃的母校清华大学组织过众多的调研、实践团队到榕江县。2023 年 2 月，清华大学深圳国际研究生院党委书记武晓峰带队赴榕江县考察调研；2023 年 8 月，清华大学党委副书记过勇带队赴榕江县考察调研；等等。不仅如此，榕江县还引进清华大学校友总会退休教师梅晓鹏担任乡村振兴总顾问，清华大学体育部教授孙葆洁执裁“村超”比赛，清华大学法学院习近平法治思想宣讲团、公管学院中国公共管理案例中心等团队到榕江调研授课。清华大学这些专家资源的到来，无形之中强化了“村超”的社会意义。与此同时，清华大学的“思源骨干计划”、“林枫计划”、金融学院等多支调研团队先后赴榕江开展社会实践。仅 2024 年寒假，清华大学就有 8 个社会实践支队近 110 名师生及校友选择到榕江县，分别就“村超”赛事、乡村振兴、国际交流、公益支教、体育青训、职业发展、校友工作等主题开启研学之行。8 支队伍中共有带队教师、校友各 4 人，学生 99 人；成员分别来自国内 20 余个省（区、市）和加拿大、约旦、白俄罗斯等 11 个国家和地区；近七成师生及校友借本次社会实践机会第一次到访贵州、到访榕江。清华大学社会实践支队相继到榕江调研，也使榕江县成为这个寒假全国“含清量”最高的县域之一。[1]

除了高校的调研团队和寒暑假实践团队，“村超”也吸引了中央部委、贵州省、州各级及其他省市县的调研团队。较为典型的是贵州省委宣传部调研组。在和参与“村超”的党员、干部、群众面对面交流后，贵州省委宣传部调研组在2024年《求是》杂志第11期发表《“村超”、“村BA”何以火爆出圈》的调研报告。报告提及，“村超”“村BA”被媒体誉为观察中国式现代化的一个窗口。透过这一窗口，我们可以看见中国式现代化在一地一域的生动实践，看见火热赛事背后蕴含的巨大能量。在调研组看来，“村超”的火热，不只在赛场，还在于多彩的民俗、活跃的市场和纯粹的快乐。“村超”既是一场球员和球迷的大联欢，也是一次多民族同胞的大聚会，更是一次民族文化的盛宴和精神文明的大餐。报告认为，“村超”“村BA”姓“村”，根也在“村”，主角是村民，赛事发起、赛程安排、节目表演、奖励奖品等均是村民自发组织、自行实施，从球员到裁判员都是当地村民，大小事都由村民说了算，当地政府则专注于营造环境、保障服务，保证乡村赛事的原汁原味。“村超”“村BA”出圈的过程，也是当地群众把风行的体育运动与独有的民族文化结合起来融合创新的过程；是充分尊重人民群众主体地位和首创精神，不断激发人民群众创新创造活力，放手让全民参与、让群众当主角的过程；是自觉强化和运用互联网思维，推动媒体融合传播、广泛提升传播力和影响力的过程。报告指出，“村超”之所以在线下线上产生巨大流量，离不开交通条件的极大改善和互联网在乡村的广泛普及。在互联网支撑下，当地群众开放意识进一步增强，纷纷自发拍摄转发“村超”火热场面、精彩瞬间、感人画面，为比赛出圈提供了助推力。在这一基础上，调研报告对“村超”“村BA”的贡献作出了高度评价。报告认为，它们所展现的一幅幅活力满满、热气腾腾、其乐融融的人民幸福生活图景，是推

1.《水木学子汇榕江，“村超”研学开新局——2024年寒假清华大学学生社会实践团赴贵州省榕江县纪实》，清华大学社会实践，https://mp.weixin.qq.com/s/ADMAyk8vB_GuJOtC—OkBnw，2024年3月8日。

进乡村全面振兴的战略部署在贵州的落地开花，是党团结带领人民群众创造美好生活的精彩缩影。[1]

另一篇较为权威的公开的“村超”调研报告，是国家发展改革委城市和小城镇改革发展中心城市战略部主任荣西武撰写的《“县”在出发，贵有“超”经济——中国式现代化县域经济大调研贵州行》。该报告指出，榕江“村超”产生的影响，已经远超体育赛事范畴，不仅找到了乡村体育的乐子，更在乐子里找到了中国式现代化县域实践的新路子。“村超”的成功是偶然，也是必然，其“密码”在于“全民参与、纯粹且接地气，政府支持、引导且不干预，众人拾柴、牵手且成合力，流量共享、众乐而非独乐”。无论是“村 BA”还是“村超”，火热的表象是有足够多的人，实实在在地参与、融入了这项运动，火热的根源则在于赛事的烟火气、新鲜感。因此，“村超”要持续保持赛事的民间性、乡土气，无论是赛事组织、参赛队伍、参赛人员，还是赛事规则、活动奖品等，都要尽可能减少行政干预甚至参与，一定要确保群众搭台、群众唱戏，政府要做好配角，以支持、引导、服务和确保赛事期间的安全为主；同时，也要在形式和内容上不断创新，深度挖掘贵州特色民族文化，丰富赛事内容，为“村超”等活动注入源源不断的新鲜感，进而形成越来越多的“体育 + 民族文化”特色品牌，持续为贵州中国式现代化建设注入“超”能量。

从社交媒体上网民的情感表达来看，贵州“村超”呈现出的图景与各类调查研究赋予“村超”的“幸福图景”是趋近一致的。为了看清两者之间的异同，我们对微博关于贵州“村超”的形容词词频进行统计分析。数据表明，在对贵州“村超”进行评价时，网民关注焦点及倾向与媒体聚焦和建构趋向一致。其中，火爆、快乐、欢乐、热爱、激烈、美好等突出的语言表达，呈现出网民对“村超”的情感倾向。这表明，网民看“村超”不仅是为了足球、旅游和文化，也为了“村超”赋予个体和社会的快乐图景。而对于社会来说，民众的快乐是社会幸福的基础。

1. 中共贵州省委宣传部调研组：《“村超”、“村 BA”何以火爆出圈》，《求是》2024 年第 11 期。

微博平台上贵州“村超”形容词词云图[1]

无论是这些调研考察活动本身，还是最后撰写的报告，都是为了学习和总结“村超”的成功经验。也正是在这一过程中，“村超”作为一种乡村振兴、人民群众追求美好生活的社会意义得以建构。从这个意义来看，调研考察团成为宣传和阐释“村超”并建构“村超”意义的重要力量。

读懂乡村的故事现场

乡村是中国社会的重要组成部分，甚至被视为中国社会的根基所在。早在 20 世纪 40 年代，费孝通就提出：“从基层看上去，中国社会是乡土性的。”[2] 由此，他把中国乡村社会的基本性质概括为“乡土社会”，即“一种

1. 数据截至 2024 年 12 月 20 日。
2. 费孝通：《乡土中国　生育制度》，北京，北京大学出版社 1998 年版，第 6 页。

并没有具体目的，只是因为一起生长而发生的社会”[1]。但随着制度变革、市场转型以及城乡关系的变化，乡土中国的封闭性和低流动性被打破，乡村社会进入一个“大流动”的时代，每年有2亿多名农民工在乡村与城市之间流动。

城镇化给乡土社会带来巨大改变。有学者把这种改变之后的乡村社会称为“后乡土社会”。之所以用“后乡土性”来解释乡村社会的基本性质，是因为传统的乡土特质在乡村改造中发生了巨大变化，但乡村的家庭农业、村落和熟悉关系的存在和维系为乡村社会保留了部分乡土特质，使乡村社会并没有彻底转型为城镇化的社会。面对社会转型和社会巨变，乡村出现了空巢老人、留守儿童、流动人口等诸多“三农”问题，“把现实中的具体问题与乡村社会的基本问题既区别开来又联系起来”“把基本问题与时代的基本性质联系起来”是处理乡土问题的两个原则。[2]基于这两个原则，农民如何公平地获得市场机会就显得尤为重要，而这本质上是农民的出路问题。

为了解决农民问题，国家先后推出系列政策，各地也作了很多探索，这些探索成为中国乡村发展的缩影。“村超”就是地方在乡村振兴中探索出的一种模式。这种模式汇聚了大量的生动故事，为读懂中国乡村提供了故事现场。清华大学文化创意发展研究院院长胡钰曾多次与徐勃畅谈，为“村超”发展出谋划策，可谓是“村超”意义的建构者之一。早在2023年年底，胡钰就曾在清华大学的清芬园食堂与徐勃一起畅想“村超”发展前景，商量怎么把“村超”变成现象级的赛事，而且作了策划，尽管当时觉得异想天开，但事实表明真的成功了。2024年5月，“村超”一周年之际，胡钰应邀赴榕江深度调研，其间与徐勃围绕贵州“村超”发展展开对谈，以人文经济学为理论视角，探讨榕江未来发展。在胡钰看来，贵州“村超”的火爆，不是一蹴而就的，看似出乎意料，看似偶然现象，实则“此中有深意”。这一新鲜的实践为榕江探索出一条崭新的发展之路，也为中

1. 费孝通：《乡土中国　生育制度》，北京，北京大学出版社1998年版，第9页。
2. 陆益龙：《后乡土中国》，北京，商务印书馆2017年版，第25页。

国县域发展、乡村振兴探索出行之有效的共同经验，这一经验的基本逻辑是“挖掘老文脉、打造新文脉、形成新人脉、增强新动能”[1]。

在县域社会，打造一个具有长久吸引力的文化品牌并非易事。对“村超”而言，就面临着如何将品牌及其影响力固化的难题。对此，胡钰认为，榕江需要思考和解决“看完村超看什么”“看完村超说什么”“看完村超干什么”3个问题。“看完村超看什么”这一问题的核心在于如何持续吸引游客、球迷并丰富他们在榕江的体验；“看完村超说什么”这一问题的关键在于如何将“村超”的成果和影响力固化下来；“看完村超干什么”这一问题的重点在于如何将“村超”的热度转化为推动当地经济社会发展的动力。特别是对于“看完村超说什么”，胡钰认为可以举办小型研讨会、小型论坛等活动，邀请专家学者、行业领袖、媒体代表等共同探讨“村超”的经验、问题以及未来发展。通过这样的研讨，不仅可以形成系统的研究成果，而且可以提升“村超”的品牌形象，从舆论热点到理论热点，为榕江未来可持续发展奠定基础。源源不断的考察团、调研团很好地契合了这一点。

作为全国知名的乡村文化品牌，如何赋予“村超”精神内涵也至关重要。胡钰从人文经济学的视角给“村超”提出了建议。在他来看，“村超”不仅仅是一个文化体育品牌活动，更是一条推动社会进步、实现共同富裕的重要经济发展路径。通过“村超”，实现乡村振兴的目标，拓展中国式现代化的理念与道路。通过“村超”，展现中国乡村的美丽风光、丰富文化和发展潜力，吸引更多的人关注和参与到乡村的发展中来，共同推动中国式现代化的进程。同时，胡钰也就“村超”提出了“三纲八目”“乐经济暖发展”等理论概念。其中，“三纲八目”指的是“明德、亲民、至善”和“文化、创意、传播、品牌、资源、产业、共富、平天下”。胡钰表示，“村超”的长期发展，需要“挖掘老文脉，打造新文脉，形成新人脉，增

1. 以上内容来自2024年11月9日对胡钰的访谈及《人文经济学视角下的贵州“村超”丨清华大学教授胡钰与榕江县人民政府县长徐勃对谈录》，https://mp.weixin.qq.com/s/9bZcyYYsOvzzDlHTehbOjw，2024年6月7日。

强新动能”。在“村超”的意义建构中，这些阐释提升了“村超”的理论高度。作为草根足球，民众的广泛参与赋予了“村超”精神内涵。在《村超对话录》系列短视频中，华东师范大学教授吕新雨认为，“村超”不是偶然现象，是背后一整套的体制机制创新，是群众路线和人民足球，是个上下同心、同频共振的系统工程。[1]在她看来，“村超”已经成为中国大地上的一片热土，呼吁大学生关注这片热土上正在发生的事情，参与“村超”这个火热、伟大的实践过程。[2]

随着越来越多的地方学习“村超”，很多人也在想“村超”模式是否能够模仿。对此，胡钰认为：“要鼓励每个县去探索自己的路子，学术界可以把基本方法论总结出来，给其他区域提供方法论。”方法论找到了，所有的县都可能复制，因为每个县都有自己的文化和资源。一些人认为“村超”的民族文化元素很难模仿，对于这种说法，胡钰认为，没有什么不可替代的资源。在他看来，中国的文化植根在乡村，每个乡村都有自己的文化，城市很漂亮，它是无根之花，乡村看起来好像没有花，但它有根。只要找到方法论，每个地方都有可能成功。尽管一些模仿可能会停留在形式层面，但也不可能要求所有事物都像“村超”一样，毕竟很多新鲜的事物都在推广过程中，要允许先从形式模仿开始，慢慢地进入实质性的模仿。[3]

学术研讨会是借助外脑建构意义的一种方式。2025 年 1 月 5 日，榕江县召开贵州“村超”足球事业发展恳谈会暨全球足球人才招募会，来自政府、高校、企业、社会等多元领域的专家学者纷纷登台，围绕“走进村超品牌，看中国式现代化的生动实践”主题各抒己见，对“村超”予以肯定

1.《村超对话录（一）华东师大吕新雨教授：万众一心，同频共振的村超现象所蕴含的社会哲学》，https://www.douyin.com/video/7393262974527376652，2024 年 7 月 19 日。

2.《村超对话录（二）华东师大吕新雨教授：村超走向世界不是偶发现象，更是一种精神认同》，https://www.douyin.com/video/7394430085857627404，2024 年 7 月 22 日。

3. 以上内容来自 2024 年 11 月 9 日对胡钰的访谈。

的同时，也从不同方面对“村超”意义进行了解读。“村超”超越传统旅游模式，通过自媒体传播和全域景区化打造，摆脱对传统景区和广告宣传的依赖；超越网红周期律，通过持续创新策划以及自媒体发力保持热度和品牌效应；超越文旅产业自身，通过城乡联动和多产业融合，构建“足球 +”的全新发展模式，为文旅产业赋能。[1]

在主流媒体和学者的建构之外，普通民众对“村超”却有着一种复杂的心理。“村超”球场附近一家饭店老板表示，饭店的生意在有比赛时就很好，每天爆满，还要排队，没有比赛时，生意就比较一般，但是也能维持饭店的正常运转。网约车司机李师傅表示，“村超”比赛期间，他们的收入有增长，但不太明显。因为他们不能一路拉人，得去指定地点，这样一天下来拉的客人总量有限，而出租车司机因为可以随时停车拉人，会赚得更多。总体来看，有比赛时，游客多，生意好，能多赚点，但没比赛时，生意就比较一般。对于“村超”带来的变化，李师傅表达了他的矛盾心态：他一边想着如果每天都有比赛，都能来很多游客，这样每天就能赚更多钱；但他也知道，球员们也要工作上班，体力精力也有限，不可能一年到头都在踢球。[2] 在访谈中，一些民众对“村超”是否能够成为榕江的支柱、是否具有长期性有着观望心理。这是“村超”给老百姓带来希望的表现，也对“村超”的未来发展提出了挑战。

来自现代性的冲击

现代性深刻影响着人类历史的文明变迁。作为传统与现代的矛盾统一体，现代性“是传统与现代因素在一个文化体中相互激荡、相互交织、相

1.《各界大咖汇聚一堂，共谋“村超”未来，贵州“村超”足球事业发展恳谈会暨全球足球人才招募会举行》，https://mp.weixin.qq.com/s/R5Tq8kFl5ErRqz9AZOXghg，2025 年 1 月 5 日。

2. 以上内容来自 2024 年 11 月 20 日对李师傅的访谈。

互吸收、共同形塑的文化样式”[1]。从诞生之日起，现代性“便成为一种持续而又强劲的、明显或潜在的力量冲击着非西方文明的政治、经济、社会以及文化观念前提”。改革开放以来，中国乡村社会受到了现代性的冲击，“旧有的制度规范和治理模式与新的参与要求之间的紧张对基层社会秩序发出挑战”[2]。在现代性及现代化冲击下，“农民文化或土地经验不断被扭曲被侵蚀”[3]，也动摇了乡土文化、意识形态和生活方式。

面对现代性的冲击，中国乡村能够成功应对吗？中国农民的乡土文化和资源会发生怎样的蜕变？对于现代性冲击下乡村文化的前途，有学者提出“乡村文化危机论”[4]，也有学者提出“乡村创造性转化论”[5]，尽管两者方式不同，但都试图提振现代性冲击下的乡村文化信心。不管乡土社会在城市经验和城市价值的影响下如何变迁，几千年的乡村文明还有根基性的作用。有学者提出，乡土问题不仅仅是经济问题，更是文化传承和改造的问题，乡土社会在现代文明冲击下所产生的问题或不适，其根源还是要在微观生活领域中寻找答案。[6]

这种来自现代性的冲击在榕江县得到体现。随着“村超”带来的巨大流量和游客量，榕江县从县城到村寨，从县域治理到乡村治理，都迎来了现代性考验。

摆贝苗寨，坐落于海拔1300米的崇山峻岭中，是月亮山最古老的苗

1. 崔榕：《湘西苗族文化的现代性建构》，《云南民族大学学报（哲学社会科学版）》2011年第4期。

2. 绕义军：《现代性、“参与式”治理与中国基层民主政治建设》，《南京社会科学》2013年第12期。

3. 侯婧：《现代性冲击下乡土经验的消逝——读张柠〈土地的黄昏——乡村经验的微观权力分析〉》，《西北民族研究》2008年第3期。

4. 贺雪峰：《乡村的前途：新农村建设与中国道路》，济南，山东人民出版社2007年版，第2页。

5. 赵旭东：《乡村的创造性转化》，《中国农业大学学报（社会科学版）》2008年第2期。

6. 张柠：《土地的黄昏——乡村经验的微观权力分析》，北京，东方出版社2005年版，第18页。

寨之一。“村超”的持续火爆，让这个距离县城 56 公里的苗寨，凭借着独特的风景、古朴的民风在网络出圈。随着越来越多的山外人走进苗寨，摆贝苗寨开启了与现代文化的密切接触。

这一切缘起于 2023 年夏天，没有足球队的摆贝村组织了 50 人的队伍，在“村超”现场进行苗族牯藏节祭祖表演，扛着捆牛绳出现的寨老杨老赶精神矍铄，引起了网友的关注。杨老赶由此得名“村超爷爷”。在“村超”之前，杨老赶只到过一次县城，而在“村超”之后的一年多时间里，他已经到过 4 次县城，见到了不少大场面。他的视频在国内平台上播放了近 600 万次，甚至远播海外。他有时还会和村干部一同直播，带动村货出山。在巴西球星卡卡来访时，杨老赶还向卡卡赠送礼物，成为网络红人。2024 年 9 月 21 日，杨老赶在北京天安门观看了升旗仪式,89 岁的他因为“村超”第一次走出家乡榕江。因为“村超”，很多像杨老赶这样的村里人被世界看见，而更多的则是越来越多的村外人被吸引到摆贝，让这个深山中的村寨与外界建立连接。自“村超”火爆以来，摆贝村已经接待了来自全国近 20 个省市的游客。这个古老苗寨正因为“村超”经历着前所未有的改变。

贵州“村超爷爷”杨老赶在天安门观看升国旗仪式（韦贵金 / 摄）

摆贝村出圈之后，村里旅游得到发展，吸引了一些年轻人返乡，经营蜡染研学工作室、民宿等，一些传统文化也借机融入现代社会。尽管苗族没有文字，但属于苗族百鸟衣支系的摆贝有着独特的文化传承方式，节日盛装百鸟羽毛服被誉为“服饰活化石”。以往，这些服装只能自己穿，走不出大山，而现在村里的手艺人将制作百鸟衣的蜡染、苗绣、织锦等非遗手工艺和现代生活结合，开发出衣服、手提包等文创产品。这些衣服、手提包绣的图案都是以龙、鸟、蝴蝶和花为主，“在古歌里面能找到他们的故事”[1]。同时，村民也将苗族古老图腾和足球融合在一起，设计出衣服面向游客售卖。就这样，在古老的苗寨里，传统与现代发生着碰撞和融合。

作为全国最后一批脱贫县，榕江县曾是脱贫攻坚的“最短板”，而榕江县定威水族乡又曾是全省 20 个极贫乡镇之一，全乡有 7 个行政村，其中有 6 个是深度贫困村，“贫困程度超乎想象”[2]。因为边远贫穷，这里好多人读不起书，文化素质不高。2016 年，在贵州省政协定点帮扶下，定威水族乡的水、电、路、房、讯等基础设施得到改善，当地生产生活的条件得到提升。通过政府产业帮扶政策，从定旦村开始，在村上建立合作社，抱团发展绿壳蛋鸡养殖产业，把鸡分到各家各户去养，让大家慢慢接触新的事物。从养鸡开始，村民思维发生转变，开始对规模养殖、市场规律等概念有了认知。在“村超”辐射下，村民发现，过去山野间随处可见却无人问津的“野草”，如今却成了走俏市场的商品，以往卖土特产就得上街摆摊，而如今借助新媒体的力量，一部小小手机就能连接一个大市场。

这些都是现代性赋予乡村的力量。而随着现代化的加速，过去与当下的鲜明对比，成为集体记忆的情感依托。榕江籍作家杨素宏在 20 世纪 80 年代初参军入伍，在所在部队的驻地第一次看到正规的足球场。如今虽远在成都工作，但作为榕江县口寨村人仍与“村超”有着千丝万缕的联

1.《摆贝：一个古老苗寨的新旧碰撞》，https://mp.weixin.qq.com/1s/069xfCPDfBwAEzZJvICycg，2024 年 9 月 21 日。

2.《榕江县定威水族乡：从“极贫”到“振兴”》，https://baijiahao.baidu.com/s?id=1811529519731854011&wfr=spider&for=pc，2024 年 9 月 29 日。

系，一些熟人朋友去榕江调研“村超”之前，会提前与他联系、问询。他回忆，榕江曾属于偏远之地，与外界往来主要靠都柳江水路和山间羊肠小道，交通很是不便。当时的人们肯定想不到，自从榕江县通了高铁，无论是到贵阳还是到桂林，都只需一个多小时。

对远在他乡的榕江游子而言，故乡以独特的方式行驶在现代化的快车道上，与偏远闭塞的历史挥手作别。杨素宏认为，“村超”为故乡带来的意义，不仅仅是热闹和快乐，也点燃了乡亲们追求美好生活的热情。他幺舅的小女儿同许多榕江人一样，借着“村超”的热潮，一边下地护理果树，一边穿戴上当地特色服饰，在“村超”现场当起了主播，将自家地里生产的农副产品卖到全国各地，用赚来的钱建起了农家小别墅，买上了小轿车，一家人生活得有滋有味。“行走在熟悉而温馨的故乡，感受着新奇而热闹的赛场，我感慨万千。我在外兜兜转转 40 多年，曾经的懵懂少年已然两鬓斑白。但我心中一刻不曾忘的故乡，却在时代春风里焕发出新的青春模样。故乡‘村超’的激情为我的胸中添上一把火，把故乡与我的生命更亲密地系在一起。”[1] 回到榕江，看过“村超”，杨素宏撰文表达了自己的故乡情结。

在现代性的碰撞中，既有融合，也有冲击和挑战。在村寨中，现代性给老人带来的最大冲击是孤独。很多村寨，由于年轻人在外面工作，村寨里只留下了老人和孩子。走在“三宝侗寨”的古榕树群下，隔一段路就能看到一排老人坐在那里，他们身着民族服饰，没有聊天，没有玩手机，只是默默地在那儿坐着。偶尔几个敞开大门的家里，也是一个老人坐在里面织布或手工做衣服。兴华乡星光村的潘谦在省城贵阳工作，偶尔有空、过节或工作原因，会回到村里。在他看来，村寨老人最大的问题是孤独，他们无法工作，没有子女陪伴，只能一个人待着。对于“村超”火爆后是否考虑回到家乡，他表示“如果有机会，会考虑返乡创业”[2]。寨蒿镇乌公侗寨的龙武，年轻时是名教师，后辗转全国各地打工，除了内蒙古和云南，走

1. 杨素宏：《故乡的“村超”》，《人民日报》2024 年 3 月 25 日。

2. 以上内容来自 2024 年 11 月 29 日对潘谦的访谈。

遍了中国的30多个省。而如今，他的3个孩子都在外面工作，自己年纪大了也不能出去打工了，就和妻子在老家开了家民宿和小超市，家里还有一片山林。由于小超市离寨子里的集体活动场所较远，即便是来了游客，生意也一般，但民宿在“村超”比赛期间会住满。[1]

在冲击村寨、村民的同时，“村超”也对基层治理产生了巨大挑战。在县城，来自现代性的冲击也在涌动。一些习惯于小城安逸生活的市民、商贩，面对外来商业资本的冲击感到难以适应，甚至认为被抢了生意。特别是在城市基础设施、市场消化能力、球赛管理机制等方面，“村超”带来的流量对这个中国西南部小县城来说，更是一次前所未有的考验。

首先面临冲击的是县城的基础设施。由于涌进的游客过多，榕江县基础配套设施保障不足，停车场、旅游租车、景区直通车、摆渡车、餐饮住宿等基础配套设施不够完善，存在道路狭窄、路程远、客运少以及堵车、停车难等问题，直接面临一系列挑战。紧随而来的是市场主体不足的县城弱点，难以承接巨大游客量。榕江县缺乏景区、酒店、民宿等龙头企业的带动，旅游景区运营管理公司尚缺且运营管理经验不足，现有市场主体规模小，运转能力不强，承接市场能力较弱。“村超”火爆以来，虽然新增不少市场主体，但整体规模偏小、偏少，集约化程度较低，对游线资源未能进行充分整合开发，宣传力度薄弱，对游客体验式旅游项目尚未打造成型，旅游消费优势不明显。

市场导向的经济瓦解了自给自足的传统农业经济，对乡村社会的现代性冲击最为激烈。特别是市场的突然涌入，使得如何迎接并消化这波市场流量成为榕江县面对现代性冲击的考验。“村超”带动的旅游、餐饮、住宿等周边产业多元化发展，对偏远且刚脱贫的榕江来说，市场的不足逐渐显露出来。在比赛期间，仅靠简单的小吃售卖，没有特色旅游项目、农事体验、主题餐厅、特色民宿等，难以吸引游客长时间停留和消费。而比赛场地大部分时间用于举办足球赛事，在非比赛时间开展其他文化、美食、

1. 以上内容来自2024年11月30日对龙武的访谈。

文创等多元性活动较少，赛场多处于闲置状态。

作为“足球 + 文化”的融合平台，“村超”侧重于足球赛事的规划，在打造文化交流、美食体验、非遗文创等平台上还有差距，文化曝光、文化交流的效果不佳。比如，非遗技艺在“村超”平台上未能得到充分展示，导致其知晓度、传播范围受限。特别是“村超”出圈后，全国各地到“村超”踢球的队伍很多，但利用“村超”平台展示当地非遗表演、特色美食、非遗文创等内容还不丰富，民族之间的文化、美食交流还不深入。

产业链是市场成熟与否的重要方面。尽管借助“村超”的影响力，榕江推动了“榕江西瓜”“榕江百香果”“榕江脐橙”等农特产品的品牌建设和销售，但缺少具有地域特色的农业品牌，开展相关的展销活动少，对高端农特产品开发不足，打造农产品品牌的活动较少，榕江果蔬的精品作坊、订单配送等高端定制销售服务的市场有待挖掘。由于制造业、加工业、农业等底子薄，与“村超”的合作还不够深入，村超相关的纪念品、体育用品的生产制造能力还不强，农业与“村超”的互动还没有有效的

榕江百香果（蒋佐仙 / 摄）

机制。

作为文旅融合的成功典型，榕江县也面临着旅游产业系统性不足的问题。目前来看，并未充分将“村超”赛事与当地的自然风光、人文景观有效结合，旅游线路不合理，不能让游客在观看比赛的同时充分领略乡村美景和文化。文化产业融合上，也没有围绕“村超”开发相关的文化创意产品，文化产业附加值低。

更为直观的是，由于球赛管理经验不足，如何延续“村超”在本地和网络上的热度，保持民众参与积极性，也是一个挑战。有些人认为“村超”只是村民们自发组织的业余足球活动，缺乏专业性和竞技性，从而低估了其价值和意义，没有意识到“村超”不仅仅是体育赛事，也是乡村文化、民俗风情的展示平台，更是榕江的城市名片，对“村超”参与度有所降低。有的球队对“村超”认识不够，仅仅把“村超”当作一项足球体育活动，未能借机发展乡村球队，带动乡村产业发展。随着“村超”活动的持续开展，群众、球队参与“村超”赛事活动和演出等逐渐出现积极性不高的情况，如何保持“村超”可持续性需要一套机制化的方案。

此外，“村超”的赛事形式面临挑战。目前“村超”主要以“足球 + 文化表演 + 互动活动”的融合形式呈现，缺乏互动体验、文化展览等形式，观众对乡村文化的理解比较肤浅，并且相同融合形式，一定程度上降低了观众的兴趣和期待。而随着公众对高水平赛事的期望值和需求感越来越高，“村超”在裁判执法、教练执教、赛事解说、直播技术等方面的人才较少，一定程度上影响观赛效果。与此同时，经费上如何自我造血也是一大难点。“村超”球队和拉拉队运转的资金，主要来源于村民集资和地方企业赞助，“村超”品牌反哺球队和拉拉队的能力不足、效果不够明显。每场比赛每支球队在美食、拉拉队、球员交通费以及水、食宿等投入费用并不少，球队进入决赛需要踢满 18 场，总花费更多，而村集体和球队自身收入几乎为零，球队经费压力大。

现代化的进程是一个社会变迁的过程，“会引起社会生活方式及社会关系等一系列变化”，也会影响人的心理与行为。[1] 在“村超”影响下，榕江的社会运行方式、社会关系、人的心理都在发生着不同程度的变化。即便是对于智能手机这种日常工具的生活嵌入，村民亦产生“简单的数字媒介抵触和强烈不自觉的数字媒介依赖表现”[2]，纾解这种矛盾的心理需要提升村民的数字媒介素养，引导村民合理使用手机，确保数字赋能乡村振兴能实现有效释能。对榕江而言，这些变化都是面临的新挑战，如何培育现代性的社会生活方式，调适变动中的社会关系，把握普通民众的心理变化，都是面对现代性冲击时需要破解的新课题。

超越网红的意义建构

随着流量经济能量被发现，出圈成为网红不仅是很多自媒体的追求，也成为很多城市寻求发展的便捷通道。一些地方开始打造“网红城市”“网红事件”“网红打卡点”，试图以此出圈成为网红，赢得流量。淄博、哈尔滨等旅游资源相对薄弱的城市纷纷以特色做法成为网络热门话题从而迅速走红，“文旅 + 电商”模式成为驱动地方经济繁荣的关键引擎。在乡村振兴、乡村旅游兴起的背景下，这种模式也进入县城、乡村，网红经济、流量经济成为培育乡村产业新动能的重要手段和乡村产业新业态的关键方向。有研究指出，要“以乡村产业基础为前提，以乡村产业与流量经济深度融合为方向，通过选择合适的流量经济业态，重塑乡村流量经济的生态链、供应链和产业链，为壮大乡村产业提供有力支持”[3]。

贵州“村超”就是网红经济、流量经济刺激下的产物。但随着运营模

1. 樊富珉：《社会现代化与人的心理适应》，《清华大学学报（哲学社会科学版）》1996年第4期。

2. 郭小良：《乡村振兴视域中的农村居民媒介接触：数字赋能与纾困释能》，《编辑之友》2022年第7期。

3. 岳静、陈跃：《流量经济驱动乡村产业振兴的业态选择研究》，《农业经济》2024年第10期。

式成熟、品牌形象塑造及社会意义建构，“村超”已不再仅仅是村级的足球赛事，也不再仅仅是网红现象，而具有了更深层次的社会意义。

“村超”不只是球赛，更是活力的彰显和象征。习近平总书记在点赞“村超”的同时也提出，在“村超”这类活动中，“温暖的生活气息、复苏的忙碌劲头，诠释了人们对美好幸福的追求，也展现了一个活力满满、热气腾腾的中国”[1]。“村超”凭借绝妙的精彩进球、火热的现场氛围、独特的民俗表演、地道的特色美食、接地气的办赛风格，让外界看到了村民、市民、游客、企业以及乡村、文旅等众多方面的活力，这片热土呈现出了群众参与的无限可能。

“村超”不只是网红现象，更是观察中国式现代化的一个窗口。火遍全网的“村超”，已成为中国乡村现象级赛事，也成为中国县域发展、文化发展的现象级话题。“村超”上榜 2023 年度乡村振兴十大新闻、2023 年中国十大流行语，并入选 2023 年中国公共关系优秀案例、2023 年抖音热点十大旅行目的地、2023 年抖音热点事件。同时，“村超”也被央视誉为“中国式现代化实践的生动诠释”和“人类文明新形态”。“村超”开展一年多来，榕江县不断完善基础设施建设，提升综合治理水平与服务保障水平，“村超”的名声越来越响亮，影响越来越广泛，透过这一窗口所展现的中国乡村活力和人民幸福生活图景，让人们看见中国式现代化在中国西南部一座小县城的生动实践。

作为观察中国式现代化的窗口，“村超”也体现出其丰富的实践意义。乡村振兴是学术界聚焦“村超”时普遍关注的议题。有研究认为，“村超”作为一种现象级的文化品牌，不仅丰富了民众文化生活，还推动了文化与经济的发展，是中国式现代化的生动实践，“足球为媒，文化搭台，经济唱戏，是打造‘村超’文旅 IP 和推进中国式现代化建设的乡村路径”[2]。有研究则发现，“村超”的成功在于丰富的榕江文化积淀提供了坚实的文化基础，榕江

1.《国家主席习近平发表二〇二四年新年贺词》，《人民日报》2024 年 1 月 1 日。

2. 王国淼、石玉昌：《推进中国式现代化的“村超”实践》，《当代贵州》2024 年第 31 期。

人民对本土文化价值的充分认知和珍视，以及在价值理念、心理和行为层面表现出的文化认同，并且全民参与文化建设，多重因素共同作用。这种模式开辟了推动乡村振兴，实现中国式现代化的新路径。[1] 也有研究认为，“村超”现象级出圈，不仅推动了农旅、体旅、文旅的融合高质量发展，还为乡村振兴提供了中国式现代化的实践样本。[2] 还有研究认为，“村超”能走红源于其具有强烈的自我身份认同、深厚的民族文化符号、基层性以及纯粹的赛事内容本质，乡村体育赛事发展过程应强调文化塑造，打造具有本土性的特色民族文化符号，构建“体育 +N”多层次发展的模式，全面助推乡村振兴。[3] 由此可见，乡村振兴不仅是媒体聚焦“村超”的视角，也是学术聚焦的重要切入点，这就赋予了“村超”不同于其他赛事和网红现象的深层意义。

在各种叙事中，“村超”和“村 BA”被绑在了一起，却很少有人去分析两者之间的差异。毫无疑问，“村超”和“村 BA”都有现场激情和民族特色，但比较“村超”和“村 BA”的现场，两者之间有着不少区别。“村 BA”所在地台江县以苗族为主，而“村超”所在地榕江县以侗族为主，这些少数民族都是球赛走红的重要元素。更为重要的是，作为篮球赛的“村 BA”，球场小，能容纳一两千人，而且不是四面台，观众必须提前去，中间出去很难再进来。相比之下，“村超”比赛的足球场比较大，还有跑道，观众可以进到球场中一起唱歌跳舞，观众如果坐不下也可以站着看。因为球和球场的差异，“村超”和“村 BA”的现场氛围也有明显差异。“村超”现场更像是球迷的狂欢，观众既可以看足球比赛，也可以参与到大狂欢中，而“村 BA”更注重篮球竞技本身，融入了当地文化元素及地方音乐等娱乐活动。

在“村超”启动阶段，有人担心，贵州已经有了“村 BA”，有没有必要再搞“村超”？“村超”会不会把“村 BA”也搞砸了？事实证明，这些

1. 龙立军、吴宏超、蒋桂珍：《从文化迷惘到文化自信：榕江“村超”赋能乡村振兴的实践》，《贵州民族大学学报（哲学社会科学版）》2024 年第 5 期。

2. 杨正学：《“村超”出圈与中国式乡村振兴探索》，《当代贵州》2024 年第 18 期。

3. 梁翊、沈纲、谢鹏磊：《乡村体育赛事可持续发展路径研究——基于贵州“村超”走红的内因分析》，《当代体育科技》2024 年第 9 期。

担心有些多余。两者之间或许有一定竞争，但更多的是差异和互补，并不影响它们作为超级网红现象同时存在，以“两村”赛事名义在各大平台、各种场合广为流传。从“两村”赛事的网络话题发展趋势来看，早期网民主要关注赛事的规模和场面，中期主要关注赛事的群众自发性和文化特色，而后期已经升华为赛事对地区经济、文化、旅游的促进和带动作用，甚至寄予了“乒乓外交式”的期待。随着国际媒体的介入，“两村”赛事逐渐超越体育赛事的单一性，成为深度、立体、真实展现中国形象的传播案例。

任何一个新事物、新现象，如果只是生活化、流量式的走红，就很难有超越生活体验的理论建构，其意义也会局限于事件本身，反过来也制约这个事物或现象的长期发展。“村超”的持续性走红，一个重要原因是引来众多关注，对“村超”进行了意义建构。从央媒叙事，到党政部门、高校科研院所的调研，再到学术研究，主流话语挖掘了“村超”的深层含意，并赋予“村超”超出民间足球的社会意义。也正是主流的加持，使得“村超”不再是民间比赛、网红现象，而成为“观察中国式现代化的窗口”和“中国式现代化实践的生动诠释”，经由建构及提升后的“村超”意义变得更加丰富。这些意义的建构不仅为“村超”找到了方法论，也为“村超”建构起超越一般性赛事和网红现象的高度和意义。

在媒体叙事、学术研究、调查报告中，“村超”的乡村振兴、中国式现代化、基层治理、民族团结、国际传播等功能已受到关注。除此之外，“村超”有 3 个更为深层的影响。第一，经济、社会、民族、国际等各方面的发展，都是“村超”这种新型文化现象所带来的文化外溢效应。这表明，乡村文化的激活对重塑乡村活力有联动作用，文化的激活可以带动其他领域的发展。第二，新闻媒体报道的只是能够看到的部分或能够量化的内容，而这些变化的背后，还有村寨家庭的团聚、人的现代化等诸多社会附加值，这些潜在的影响更具有长远意义，是乡村社会活力持续性的保证。第三，“村超”让人体验到了参与的快乐、集体的狂欢，“村超”带动的经济社会发展给变迁中的乡村带来社会活力，这种活力让我们看到乡村的希望。

第七章　乡村赛事的仪式化与景观化

全国各地广泛兴起的乡村赛事已成为各地推动乡村振兴或群众性文化活动的典型。这些赛事的民间色彩使其在网络上广为传播，为乡村带来了网络流量和现实游客量。在乡村赛事的开展与传播过程中，它们逐渐获得仪式意义，不再局限于赛事本身，而是作为一个地方传播乡村文化、展示民间活力的媒介。这种现象体现出乡村赛事的仪式化与媒介化特质，即打造一种仪式化的乡村赛事，依靠媒介走红网络，本身又作为媒介传播文化。在“村超”“村 BA”等民间赛事活动被效仿的同时，这些赛事借助数字技术的赋能，使群众性文化活动成为一种非现实的生活现象，逐渐形成一种乡村文化、传统文化的媒介景观。

作为乡村赛事的典型代表，“村超”本是民间赛事，但经由新媒体传播出圈后的“村超”，已不仅是一项体育赛事，也不只是一项网红赛事，更是一种社会现象、文化现象。随着“村超”的持续性火爆，“村超”的媒介行为也从创造媒介聚合迈向媒介的主动聚合，由此也促使原有吸引流量走向自带流量，“村超”自身也完成了媒介化，各种文化经由“村超”得以广泛传播。经过媒介发酵之后，作为群众自发举办的乡间赛事，“村超”走向了国际舞台，“成为中国本土媒体奇观”，而作为“人民足球”的“村超”，体现了策划者的造景思维，刺破了超级景观的包围。[1]“村超”以群众叙事讲述着中国式现代化的生动实践，不仅为贵州乡村振兴赋能，以超级品牌把传播流量转化成了经济增量，而且成为乡村活力的载体和中国式现代化的窗口，成为乡村振兴的一种新方式。在这一过程中，“村超”前台是流量，后台则是

1. 马立明、袁嘉婧：《作为“人民足球”的“村超”：本土媒介景观的塑造路径及其启示》，《对外传播》2024 年第 4 期。

群众，而核心则是“村超”作为一种集聚众多精神力量的媒介角色。

学习“村超”

随着“村超”“村 BA”的火爆出圈及其带来的综合效应，人们看到了乡村赛事的潜能。其后，各类乡村体育赛事、文化活动纷纷上演，“村”字头赛事在各地乡村兴起，全国范围内形成了“村赛”现象，并成为各地推动乡村振兴或群众性文化活动的典型。在“村赛”现象中，“村超”是全国各地考察学习和效仿的对象，很多地方开始搬运“村超”、学习“村超”或对标“村超”，甚至到榕江挖人才。

在学习“村超”经验中，“村厨”得到了“村超”的“真传”。位于湖南省湘西土家族苗族自治州的保靖县，在“村超”火爆之后曾 5 次到榕江考察，从最初的学习，到后来的与榕江互动、合作。第五次到榕江时，保靖

湖南嘉禾村厨大赛上，乡村厨师大展风采

县看中了作为“村超”总顾问的由守义。由守义看到了对方的真诚，就前往保靖县调研。到了保靖县后，由守义建议，想要学习“村超”办大事，先要统一思想、统一政令和统一行动。在这一思想指导下，他的第一件事是帮着保靖县把原来策划的“村厨争霸赛”，改名为“村厨村艺大晒”。因为在他看来，中国美食没有标准，酸甜苦辣，大家都觉得自己家乡美食味道好，无法争霸。经过一番讨论，决定把“大赛”改为“大晒”，简称为“村厨”，定位为全国共享的文化 IP，不管是哪儿，只要愿意都可以报名参加，且组委会不颁奖只评优。最终“中国大厨村艺大晒”落户保靖县，这项活动被形象地称为“村厨”。为了确保“村厨”顺利开展，保靖县还成立了诚信协会、志愿者协会、新媒体协会，形成较为完整的活动运行链条。

回顾“村超”“村厨”的成长之路，由守义总结出了几条经验。“一个坚持”，即坚决坚持党的全面领导。国家乡村振兴已经给出方向、方法，强调守正创新，“村超”正是守正创新的成果。“两个抵制”，即抵制官僚主义和形式主义。如果都是在弄虚作假，只是做表面文章，就无法做成大事。“三种力量”，即“村超”“村厨”和“村艺”。这三种力量是唤醒乡村的内生动力，激活市场的巨大潜力。“四个活力”，即政治活力、思想活力、经济活力、创新活力。“村超”的土壤激活了思维创新、活动创新、内容创新、传播创新，而这些创新源于用心，用心更源于上下齐心和万众一心。

如今，保靖县的“村厨”风生水起，已成为“村超”模式输出的成功典型。2025 年 1 月 4 日，保靖县再次赴榕江考察交流，考察团表示深刻感受到了榕江的热情以及在文旅融合发展上取得的显著成就，特别是贵州“村超”，活力四射、激情澎湃、热闹非凡，保靖县充分借鉴“村超”方法论，创新推出了“中国村厨村艺大晒”，为全国乡村文化品牌再添新秀。[1]

除了“村厨”，“村超”“村 BA”不只有西部在做，东部沿海省份也在积极举办。广东省雷州市足荣村召开“雷州半岛乡镇足球超级联赛”，明确宣布将对标贵州“村超”，借鉴贵州“村超”的经验，组织开展乡镇足球赛事，

1.《湖南省湘西土家族苗族自治州保靖县赴榕江考察交流座谈会召开》，https://mp.weixin.qq.com/s/IOcg5QZHviXoCHjOnMJ—UQ，2025 年 1 月 5 日。

打造雷州“镇超”，依托雷州广泛深厚的足球群众基础，组织开展乡镇足球联赛，营造足球运动氛围，将地方特色的文化、旅游、足球、饮食、风土人情与球赛深度融合，助力乡村振兴。[1] 在江苏省，第四届“全民健身 健康中国”全国县域足球赛事活动在各县域举办，来自全省各地的 9412 名“草根”球员共参加 1669 场比赛，参与规模创历史新高。在浙江省，“村赛”也是遍地开花：2023 年 7 月 30 日，“村超”在杭州建德市拉开帷幕，80 多名足球爱好者在 5 天的比赛中展开角逐；2024 年 6 月 16 日，绍兴诸暨“村 BA”落下帷幕，两个多月的比赛，311 支非专业村社球队同台竞技，4000 多名来自各行各业的球员参与比赛；7 月 8 日，金华市“武义莹乡杯”“村超”拉开帷幕，赛事持续 7 天，11 支参赛队伍分为男子青年组和男子中年组两个组别角逐；7 月 14 日，宁波宁海县峡山“村超”拉开帷幕，众多游客、村民聚集在球场边加油助威；8 月 2 日，嘉兴桐乡“屠甸杯”“村超”开幕，16 支镇、村、企业足球队参加。

与此同时，还有更多“村”字头赛事在全国各地涌现。

中国乡村赛事活动分布情况

活动名称	举办地	赛事内容	全国举办情况
村超	贵州 榕江	乡村足球超级联赛	天津“和美乡村”足球赛 武汉全民健身运动会农民足球赛 江苏乡村足球嘉年华、快乐足球嘉年华暨“村超”“一带一路”行 广东省雷州市足荣村“雷州半岛乡镇足球超级联赛” 杭州建德市“村超” 金华市“武义莹乡杯”“村超” 宁波宁海县峡山“村超” 嘉兴桐乡“屠甸杯”“村超”

1.《雷州半岛足球超级联赛新闻发布会在龙门镇足荣村举行》，http://www.leizhou.gov.cn/pdml/lmz/zwdt/content/post_1781358.html，2023 年 7 月 10 日。

（续表）

活动名称	举办地	赛事内容	全国举办情况
村 BA	贵州省 台盘乡 台盘村	乡村篮球大赛	北京市农民篮球比赛 河南省万村千乡农民篮球赛争霸赛 “全民健身 健康中国”全国县域足球赛 “健智体育杯”广西万村篮球赛 海南东方“村 BA”篮球超级联赛 青海省首届村姑篮球邀请赛 绍兴诸暨“村 BA”
村跑	江苏 四川 山西 宁夏 河北 福建等	以农民为主要参与者的路跑赛事，与城市路跑赛事相比，最大的特点是将赛道设计与村中生态景色串联、融合在一起。包括乡村健康跑、马拉松等	“千村竞技 万马奔腾”2024 年浙里乡村健康跑（村跑） 2024 年青海乡村健康跑 2024 年常熟村跑 2024 年贵州古村跑 嘉兴市首届“我们的村马” 云南会泽村跑 全国美丽乡村健康跑
村舞	山东 上海 江苏等	以广场舞为主要表现形式，涵盖扭秧歌、踩高跷、跑旱船、舞龙舞狮等项目	全国和美乡村“村舞”交流展示活动 2024 年“携手共建美丽乡村”全国广场舞大赛 2024 年全国“村舞”赋能乡村振兴案例交流暨长三角地区“村舞”展演
村歌	全国 各地	乡村歌唱比赛。2008 年，全国村歌大赛正式命名为“中国农民丰收节村歌大赛”，每年一届	2024 年广东乡村歌手大赛 首届巴渝和美乡村村歌大赛 侗族大歌百村歌唱大赛 大地流彩·四川省首届“蜀乡村歌”大赛内江赛区活动

（续表）

活动名称	举办地	赛事内容	全国举办情况
村 VA	海南 内蒙古等	乡村排球比赛	海南省“海澄文定琼”琼北排球大联欢 鄂尔多斯草原村排暨沿黄九省区农牧民排球邀请赛
村 TT	重庆 成都 江苏 广东等	乡村乒乓球比赛	四川省“百城千乡万村·社区”乒乓球大赛 重庆市和美乡村乒乓球邀请赛 成渝地区双城经济圈和美乡村乒乓球邀请赛 江苏省农民运动会“农发杯”乒乓球比赛
村运会	浙江 重庆 广东 湖北等	在乡村地区举办的体育赛事活动。这类运动会通常结合了乡土特色和农事活动，具有浓郁的乡村氛围。包括拔编草绳、跳绳、广场舞、太极拳、徒手剥玉米粒、扭扁担等	贵州省乡村趣味运动会 浙江省农村文化礼堂运动会 重庆市“全民健身助力乡村振兴”系列活动 广东省第一届农事运动会 湖北省“百镇千村”全民健身系列赛事活动 吉林省“跃动吉林·和美乡村”农民运动会
村厨	湖南等	乡村厨艺大赛。以乡村美食为核心的文化活动	中国村厨村艺大晒 湖南省“村厨大赛” 中国·九嶷山“村厨大会” “交通银行杯”海派农家菜大擂台
村钓	宁夏 贵州 广西 浙江	乡村钓鱼比赛	贵州“村钓”挑战赛 广西海钓公开赛 “鱼乐左溪”浙闽边乡村溪流野钓赛 宁夏贺兰县和美乡村“村钓”邀请赛

（续表）

活动名称	举办地	赛事内容	全国举办情况
村龙	广东 浙江 四川	乡村赛龙舟比赛	广东佛山龙舟赛 泸州市龙舟大赛 恩阳龙舟公开赛 温州乡村龙舟超级联赛 中国龙舟公开赛 阆中古城第六届嘉陵江龙舟赛 “龙腾渠江”川渝龙舟精英邀请赛
乡村拔河比赛	江苏 山东 陕西等	乡村拔河比赛	“魅力金秋 时尚永联”中国乡村拔河邀请赛暨江苏省社区体育合家欢大型公益活动 “希望田野”山东省美丽乡村拔河争霸赛
舞龙舞狮赛	福建 广东 江苏 贵州 陕西 湖北	舞龙舞狮比赛是中国传统文化中一项富有特色和充满魅力的表演艺术，常在重要节日和庆典活动中展示	全国舞龙舞狮锦标赛 海峡两岸暨港澳地区舞龙舞狮大赛 全国运动会群众展演舞龙舞狮项目 国际（汉中）龙狮争霸赛 湖北省舞龙舞狮锦标赛
村晚	全国各地	由乡村村民自编、自导、自演的乡村文艺晚会，观看村晚已成为不少人的新民俗	2013 年湖南岳阳湘阴县鹤龙湖镇举办的首届农民文化月是全国最早的“村晚” 抖音直播和中国文化馆协会联合发起的“我要办村晚” 乡村文化能人抖音直播扶持计划 2023 年，由文化和旅游部主办的全国“村晚”示范展示活动举办 2 万余场、参与人次约 1.3 亿，目前登记在册的群众文艺团队超过 46 万个

（续表）

活动名称	举办地	赛事内容	全国举办情况
乡村技能比赛	全国各地	大赛涉及砌筑工、汽车维修工、农机修理工、电工、美发师、养老护理员、育婴员、西式面点师、餐厅服务员、电子商务师、中式烹调师（羊肉烘烤）、中式面点师（馕制作）等众多项目	全国乡村振兴职业技能大赛 “大地流彩”首届乡村文化产业创意大赛 第一届乡村振兴技能大赛暨第八届农民工技能大赛 皖东开秧门农俗文化旅游节 广东省蚕桑生产技能大赛 成都百万职工技能大赛花卉园艺工比赛 海南农业行业职业技能大赛 湖北省农村实用人才创业创新项目大赛 浙江省首届“乡约浙里”创意大赛
门球赛	江西永新县	门球比赛	永新县乡镇村门球比赛已经举办了17届
村台	江西玉山县	玉山县致力于打造“世界台球城”，台球文化较为深厚。于2025年推出“村台”	2025年三清山村镇银行杯“江西村台”赛
村特色运动	全国各地	依据当地产业发展、百姓运动发展而来，具有一定特色、趣味性和观赏性的运动，包括“村马”（乡村赛马）、“村武”（乡村武术比赛）等	贵州省美丽乡村速度赛马联赛 贵州省织金县第一届织金腕力公开赛 广东省广宁县村级传统武术比赛 黑龙江省第一届村级旱地冰壶比赛 海南省琼海市全国“老年人操舞之乡”活动

“村赛”现象的形成对乡村发展有何深意？这些群众自主参与举办的“村赛”，“因兼具主体性与民族性、文化性与艺术性、服务性与互惠性的

包容特质，展现出强大的生命力、传播力和吸引力”[1]，成为很多地方推动乡村振兴、丰富民众文化生活的重要举措。对贵州来说，“村超”已成为一张响亮名片，为社会各界、各族人民交流交往搭建了新的平台，成为公共外交的重要平台。作为“村超”的推动者，徐勃表示，单靠足球竞技，榕江比不过佛山、青岛、大连等城市，“村超”出圈靠的是把足球赛事与民族文化、非遗文化、特色美食、淳朴民风等结合起来进行融合式创新。[2]因此，徐勃习惯于把“村超”的火爆归功于榕江人民的共同努力。“村超”火爆以后，徐勃经常被问“‘村超’背后是不是有高人？”而徐勃的回答是：“确实有高人，高人就是榕江的人民群众。”因此，学习“村超”，首先要发动群众力量。“村赛”的生命力得益于人民群众的主体性和官方的幕后保障。在各类“村赛”的舞台上，群众唱主角，深刻诠释了“村赛”来自人民、植根人民、服务人民的人民主体性理念，也为乡村振兴提供了一种基于群众活力的新模式。

在体育维度之外，“村赛”现象的经济、消费功能也得到重视。2024年6月26日，为培育和壮大消费新增长点，促进消费稳定增长，国家发展改革委、农业农村部、商务部等五部门联合发布的《关于打造消费新场景培育消费新增长点的措施》明确提出，鼓励和引导开展“村BA”“村超”“村排”“村跑”等富有农趣农味的乡村赛事活动。开展“体育赛事进景区、进街区、进商圈”，“跟着赛事去旅行”，“户外运动 活力山水”行动计划等促消费品牌活动。从这个角度看学习“村超”，我们要学的不是踢足球，也不是体育赛事本身，而是要学习如何利用体育赛事或其他活动带动旅游业、拉动消费，促进乡村振兴和经济发展。

“村赛”现象之所以备受关注，在于其泥土味、烟火气、暖人心，也在于其呈现出的活力乡村，推动着城市与乡村的共融，寄托着人民对美好生活的期待。这些赛事活动既展示了乡村的传统，也体现了乡村在传统中追求现

1. 严芳、杨方能：《用活“村超”经验　助力乡村振兴》，《当代贵州》2024年第31期。

2. 张文静：《“村超”爆红背后有“高人”》，http://www.iceo.com.cn/article/3b8c4341—cdb6—4279—8c70—d7c0ebbba039，2024年7月14日。

代的渴望，彰显了“村赛”作为乡村文化载体的现代价值。正如贵州省委宣传部官方微信公众号上的一篇文章所指出的，“村超”“村 BA”激情澎湃、活力四射，既是体育助力打造文旅新业态的生动注脚，更展现了新时代中国人民昂扬向上的精神风貌，活力“村赛”正成为中国式现代化建设物质文明与精神文明相协调的典型案例。“村赛”是乡村振兴的赛事，不仅体现了乡村振兴与优秀传统文化传承发展的巧妙融合，更展现了一种点亮乡村发展新图景不可或缺的精神力量，体现出群众对美好生活的向往与礼赞。[1]

以赛为媒

社会表演学与人类表演学研究认为，贵州“村超”已经成为现代乡村表演的代表性存在，而且是一种具有世界影响力的“现象级的表演形式”[2]。体育赛事本身就是表演，不同的是，“村超”的表演聚合了众多的媒介，融入了多元的文化、情感元素，呈现出鲜明的仪式化特点。“村超”的开场仪式、足球比赛、中场狂欢及其各种延伸出来的赛事活动，在很大程度上已不再是球赛，而成为一种集乡村文化、民族文化、足球文化、休闲文化等于一体的仪式。

所谓“仪式”，是一种“适合于与神秘物质或力量相关的信仰的特殊场合的、不运用技术程序的规定性正式行为”[3]。有学者指出，人类实现交流的原始传播媒介有 3 套系统：一套是理性的符号系统，如语言文字等；一套是实物系统，如石头、陶器等；第三套则是人体系统，如人际传播、祭祀等。[4] 由此可见，具有宗教色彩的祭祀仪式是古人一种重要的传播方式。

1.《“村赛”打开民间交往新窗口》，https://mp.weixin.qq.com/s/Hduww PdvDaDbCbVTm1hHuA，2024 年 12 月 17 日。

2. 朱全国、肖艳丽：《贵州现代乡村表演与中华民族共同体意识的呈现——以贵州“村BA”与“村超”为例》，《中南民族大学学报（人文社会科学版）》2024 年第 4 期。

3.［英］维克多·特纳：《象征之林——恩登布人仪式散论》，赵玉燕等译，北京，商务印书馆 2006 年版，第 3 页。

4. 余志鸿：《中国传播思想史（古代卷上）》，上海，上海交通大学出版社 2005 年版。

沿着这一思路，詹姆斯·凯瑞把仪式与传播观念关联，认为传播研究中存在两种传播观念。一种认为“传播的传递观强调信息的传输过程，是以控制为目的”；另一种是“传播的仪式观”，强调参与、分享、联合以及拥有共同的信仰，并不是信息在时空意义上的扩张，而是在时间意义上对社会的维系，不是分享信息的行为，而是共享信仰的表征。[1] 在凯瑞的传播仪式观基础上，罗斯布勒又提出了“仪式传播”的概念，认为：“仪式通常以符号行为的方式呈现于社会情境之中，仪式以最基本的信念与价值为基础，编码了符号和意义系统的逻辑，仪式的这些特点使其成为最有效的传播形式。”[2] 在他看来，任何形式的仪式都是一种传播，仪式传播包括“作为传播现象的仪式”和“作为仪式现象的传播”。前者指有传播特性的仪式活动，如宗教仪式、婚礼等社会生活中的正式仪式和日常生活中的非正式仪式。可见，罗斯布勒的“仪式传播”不仅指向宗教礼仪，也指向了世俗的仪式或礼仪活动等既有象征意义也有传播特性的现象。

随着仪式传播的研究深入，“仪式作为一种传播活动”得到越来越多人的认可。在这些仪式活动中，群体和个体采用语言、礼仪等符号来表达某种观念、信仰、情感或传统，从而达成一种认同或秩序。有学者把仪式传播与中国文化认同结合起来，认为“民俗展现和节日仪式传播实际就是在仪式中借助各种符号表征方式，使人们对于民族文化的种种想象落到实处，以重建文化的‘想象的共同体’”[3]。也有学者关注到戏曲、社火、皮影戏等民间大众文艺活动的传播功能。[4] 随着这种传统仪式的传播属性被发现，作为传播现象的仪式受到了更多关注。

与仪式传播相比，丹尼尔·戴扬和伊莱休·卡茨在《媒介事件》一

1. Carey,James W.Communication as Culture:Essays on Media and Society. Routledge.1992.

2. Rothenbuhler,Eric W.Ritual Communication:From Everyday Conversation to Mediated Ceremony,Thousands Oaks,CA:sage 1998.

3. 邵培仁、范红霞：《传播仪式与中国文化认同的重塑》，《当代传播》2010 年第 3 期。

4. 沙垚、梁君健：《农村文艺实践的再思考——以人民公社时期关中地区的皮影戏为例》，《文艺理论与批评》2017 年第 3 期。

书中提出了“媒介事件”概念，并将媒介事件的脚本分为“竞赛”“征服”和“加冕”三大类型。其中，“竞赛型”媒介仪式引申出智力竞赛、游戏节目、选美大赛、体育比赛等，这种竞赛具有周期性、规则性、固定性、公开性、对抗性，参与者在竞争中或取胜，或失败，突出竞争双方的游戏性。“征服型”媒介仪式，突出的是只有非同一般的措施才能化解的僵局，强调任务的艰巨及风险的巨大。“加冕型”媒介仪式，强调向社会唤起文化遗产，重申社会和文化的延续，邀请大众评估。

从仪式研究、传播的仪式观，到仪式传播、媒介事件，一个鲜明的思想脉络是仪式或事件的传播功能被发现、被认可。然而，这些观点普遍把仪式或事件作为一种传播内容、传播现象，或进一步把仪式或事件本身作为传播活动。而更为重要的是，仪式或事件不仅仅是传播现象、传播活动，其本身也是一种传播媒介。以往，我们更关注的是把能够传递信息的载体作为媒介，从而把媒介概念窄化。事实上，“媒介不但可以再现仪式和凸显记忆背后的文化机制”，“也可以成为仪式的一部分，甚至创造出某些新的仪式和新的记忆，从而构成新的文化表征形式”[1]。从“村超”可以看到，它不仅是一种赛事活动，也是一种仪式乃至多种仪式互相交流碰撞的场域，进而使“村超”本身也成为一种媒介，即仪式媒介。

作为一种仪式媒介，“村超”的传播功能在持续放大。在作为省际交流、国际交流平台的同时，“村超”向青少年群体延伸，成为青少年交流的重要平台。2024 年 6 月，首届全国“班超”友谊赛在榕江县拉开帷幕，来自西藏日喀则市上海实验学校珠峰雪鹰队与榕江县青少年班超代表队共同打响了揭幕战。以此为契机，榕江县邀请全国各地中小学校学生来到“村超”赛场以球会友，推动各族青少年广泛交往、全面交流、深度交融，并组织“村超”研学游、青少年足球夏令营等活动。4 个月间，有 539 名青少年赴德国、西班牙等地交流学习，同时吸引了来自青海、新疆、香港、台湾、澳门等地的 1200 余名青少年到榕江开展交流活动。同时，借

1. 孙信茹、杨星星：《“媒介化社会”中的传播与乡村社会变迁》，《国际新闻界》2013 年第 7 期。

助信息媒介出圈的“村超”也在不断创新仪式的表达方式，发挥着其媒介功能。“村超”并非自然走红，而是作为一种仪式加以塑造而成。在“村超”的起步阶段，组委会为了让揭幕战的气氛火热起来，特意号召榕江市民前往捧场，几周下来，“村超”球场的观众、游客越来越多。到 2023 年 7 月 29 日总决赛当晚，近 30 万人涌入榕江，整个县城人山人海，球场已容纳不下慕名前来观赛的游客了。在各类媒体的加持下，“村超”火遍全网，逐渐成为一种村民参与、全民参与、全民狂欢以及各种文化、美食交流的媒介事件。参与者、媒体、学者开始总结“村超”的意义。在抖音集团官方出品的纪录片《火爆之后》中，“村超卷王”董永恒、“村超”传播总策划欧阳章伟等讲述“村超”给当地和村民生活带来的改变，称榕江把新媒体助力乡村振兴作为主要赛道来抓。

“村超”依赖民间自发的足球比赛，但其意义已突破了球赛本身，而是一种具有象征意义的仪式。这种仪式化的现象不仅发生在“村超”，也体现在一系列“村赛”之中。首先，“村赛”的草根性、乡村色彩是其打动人心的重要原因。“村赛”中的队员往往来自农村或县城，涵盖农民、教师、饭店老板、电力工人等各行各业。如“村超卷王”董永恒白天穿围裙卖特色美食卷粉，晚上在球场上坚持训练，球场球员与现实身份的反差为“村超”注入了更多故事感。更为重要的是，在“村赛”，各种底层群体都得到了展示的机会，呈现出底层群众的追求、梦想及其背后的各种故事。其次，“村赛”现场充满原汁原味的乡土元素。在各种“村赛”中，土味的奖品、特色的美食、纯粹的比赛，浓厚的乡土气息让人看到乡村的另一面。“村超”中场休息期间，球场上的服装、歌舞以及村民给游客分发的手工纪念品，都有鲜明的乡村、民族色彩。这些乡土元素增强了“村赛”的村味，使“村赛”成为展现乡村文化的重要媒介。再次，“村赛”观看环节也融入了诸多仪式化元素。为了让观众体验到纯粹的欢乐，多数“村赛”都不收门票，让观众参与到呐喊助威中，使现场呈现出一种民间的欢乐景象。在“村超”的中场环节，设计了服装秀、歌舞表演，无论什么身份都可以参与现场狂欢，让现场高潮迭起，从而形成强烈的视觉、听觉盛宴，使人沉浸于快乐的现场气氛中。最后，“村赛”的出圈带动了当地经济发展，提高了普通群众的幸福指数，也体现出普通群众对美好幸福生活的追求，使“村赛”具备了乡村振兴、中国式现代化的示范价值和象征意义。从这个角度来看，“村赛”已成为一种展现乡村文化、体现乡村振兴的媒介。

作为仪式的“村赛”在被传播的同时，也在以媒介的角色发挥着传播功能。以往，学术界更多关注仪式传播，而忽略了“仪式本身就是媒介”这一事实。“村赛”的媒介聚合效应意味着其本身不再是传播现象和传播内容，而是一种仪式媒介。凭借着“以赛为媒”，各类“村赛”汇聚了群众活力，聚合了众多具有乡村色彩的媒介元素，体现了中国乡村的活力，也承载着国人的乡愁记忆。

“村超”的媒介景观

随着乡村赛事及文化活动的广泛开展，各大媒体及新媒体平台上到处充满了这些赛事活动的文字、图片、视频，展现出一幅乡村活力景象。“村超”作为其中的代表，其现场狂欢场景是全国乃至全世界关注的对象，成为展示中国乡村形象的一个窗口。2023 年 6 月 5 日，时任中国外交部部长助理、发言人华春莹在推特上表示：“中国贵州省，20 支村民队参与的‘村超联赛’首场比赛已拉开帷幕，吸引数千观众到场观看。伟大的激情，伟大的比赛！”中国驻法国大使馆、中国驻匈牙利大使馆、中国驻贝尔法斯特总领事馆也发布或转发推文，关注这一来自中国民间的体育盛况。“激情”与“伟大”不仅是“村超”的媒介呈现，更是中国乡村形象的呈现。以“村超”为代表的大批“村”字头赛事，把一度被视为没落、衰退、边缘的乡村社会拉进公众视野，并通过短视频等新型媒介，给乡村塑造出一幅全新的媒介景观。

何谓媒介景观？法国思想家居伊·德波提出了一种比真实更真实的“超真实”概念，即“符号胜于物体，副本胜于原本，幻想胜于现实”，是一种“被精心策划和制作的表象，无所不包、无所不在，而且越来越精致、细腻和逼真”。在他看来，“景观不是附加于现实世界的无关紧要的装饰或补充，它是现实社会的非现实的核心。在全部特有的形式——新闻、宣传、广告、舆论表演中，景观成为主导性的生活模式。”[1] 美国学者凯尔纳在这一基础上又提出了“媒介奇观”概念。他认为，媒体文化在联结人类政治、经济等领域发挥着越发不可忽视的作用，并称之为“轴心势力”。在他看来，“那些能体现当代社会基本价值观、引导个人适应现代生活方式，并将当代社会中的冲突和方式戏剧化的媒体文化现象”，构成了媒体奇观。这种媒介奇观包括媒体制造的各种豪华场面、体育赛事、政治事件等。

大型体育赛事天然具备成为公共景观的潜力。凯尔纳认为，体育文化奇观已经超出了民族或国家的范围，成为一个全球性的现象，“成为一种当代社会的替代性宗教，一种终极关怀”。与各种商业化的造景式体育赛事不同，“村超”组织方严格把控资本在球场上的影响力，抵抗商业资本入侵，没有强调明星阵容，以确保纯粹性与自主性，维护足球运动的本来面貌的特性，回归到最纯粹的足球运动。这种民间自发的、没有商业化的联赛明显区别于英超模式，强烈的对比赋予了“村超”更多象征意义，即回归足球，回归人民，回归生活，回归真实世界，让人们看到了足球运动本身的魅力，凡是感兴趣的人都可以走进球场并参与其中，使之成为真正的“人民足球”。正因如此，“村超”被视为“一项打破了昏昏欲睡景观统治的替代性景观”，它的生机与活力来自真实的世界。[2] 国外网友眼中的“村超”，除了队徽、球衣、吉祥物等酷似英超的元素，还有看台上规模宏大的狂欢画面，这种场面得到了多位英超球员的回应。“村超”与英超的联动，“农村”与“地球村”的接轨，这种对比和连接具有极强的情感效应。

“村超”之所以成为媒介景观，在于其具有激情场面的体育赛，涵盖

---

1. [法] 居伊·德波：《景观社会》，王昭凤译，南京，南京大学出版社 2006 年版，代译序第 20 页。

2. 马立明、袁嘉婧：《作为“人民足球”的“村超”：本土媒介景观的塑造路径及其启示》，《对外传播》2024 年第 4 期。

多种媒介景观元素。当前网络上充斥着各种MCN机构打造的自媒体账号及其炒作内容，各种商业资本驱动的网红打卡地，一些打卡地更是通过拍照技术、角度以及调色修图而成的照片、视频成为网红，媒介景观成为人造景观，“景观神话”和“景观控制”[1]让网民无所适从。这种网络景观生态中，人们更加期待真实景观。媒介为人们营造了狂欢的气氛，提供各种奇观，但人们却不得不痛苦地承认社会“真实”是由媒介建构的[2]。特别是智能技术的发展，使得人们能够利用智能技术制作影像争夺流量，使得网民沉浸在由平台和自媒体制造的虚幻景观中，沉浸式虚拟社交体验更是进一步模糊了现实与虚拟的界限。[3]与很多网红现象不同的是，激情的“村超”具有很强的视觉效果。“村超”现场各种观众自发拍摄短视频和直播的现象，使人们看到了更为真实的现场，从而具有更加真实的感受，也在很大程度上拉近了网民与“村超”的感情。而随着打卡逐渐成为人们通过各类媒介分享日常并在社交平台上展示的行为，基于“村超”的旅游也从单纯的具身体验转化成一种媒介仪式。这种把旅游目的由具身体验转化为追求分享、打卡而带来自我满足的现象，被库尔德里称为“媒介朝觐”[4]，即到媒介叙事中的重要地点去旅行。在这种行为中，不仅媒介生产系统的抽象特征被融入到旅行中，而且媒介朝觐本身既是真实旅行中的一部分，也是“普通世界”和“媒介世界”之间距离空间的一种表演。[5]在一定程度上，“村超”的确已成为众多球迷和游客的朝觐目标。作为一种民间体育赛事，“村超”吸引着源源不断的球队、观众、游客、媒体、学者、调研团队前

1. 王莹、顾克勇：《滤镜下的媒介景观：“网红打卡地”的生产、消费及反思》，《新媒体研究》2022年第9期。

2. 华昊：《媒介再现与社会真实建构》，《苏州大学学报》2006年第6期。

3. 沈鲁、乔羽：《智能传播时代的社交媒介景观：特质、趋向及反思》，《中国编辑》2023年第4期。

4. 段训梁、祝东：《媒介仪式中的网红地旅游打卡与纠偏策略》，《青年记者》2023年第14期。

5. Carey,James W.Communication as Culture:Essays on Media and Society. Routledge.1992.

来，参与是一部分原因，证明“我来了”“曾到过”也是重要原因。

“村超”营造出的媒介景观，在其他“村赛”中也都有所体现。在这种媒介景观中，乡村比赛已作为呈现现代社会中传统乡村的媒介景观。这只是乡村的一个缩影。随着短视频传播的主流化，很多民间活动、民间技艺、民间文化都借着新媒介走向流量中心，形成了现实的媒介景观。与德波所说的那种“超真实”“幻想式”的媒介景观不同，这种媒介景观是真实的、有活力的，在展现乡村文化的同时唤起了人们心中的儿时记忆、浓浓乡愁。

传播力就是生产力

发展农民体育是全面推进乡村振兴、建设体育强国和健康中国的重要任务。进入新时代，农村体育设施持续完善，中国乡村赛事如火如荼，“村超”“村 BA”走红网络，成为乡村一道亮丽的风景线。乡村体育赛事不仅丰富了农村生活，让乡村社会充满活力，还与特色农产品展销、网络直播、休闲旅游等深度相融，成为乡村产业蓬勃发展的动力，越来越多的农村从“体育 +”中获益。

从“村超”“村 BA”到“村赛”现象，离不开国家政策的导向作用。早在 2017 年，农业部与国家体育总局发布了《关于进一步加强农民体育工作的指导意见》；2018 年，国家体育总局、国家乡村振兴局联合印发了《关于体育扶贫工程的实施意见》；2022 年 6 月，农业农村部、国家体育总局、国家乡村振兴局发布了《关于推进“十四五”农民体育高质量发展的指导意见》提出“打造一批乡村体育旅游精品线路”“构建乡村体育健身全媒体传播格局”“推动打造 50 项‘最美乡村体育赛事’落地见效”等目标。2023 年 5 月，“村超”“村 BA”相继火爆之后，国家体育总局在官网发布其联合中央文明办、国家发展改革委、教育部、国家民委、住房城乡建设部、农业农村部等 11 个部委（办）制定的《关于推进体育助力乡村振兴工作的指导意见》，明确提出，到 2035 年，乡村体育健身和运动休闲成为普遍生活方式，运动促进健康作用凸显，乡村体育产业发展更有活力，乡村体育文化更加繁荣，在全国培育100项以上“最美乡村体育赛事”。2024年9月18日，在国新办举行的“推动高质量发展”系列主题新闻发布会上，国家体育总局有关负责同志更是明确表示，国家体育总局将加大对“村超”“村BA”“村VA”等老百姓喜闻乐见的群众性赛事的支持宣传和培育力度。

这些政策的出台，对那些有条件根据自然和人文条件开展乡村赛事的地方来说，“无疑是有了来自国家层面的官方背书”[1]。乡村赛事的广泛开展，把文化活动办到群众身边，让群众成为参与者，发挥着赛事的社会效益和经济效能，促进乡村增收致富，以实际行动为乡村振兴贡献体育力量。

在热闹的中国乡村赛事中，无论是从群众参与度、媒体关注度、网民讨论热度，还是从赛事带来的经济社会、文化旅游、基层治理、民众团结、国际传播等现实效益，“村超”及其叙事话语都具有典型性。

“村超”的典型性，首先在于媒体的精心布局。与很多网红现象不同的是，“村超”的新媒体计划早于“村超”赛事。为了打造本地文化品牌IP，榕江县在2022年就成立了新媒体专班。在开始阶段，新媒体专班想的是怎么吸引外面的新媒体企业到榕江给本地人做培训，培养一批本地的新媒体达人。新媒体专班主任申敏长期和新媒体打交道，对榕江县的新媒体达人都很熟悉，她见证了他们通过培训学习，学会利用资源，慢慢地从一个不太有名气的、粉丝量不高的自媒体新人，成长为有一定粉丝量、有直播能力的新媒体达人。经过一段时间培训和积累，榕江县打造了1.2万多个自媒体账号。

“村超”不是靠主流媒体宣传报道出圈的，而是靠这些自己培养的本土自媒体。申敏表示，“‘村超’只是一个县级的足球赛事，主流媒体不一定能够关注到这个比赛，所以只有靠自己先做起来，走群众路线”。事实表明，在“村超”出圈过程中，这些新媒体达人作了很大的贡献。与传统宣传方式不同，这些自媒体以个体身份出现，淡化官方色彩，也正是这些个

1.《“村超”“村BA”喜获“国策”支撑　广东城乡体育早已走在全国前列》，《广州日报》2023年6月27日。

人化色彩浓厚的短视频，使得“村超”宣传成为一种“看不见的宣传”。同时，新媒体专班也非常重视内容创新。尽管宣传“村超”靠的是自媒体，但自媒体的内容并非都是个人自己拍摄的。每次“村超”的开幕式和赛事开始时，新媒体专班、直播组、导演组、文旅组都会到现场，发掘节目表演、赛事、拉拉队、球队中的亮点，或者是在球场捕捉一些有温度的故事，再通过自媒体去传播。球场之外，一些乡镇也想方设法去发现亮点，如“西瓜妹”、口寨村的捐钱奶奶，都是古州镇党政办公室主任杨连江发现后立刻去拍摄的。“大中午不吃饭，只要有能宣传的点就马上去”，杨连江说。

为了更好统筹自媒体，榕江县还成立了专门的“‘村超’新媒体专班”，从而形成了榕江县新媒体专班、“村超”新媒体专班和榕江县融媒体中心 3 个宣传机构。与融媒体中心不同，新媒体专班做的是“看不见的宣传”。“村超”新媒体专班负责“村超”的传播策划；融媒体中心重点做“榕江发布”的官方账号。申敏表示，这是因为“官方号不可能发的都是足球内容，‘村超’的内容更广、更宽，关注的东西更多”[1]。自媒体达人则以民间方式开展传播。这就形成一个很大的宣传矩阵。通过这个宣传矩阵，一些角度新颖、内容温暖的视频得到了有效宣传推广。这些感人的短视频，看似讲个人，而根本是讲榕江的故事。

“榕江发布”公众号登载的贵州榕江全国美食足球友谊赛宣传图

---

1. 以上内容来自 2024 年 10 月 31 日的座谈。

与此同时，榕江县也搭建“村超”直播平台。刚开始都是新媒体专班自己在直播，但发现直播技术的画面展现不足，就邀请榕江在外面工作的直播人才带着直播团队回榕江，给“村超”直播技术作支持和补充。在这支专业直播团队支持下，“村超”现象有了6个机位做赛事直播，新媒体专班再设一两个机位进行补充，捕捉比赛过程中的精彩画面、精彩镜头。

“村超”的成功表明，传播力就是生产力。《“村超”密码》一书的作者之一、“村超”传播负责人王永杰认为，以前做的宣传总是停留在宣传这个层次，但现在互联网的流量是可以变为经济的流量的，传播力也是生产力。“村超”一开始不是为了踢球而办，而是要以足球为载体，以传播为手段，以品牌意识贯穿全过程。王永杰表示，“村超”传播是一个融合式的多学科结构，涉及传播学、公共关系学、体育、文旅、民族文化等多个方面。[1]

“村超”的叙事话语来自民间。多数“村超”的宣传、报道、视频并非官方叙事，而是以民间叙事为主。为了助力“村超”，榕江县足协副主席杨亚江写了很多歌，深入村里录制原创音乐类的音频，前后录制了30多个音频，并让这些音乐在“村超”传唱。其内容涵盖了“想我就到贵州来”“欢迎你到榕江来”“相约之江”“美丽彩虹”等。为了充实人才队伍，足协、“村超办”把一些村里平时喜欢排练节目的人才，纳入导演团队，提高“村超”的节目创作能力。

“村超”叙事话语把故事作为突破口。为了做好宣传报道，榕江县并没有选择邀请传统的主流媒体报道，而是由新媒体专班、志愿者等深入现场，从比赛的各个方面去找事。在比赛期间，古州镇经常派人到现场蹲点，找爆发点。为此，杨连江与同事四人在现场蹲守，有时一待就是一天，甚至一直忙到次日凌晨一点钟。

消费话语也是“村超”宣传叙事的一种。在组织性的幕后宣传外，一些个人参与到“村超”宣传中，用行动来宣传“村超”、宣传榕江。网红

1. 以上内容来自2024年10月31日的座谈。

“苗妹兰兰”在公司门口摆一个摊位，把当地民族服饰出租给游客穿，让游客一起来体验民族文化，宣传榕江民族文化。同时，她也会在现场穿着民族服饰拍很多视频，一些网友看了特别喜欢，这让她接到了很多的订单，在这种消费语境中把民族文化无形地宣传出去。

有流量且愿意共享流量，是“村超”扩大叙事影响力的一种重要方式。贵州村超品牌管理有限公司用品牌做宣传，在举办完“村超”联赛之后，举办全国美食邀请赛，邀请全国球队深入参与到“村超”中。在这个过程中，各省美食队享受到了“村超”的流量红利，而榕江也借机宣传当地的美食、文化、旅游景点。村超品牌管理有限公司有关负责人表示，大家来看“村超”，不是单纯只看“村超”，而是以“村超”为圆心，能够品美食、看节目，深度参与到“村超”中。[1]

“村赛”的仪式化和景观化，看似是赛事本身，实则是对乡村的期待。而从官方意义的建构来说，更希望透过这种仪式和景观，给人们呈现出具有希望的中国乡村，体现乡村振兴的成效，由此展示现代化进程中中国乡村的新气象。这也是中国乡村赛事叙事话语的逻辑起点和归宿。

1. 以上内容来自 2024 年 10 月 31 日的座谈。

结语 基于狂欢的希望文化

在经济社会快速变革的时代，作为“整个社会的情绪基调、社会共识和社会价值取向的总和”[1]的社会心态发生了剧烈变化，对社会情绪乃至社会发展带来潜在影响。青年群体中流行的“内卷”“佛系”“躺平”等新兴表达，反映的正是“青年群体的社会心态和价值取向，也折射出中国社会整体心态的演变”[2]。其内在逻辑是公众在工作、生活、学习中面临着巨大压力，对未来希望的不确定性增加，本质上是一种希望问题。

对于希望问题，康德提出了“希望之问”。康德试图将“希望之问”奠基于纯粹理性之上，如果没有纯粹理性，人类对永福之希望很可能由于根本恶的不可根除性而走向破灭。对康德而言，希望的奠基要从道德意念的改善入手，人类只有通过对道德上完善的人性之理念的信仰并借助伦理共同体的力量在道德意念上战胜根本恶，才有可能使自己配得上上帝的喜悦，从而达成希望目标的实现。[3]在康德哲学中，“希望的前提是道德，而道德的核心是自由”“希望指向的对象是幸福，而这种幸福只有和德行匹配才具有人性的价值和意义”[4]。面对来自生活、工作、学习的压力，人们渴望快乐、幸福，因而一旦看见希望之光，就愿意参与其中，甚至战胜私

1. 杨宜音：《个体与宏观社会的心理关系：社会心态概念的界定》，《社会学研究》2006年第4期。

2. 覃鑫渊、代玉启：《“内卷”“佛系”到“躺平”——从社会心态变迁看青年奋斗精神培育》，《中国青年研究》2022年第2期。

3. 王建军：《论康德对人类“希望”的理性奠基》，《安徽大学学报（哲学社会科学版）》2020年第4期。

4. 曹峰：《希望：在自由与幸福之间——康德的希望问题略探》，《甘肃理论学刊》2011年第2期。

欲，主动守护这种希望。

以“村超”为代表的“村赛”现象之所以火爆，一定程度上正是“村超”让人们感受到了希望，体验到了抛却烦恼和压力的纯粹快乐，让社会看到了乡村新的可能性。走进“村超”现场，除了球员和观众，无处不在的自媒体和颇具特色的民族歌舞格外醒目。这背后体现的是媒介与文化的力量，它们是支撑“村超”的两根支柱：前者起着推动作用，走在明面；后者是“村超”吸引力的重要来源。正因如此，在多次访谈中，榕江县委书记徐勃反复强调，“村超”不只是球赛，足球只是载体，文化才是其本质。无论是线上的超级流量，还是线下的千万级游客，“村超”展现出无限的可能性，给予了人们不同层面的希望，彰显了文化的想象力。在“村超”，踢的是足球，看到的是文化，感受的是快乐，憧憬的是希望，连接的是世界。

“村超”中绽放的五朵花

榕江县古州文化旅游投资开发（集团）有限责任公司总经理孙国秀，原本是文旅行业的创业者，2022 年 7 月作为人才被引进榕江。来之前，他还不知道榕江，但经过实地考察交流后，他确定的是榕江的文旅资源比较好。

到榕江后，孙国秀的重点是“村超”现场设计和基础设施完善，包括球场上的看台、灯光等，因为火爆之后游客增多，夜间也有很多球赛，需要改造升级。

“村超”接地气，充满乡村味，让人没有压迫感，没有距离感，适应了这个时代的需求。在孙国秀看来，现在的旅游已从原来的看山看水、追求奢华，变成希望参与的沉浸式体验，表现为能产生共鸣的、朴素的、纯自然的需求。对生活在大城市中的人来说，看到大利侗寨，看到民族文化，感受村民生活习惯，“这种大家以为已经消亡了”的村寨，让人惊奇，感觉到了“另外一个世界一样”。沙滩上、草坪上、河滩上，他们都在踢球，晚上的球场，人来人往，即便没有重大比赛也有很多人带着小孩在那儿玩耍。“这种生活方式是‘没事就过节’，心态很好。这种文化的氛围和这种生活的气息，是‘村超’的土壤。”孙国秀说。

中国经过经济快速发展，大家不愁吃不愁穿，缺少的就是精神文化生活和这种沉浸式体验。“村超”就是满足精神生活的体验。在孙国秀看来，“村超”之所以火，足球、民族文化、美食是3个重要方面，三者之间的创新叠加和有效融合，是“村超”的内容。

孙国秀打心底认为，“村超”真的给大家带来欢乐、带来希望。“如果中国足球在国际比赛中一直输下去，家长不会愿意让自己的孩子踢足球，但是在榕江，如果孩子踢得好就能进到班里的队伍，对家长和孩子都是一种荣耀。”孙国秀表示，“希望”在中国足球中不是个小事，足球不再是一项简单的体育运动，它关系到民族自豪感和自信心。

在孙国秀看来，“村超”带来的希望绽放出了“五朵花”。

第一朵花：中国足球希望之花。在孙国秀看来，足球是中国人之痛，谁能解决这个问题，谁就有价值，谁就有流量，谁就有关注点。作为足球运动的一种探索，从“村超”中可以看到中国足球的希望。

第二朵花：民族团结之花。“村超”球场上榕江各民族乃至全国各民族文化齐聚，大家一起欢声笑语，快乐踢球，不仅展示了不同民族的文化，也推进了民族团结，有助于铸牢中华民族共同体意识。

第三朵花：乡村振兴和文旅产业之花。“村超”让人们看到，原来乡村振兴、文旅产业也可以不用太多投入，也可以靠创新创意。花几个亿建个景区，也有的是建了个空城。而乡村活动广泛调动群众的积极性，走群众路线，不用太多投入也可以带动乡村振兴。

第四朵花：教育之花。在“村超”助力下，榕江县以足球促进学生全面发展，推出“班超”等多样活动，“与手机抢孩子”，让学生能够在学习过程中得到更好的体育锻炼。

第五朵花：乡村治理之花。“村超”的发展为乡村治理带来新的思路。为了组建球队、拉拉队，村民团结起来，放弃麻将等休闲方式，一些矛盾从中得到化解，乡村秩序更加稳定和谐。

对榕江来说，这“五朵花”是5个希望。而事实上不只是榕江，不只是“村超”，各地推出的诸多“村赛”，都希望能够开出更多的花朵，通过“村赛”展现中国乡村文化的魅力，丰富中国农民的精神生活，助力乡村振兴。可以说，“村赛”带来的景象让人看到了一种希望，也是人们对希望的一种寄托。

群众文化的主体回归

贵州“村超”的成功，离不开足球和民族文化的巧妙融合，也离不开新媒体传播的助力，更离不开群众的广泛参与。如今的“村超”已不只是足球和赛事，更是一种文化现象，形成了一种独特的“村超文化”。而这个文化的核心是群众参与，本质是人民主体的群众文化。

“村超”集中体现了群众文化主体性，也预示着乡村文化的未来，要坚持农民的主体性。长期以来，群众文化停留在精英话语中，群众文化的创作生产并没有让群众真正占据主体地位。精英文化被认为是主流文化，而群众的文化参与和文化创造总被文化精英主义者抛之于文化视野之外。一些文化工作者思想上存在偏见，“没有赋予群众文化作为本体文化应有的地位与礼遇，把群众文化视为精英文化、高雅艺术之下的草根狂欢，是不入流的粗鄙庸俗文化”[1]。因此，一旦提及群众文化，很多人就简单地理解为老百姓茶余饭后在街头巷尾的唱歌跳舞，认为很难与精英文化相比，难登大雅之堂。而“村超”打破了这种精英主义的群众文化定义。

真正的群众文化，“是广大人民群众在生产生活实践中，通过非功利性、非职业性的文化表达，实现自我参与、自我怡情、自我开发的文化现象，人民群众在其中抒发情感、愉悦身心、陶冶性灵、展示自我，蕴藉着追求自我完善、按照美的规律认识和掌握世界的文化诉求”。群众文化的根本是以人民群众为文化实践的主体，以自娱自教为价值取向，以满足自身精神生活需要为目的，以文化娱乐活动为主要内容，包含群众文化活

1. 廖文：《人民群众是文化的主体》，《人民日报》2010 年 11 月 25 日。

“村超”球场变身文化秀场，云南省弥勒市拉拉队在入场表演彝族舞蹈（韦贵金／摄）

动、群众文化工作、群众文化事业、群众文化队伍等元素，是大多数人广泛参与的社会文化实践。[1]

越来越多的人意识到，中国农村的现代化，不是把农民迁到城市高楼这么简单，而是经济的、社会的、文化的、人的现代化。在“村超”舞台上，每一位参与者都是乡村生活的主角，他们可能是面朝黄土背朝天的农民，可能是疲于奔命的外卖员、泥瓦匠、小商贩，也可能是返乡创业的青年，甚至还可能是留守村庄的老人与儿童。他们的故事，犹如一幅幅生动的乡村画卷，生动地呈现出乡村的活力。一些外出务工者也在“村超”的感召下，回到家乡参与到球队的训练、比赛之中。“村超”让村民找到了归属感，让乡村重新有了生机，让乡村社会有了凝聚力。这些都是坚持农民主体性的结果，是乡村在现代化进程中的自我觉醒与创新表达，失去主体性的乡村文化，很难具有这般活力四射的生命力。

“村超文化”是一种群众文化。“村超”的持续走红，在于群众参与时

1. 廖文：《人民群众是文化的主体》，《人民日报》2010 年 11 月 25 日。

的纯粹。球员们上了球场就要尽力，但并非为了高额的收入去拼搏，只为荣誉、兴趣，脱下球衣都还是乡里乡亲。他们在球场上最为重要的是享受足球运动带来的快乐，感受拼搏竞技带来的幸福。“村超”的初心，从来都不是胜负至上，更没有资本逐利的暗流涌动，而是让群众参与、群众共享，在毫不功利的奔跑和呐喊中，让幸福快乐感染每一个人。

在“村超”球场上，我们可以看到村民自发组成的球队。这些队员里，有卖鱼卖肉的，有开挖掘机的，也有当老师和公务员的，主裁判是饭店老板，助理裁判是小学校长。到了球场，大家身份平等。就是这样由非专业球员和非专业裁判组成的球赛，也能保证现场座无虚席，还有村民自带梯子去看，以观众身份参与到“村超”之中。不仅如此，还有很多群众以拉拉队身份参与到“村超”中，他们身着民族服饰，在比赛间隙表演侗族大歌、苗族芦笙舞等非物质文化遗产，和其他观众一起互动。

一个与众不同的场景是，“村超”的球场是开放式的。这种开放式不仅是进入球场不要门票，村民、游客随便进出，比赛的草地也是开放式的。当球赛开始时，群众既可以坐在观众席上，也可以进入场地周边，找个板凳坐着，一边聊天，一边看球赛。这种球场设计也是群众性的体现。在“村超”球场，一切的元素都在表明，这是真正属于群众的文化，群众主体性得到了生动诠释。

“村超”告诉我们，群众文化是群众参与、群众定义的。文化精英和政府部门应在幕后，而非在台前。在谈及其他地方学习“村超”经验时，徐勃建议，每个地方都可以立足于自己的比较优势，塑造自己的地域品牌，提升当地经济内循环，增强当地群众的信心。但是这个过程应该是更有活力、更人性化的，政府不要去大包大揽，要给社会充分的空间，正如“村超”一样。而这也是其他“村”字头赛事需要注重的关键所在。

农村精神的未来图景

乡土文化是乡村振兴凝心聚力的黏合剂和发动机，是城乡融合发展的巨大文化资本，是中国特色乡村文明的多样性文化构成，是中国生态文明建设离不开的传统文化基因。[1] 作家冯骥才说："作为寄托乡愁的载体，村落应该是活态的家园，既有它独特的文明，又具有现代气息。"[2] 榕江"村超"火爆出圈，让世界看到了中国乡村的幸福模样，看到了中国农民的精气神。

"村超"已延伸至全国各地，各种村味十足的"村"字头赛事遍地开花。这些"村"字招牌不管是否在模仿，但目的是一致的，就是要以此展现乡村文化魅力，激发乡村活力，助力乡村振兴。"村超""村 BA""村晚""村厨"这样的基层文化活动，或许是打开乡村振兴之门的一把"钥匙"。

曾几何时，乡村文化危机频频作为热点进入公众话题。然而，当人们讨论乡村文化危机时，"缺乏对文化传统自身转换能力和惯性的认识，更多的是基于城市对乡村文化理想图景的想象"[3]。这种视角下的乡村文化是片面的，缺乏了农民在乡村文化中的主体性。"村超"让我们看到，乡村文化是充满活力的。在"村超"的启示下，我们有理由畅想，这片我们内心深处的精神家园，并非一定要把城镇化作为归宿，而是充满希望的一片热土。

在"村超"示范下，越来越多人意识到，激活乡村内生动力才是乡村发展的未来。"村超"不仅丰富了乡村文化生活，也悄然间撬动了乡村经济的发展，推动榕江的乡村振兴走上了快车道。赛事举办期间，大量游客慕名而来，带动了当地餐饮、住宿、旅游等相关产业，为乡村振兴注入新的动力。不论是 800 亿流量、1800 万游客，还是 190 亿收入、5000 多家新增市场主体，都充分体现了"村超"的外溢效应。[4] 同时，"村超"也吸引大批年轻人回归乡村，他们选择返乡创业，投身新媒体、农产品、电商、

1. 索晓霞：《乡村振兴战略下的乡土文化价值再认识》，《贵州社会科学》2018 年第 1 期。
2.《冯骥才谈古村落保护：让每个中国人都有"家"可回》，https://society.huanqiu.com/article/9CaKrnJKvlL，2015 年 4 月 30 日。
3. 陈波：《公共文化空间弱化：乡村文化振兴的"软肋"》，《人民论坛》2018 年第 21 期。
4. 2024 年 1 月 9 日，榕江县委书记徐勃在"2024 清华国家形象论坛"上的发言。

文创、民宿等众多领域，为乡村振兴注入了新鲜血液。这让我们看到，乡村振兴并非只有土地流转、引入资本这些思路，还有更多的可能性。

中国式现代化进行时，一场“村超”打出了中国农民精气神，揭示了中国农村的新风貌，昭示着中国乡村文化的未来图景。“村超”的土壤在于“村”字。“村超”之后全国陆续有众多“村”字头活动推出，主打的也是“村”字。“村超”“村 BA”也好，其他“村”字头活动也罢，都在力图呈现现代化进程中的乡村活力，展现乡村文化。这些活动体现出浓厚的乡村气息，让我们看到了乡村文化的未来。

以“村超”为代表的“村赛”带来的更深层影响是对乡村文化、思想观念的影响。面向未来的乡村文化，要注重乡土文化的传承与现代观念的融入。一方面，我们需要深入挖掘传统农耕文化、差序格局所蕴含的思想观念、人文精神、道德规范，为乡村文化注入地方特色和民俗风情，充实乡村文化的精神内涵，激发人们对乡村的认同感和归属感。另一方面，我们也要重视现代观念与乡村文化的相融，汇入现代化进程中的乡村文化不可能与世隔绝，在与城市文化、现代观念碰撞之际，如何坚守、如何融合需要持续性的思考。其中，“乡村共同体作为当代中国城乡关系和乡村发展的历史基础和鲜明底色，是乡村记忆的情感基础，更是乡村振兴的内生力量和强大助力”[1]，需要有机制化的建设。“村超”对乡村文化来说，提供了一种延续乡村共同体的现代路径，当村民们为集体荣誉而奔波时，共同体得到了延续，乡村文化也就有了凝聚力。

面向现代化的乡村文化，如何在现代与传统间寻找到平衡，如何在保护乡村文化独特性的同时实现创新性发展，是系列“村赛”带来的新的课题。一方面，随着国家乡村振兴战略的深入推进，乡村基础设施不断完善，互联网技术在农村普及，村民的精神文化生活需求日益增强，乡村社会渴望展示本土特色，拥有自己的生活乐趣。通过“村赛”我们可以看到，乡村传统的集体活动形式得到了延续，这些元素体现着深厚的乡村

1. 朱志平、朱慧劼：《乡村文化振兴与乡村共同体的再造》，《江苏社会科学》2020 年第 6 期。

文化和乡土情怀，在现代性的场域中延续了传统文化的血脉。另一方面，“村赛”都在利用网络直播、短视频等新媒体争取出圈，手机拍照、录视频、直播成为众多“村赛”现场的一部分。特别是在“村超”，新媒体已成为榕江县的一个新产业，上万人的新媒体队伍，不断将乡村生活的真实面貌呈现在大众眼前，打破了人们对乡村的刻板印象，把乡村拉进了公众视野，拉到了互联网的聚光灯下。“村赛”中的这种传统与现代的融合方式，对乡村文化的传承、创新乃至创造性转化，以及对新媒体的运用都有借鉴价值。

值得一提的是，以短视频为主的影像构建的乡村景观，看似个性鲜明、内容丰富，而实际上“碎片化的景观不仅聚合为乡村社会图景，也折射出记录者的愿景和消费文化背景下的观众心境”，“不同的村落影像在本质上都是城市人的想象，在影像记录时对现实有遮蔽，同时也通过遮蔽而实现情感表达”[1]。对于“村超”及“村超”所呈现出的乡村景象，我们同样需要警惕。当然，这种想象作为一种期待和希望，是可以理解的。

自古以来，中国的民众对乡村都怀有美好希望。“村赛”以乡村足球赛、篮球赛、排球赛、美食赛、龙舟赛等各种赛事名义，展现出了中国乡村文化的独特魅力，带着我们走进一个别样的乡村世界。“村赛”让我们看见，乡村不是破旧、凋敝，不是只有麻将、扑克，还有优美的田园风光、古老的传统文化，更有沸腾的生活热情、创新的时代精神，为我们展现了充满活力、富于创新且深具魅力的乡村文化新貌。“村赛”提醒我们，乡村承载着厚重的历史文化，蕴藏着巨大的经济潜力，焕发着无限的社会活力。这给了我们希望，给社会传播了希望，是“村”字头赛事所蕴含的希望文化。

1. 兰东兴、郑媛之：《乡村景观与城市想象——基于我国村落影像话语叙事的考察》，《编辑之友》2022 年第 8 期。

文化的民族性与世界性

民族性概念的提出“标志着人类在看待自己与他人的关系上，态度所发生的深刻变化”[1]。中华民族现代文明继承了中华文明原有的优势，有着自己独特的文化主体性，“赋予现代文明深厚的文化根脉”。[2] 在这些优秀传统文化中，民族文化是一道亮丽风景线，是文化民族性的重要体现。

随着“村超”的出圈，人们开始关注榕江县这个中国西南部的小县城。走进榕江县的民族村寨，各种具有民族特色的建筑、牌匾、服饰、美食、舞蹈、民歌等，无不在体现着存在于中国乡村的古老文化，彰显着我国多民族特性，体现着民族性与现代性的融合。

“村超”实现了民族文化大聚会。“村超”展现的不仅是榕江的足球文化，更为传播榕江的民族文化提供了巨大平台。“村超”入场仪式中，由各个民族组成的村寨拉拉队，身着不同服饰入场，让民族文化在此相聚；“村超”中场休息环节，足球场就成了民族文化的“舞台”，从神秘的水族文字“水书”，到国家级非物质文化遗产侗族琵琶歌，再到村民自制的草编金牛、金龙、金凤凰，无不呈现出榕江的民族文化风情。球场上，侗族大歌、苗族芦笙歌舞等民族文化，给现场观众带来无限欢乐。不仅如此，还有青海省的藏族服饰，来自郑州的汉服等，传统服饰文化由此交融，各种服饰相互交织出一幅汉、藏、苗、侗、水、瑶等各民族交融的动人画卷。任何一种文化都具有鲜明的民族性，在“村超”舞台上，足球比赛成为一场民族文化的大展示，观众和球迷们在观看比赛的同时，欣赏到了民族文化的独特魅力。“村超”出圈之后，不仅民族文化魅力得以展示，村民也树立起对民族文化的自信，中华民族共同体意识更加深入人心。

“村超”实现了民族文化大团结。“村超”开启了民族团结的一种新

---

1. 汪雨涵：《“民族性”概念的语词谱系——基于语词渊源和语词形义的考察》，《民族学刊》2023 年第 10 期。

2. 王彬彬、刘国元：《中华民族现代文明的元特性：民族性、现代性和文明性》，《宁夏社会科学》2024 年第 4 期。

“村超”球场上，身着民族服饰的拉拉队队员在为球员呐喊助威（王炳真 / 摄）

模式，更是铸牢中华民族共同体意识的大舞台。对绝大多数人来说，到贵州榕江看“村超”不只是为了看球，甚至不是为了看球，而是想看中华民族传统文化，感受民族情怀。在抖音等各大平台直播、短视频中，“村超”引起众多网友热议，“村超”被视为一次民族文化的激情碰撞。在“村超”球场上可以看到，每一支参加“村超”比赛的球队背后都跟随着一支拉拉队，拉拉队队员来自汉族、侗族、苗族、水族、瑶族等多个民族。通过“村超 + 民族文化”的模式，“村超”赛场已成为各民族交往、交流、交融的大舞台，成为促进民族团结、民族融合的盛会。

“村超”体现了民族文化的世界性。“村超”的“超”来自英超，融入西方文化元素，用西方认可的话语与西方交流。也正因如此，“村超”吸引了众多海外媒体关注，英国广播公司（BBC）、《经济学人》，美国的《华尔街日报》《华盛顿邮报》，日本的《日本经济新闻》，新加坡的《联合早报》等世界知名媒体纷纷加入“村超”“村 BA”赛事的报道阵营，且绝大多数报道都是积极正面的。在西方媒体普遍戴着有色眼镜报道中国的大环境下，“村超”得到了西方媒体认可，从侧面体现出“村超”的世界性，说明“村超文化”是一种世界共通的文化。

“村超”成为中华文明与其他文明交流的平台。在徐勃看来，“村超”最重要的逻辑是共享，如果不与外界分享，只与自己玩，“村超”最终必然会走进死胡同。这种共享、开放的表现之一是“与世界人民一起玩”。“与世界人民一起玩”是榕江县发展“村超”的重要一步，通过发起系列“村超国际友谊赛”，“村超”搭建起了足球外交的文化平台。对此，榕江县有清晰的国际化战略：第一步，2024 年举办“村超”国际交流赛；第二步，2026 年举办“一带一路”“村超”友谊赛；第三步，2028 年举办第一届“村超”世界杯。目前，第一步已实施，取得了显著效果。[1] 在各国球队到贵州“村超”交流的同时，“村超”模式也开始在贝宁帕拉库市和南非开普敦市的乡村被复制。例如，2024 年 3 月 21 日，贝宁的一场乡村足球赛场地旁，竖起“村超”大牌子，被网友们戏称为“村超分超”。这突出了“村超”品牌的海外溢出效应，也体现出“村超”作为一种文化的输出效果。

海外输出为“村超”带来了更为广阔的舞台，国际传播成为“村超”的重要目标。“村超”这类赛事呈现的是草根球赛、土味奖品、民族文化

1.“村超”火爆之后不久便火出了国门，与曾获欧洲金球奖的英国足球名宿欧文互动，得到率领阿根廷队夺得世界杯冠军的新一代“球王”梅西发文点赞，这一系列现象引来了英超对“村超”的关注，并派人到榕江县考察。2023 年 9 月，在省州的大力支持下，“村超”与英超签署了战略合作协议，开启了“村超”走向国际化的序幕。双方将进行内容方面的互动，助力贵州“村超”的持续发展；并为贵州“村超”提供英超培训课程，促进足球在当地的发展。此外，双方还将考虑共同筹备贵州“村超”与英格兰社区足球友谊赛。2023 年 12 月 12 日，“学转英超”基层足球教练培训项目正式在“村超”发源地贵州榕江启动。榕江县 44 名教练员接受了为期 4 天的培训。2024 年 3 月 16 日，央视新闻和央视国际频道都在“村超”赛场边设置了直播间，玻璃屋子里坐着外国主持人，用英文讲解比赛和现场的情况。2024 年 5 月 1 日，非洲利比里亚社联足球队与辽宁东港草莓足球队的友谊赛开踢，标志着贵州“村超”迎来首场有非洲球队参与的比赛。2024 年 5 月 27 日，世界足球先生、欧洲金球奖得主、巴西足坛名宿卡卡到“村超”开展“逐梦”冠军公益赛系列活动。卡卡与多位国内知名人士空降“村超”现场，共同参与了一场“逐梦”冠军公益赛。

等的淳朴性，却带来了火爆的场面，这引发了世界各国民众的共情。长期以来，由于地域隔阂、文化差异、媒体偏见等原因，外国人很难客观了解一个真实、全面的中国，“村超”等赛事的出现，打破了外国民众对中国的刻板印象，让他们见识到多姿多彩的中国乡村文化和民族文化，看到一个不一样的中国。正如英国驻重庆总领事馆副总领事施博荣所说，足球是一种全球性语言，可以把世界各地的人聚集在一起。人们不仅踢足球，还会相互了解，建立联系。在他看来，英超和“村超”的合作既能帮助英国人更好地了解贵州、榕江，也能帮助贵州人更好地了解英国，“在草根足球层面让球迷凝聚在一起，最终将能使两国人民凝聚在一起”[1]。为了增进交流，中场休息环节的球场上，戏曲表演、唐装舞蹈、侗族大歌轮番登场，文化和旅游部还组织驻华外交官们走进传统村落榕江县的大利侗寨，了解侗族房屋的建筑风格，与当地群众同跳传递祝福的多耶舞，感受民族文化的魅力，发现中国乡村之美。阿根廷驻华大使马致远表示：“我们看到当地的文化遗产，保留的习俗、艺术制作工艺和保存了几个世纪的艺术品，这非常好。他们传承这些经验给子孙后代，值得称赞，我们乐于见证中国的过去和了不起未来。”[2] 对于“村超”的国际传播功能，贵州省社会科学院研究员许峰表示，国外民众“从乡村文化的本真性中看到了中华文化的‘可信’形象，从乡村文化的草根性中看到了中华文化的‘可爱’形象，从乡村文化的历史性中看到了中华文化的‘可敬’形象”。[3]“村超”这类乡村体育赛事生动地实践了讲好中国故事、塑造中国形象、传播优秀传统文化的国际传播追求，是提升中华文化海外传播力、影响力的有效探索。

1.《“村超”与英超双向奔赴，一项小村赛的高质量发展探索》，https://baijiahao.baidu.com/s?id=1786239596716703406&wfr=spider&for=pc，2023 年 12 月 25 日。

2.《贵州“村超”迎来国际友谊赛　多国外交官感受中国乡村之美》，央视新闻客户端，https://baijiahao.baidu.com/s?id=1786239596716703406&wfr=spider&for=pc，2024 年 10 月 4 日。

3.《“村超”：吸引全世界人民一起玩》，https://mp.weixin.qq.com/s/esEvT28X8I40—HOUcc8KdA，2023 年 12 月 27 日。

文化是一种媒介。媒介化理论认为媒介不仅在传播过程中扮演中介性角色，而且渗透进社会生活的各个方面，对社会与文化现实进行影响与建构。[1] 在文化的媒介化趋势下，媒介驱动和形塑着优秀传统文化，助力传统文化在转化和创新中，渗透进用户的日常生活，而文化本身也作为一种看不见的媒介，成为各种不同文化群体交流的精神纽带。“村超”以足球为媒，搭建了桥梁，不同地区、不同民族的球队通过比赛，实现了交流，建立了友谊。在这一过程中，“村超”不仅体现了民族性，成为民族融合的纽带，也体现出了世界性，成为文明交流互鉴的桥梁。尽管“村超”的球场和基础设施保留着草根的样子，但“村超”梦想已远远超越球场。未来的“村超”将是各民族之间交流交往交融的实践地，也将是全球不同文明交流互鉴的大舞台。

在“村超”，传统性与现代性得以融合呈现，主体性与时代性交相上演，民族性与世界性共生共赢。“村超”体现的这种文化想象力，不仅是中国乡村文化的希望，更是一种人类文明的希望。不管“村超”未来是否长红，这种希望的文化都会成为更多人的共识。

群体狂欢中的希望文化

狂欢是活力的表现，狂欢可以获得快乐，而快乐是人的幸福追求，有了追求就会有梦想。在狂欢、活力、快乐、幸福之间，希望是一根精神之线，没有希望，一切将黯然失色。从“村超”开出的希望之花，到人们从乡村体育赛事中看到的群众文化、农民精神之希望，再到民族文化走向世界之希望，我们不仅看到了文化的希望，更看到了希望的文化。这种希望文化对个体而言是“体育—健康—幸福”的身体期待和“闲暇—快乐—梦想”的生活渴望，对社会来说则是“狂欢—活力—希望”的精神追求。可见，希望是人们对身体、生活、未来的复合型心理期盼，也是社会良性运

1. 曾祥敏、翁旭东：《国家叙事与个体话语的弥合：优秀传统文化媒介化的实践逻辑和行动方法》，《新闻与写作》2024 年第 2 期。

行的内生动力。

体育、身体与幸福

长期以来，人们习惯于把体育运动划分为学校体育、运动训练与竞赛、身体锻炼3个部分，却忽视了现实生活中，人们怀着轻松愉快的心情自愿参加的各种体育活动和娱乐活动，既不受限于体育教学的种种严格规定，也不追求高水平的运动成绩，“把体育运动作为一种有意义的活动形式度过自己的余暇时间，使个人在精神和身体上都得到休息、放松和享受”[1]。随着社会生活的转变，越来越多人意识到，娱乐与健康“是人类对体育的根本需求”[2]，体育作为一种大众文化，“集娱乐、健身、消遣、审美、刺激等功能于一身”[3]，是当前人们余暇文化生活的一项重要选择。

随着经济社会的发展，体育对个人以及社会的影响越来越大，是强身健体、锻炼意志品质的教育手段，更是丰富精神文化生活乃至促进人的全面发展的一种有意识的社会活动。对个体精神来说，体育有助于减轻压力、焦虑和抑郁，提高自尊心和自信心，让人们感到快乐，有助于培育“尊重和张扬生命力的乐观态度”[4]，甚至被视为“焦虑和抑郁的预防和治疗的手段”[5]，从而全面提升人的价值。

在布洛赫的希望哲学中，体育蕴含了人的希望。布洛赫认为，在物质生活高度发达的社会语境中，人们从来没有像今天一样如此热爱体育运动，几乎每个人都盼望体育运动，“体育运动被视为有益于健康的东西”[6]。

1. 卢元镇：《论消遣和娱乐》，《体育科学》1983年第1期。

2. 胡小明：《新世纪体育的走向——娱乐与健康》，《体育与科学》2001年第4期。

3. 刘一民：《余暇体育——一种文明、健康、科学的余暇生活方式》，《天津体育学院学报》1996年第1期。

4. 黄莉：《体育精神的文化内涵与价值建构》，《体育科学》2007年第6期。

5. 孙延林、王志庆、姚家新等：《体育锻炼与心理健康：认知、焦虑、抑郁和自我概念的研究进展》，《生理科学进展》2014年第5期。

6. [德]恩斯特·布洛赫：《希望的原理（第二卷）》，梦海译，上海，上海译文出版社2020年版，第6页。

对每一个人来说，身体需要运动，就像需要食物、空气和水一样。在这种压力下，“体育锻炼也承载着某种可期待的、可盼望的内容”[1]。

这种期望一方面在于人们对健康的追求。面对巨大的工作生活压力、不健康的生活饮食习惯，“亚健康”高悬于每个人的头顶，人们试图通过“导入与现代社会相适应的众多体育项目，谋求现代人的‘健康’”[2]。因此，体育已不再是竞技比赛、锻炼身体，而在很大程度上被视为治疗或预防疾病的手段。在这一过程中，“对健康的渴望已经包含着对更美好生活的梦，某种寻梦的意志就在自身的途中”[3]。另一方面，布洛赫发现了体育的身体价值。特别是在现代生活方式下，我们沉迷于刷手机或长期久坐，对健康构成了威胁，甚至形成了模式化的不良习惯。在布洛赫看来，体育有助于解除市民困境，调节现代人特有的千篇一律、久坐不起的生活方式。在现代社会中，分工和异化劳动占据支配地位，人的身体在额外劳动中遭受了巨大损害，甚至付出了沉重代价。基于这点，布洛赫认为，人的身体“不应被遮蔽或伪装”，而“应当摆脱种种被歪曲、走样的丑态”。正因如此，“体育运动的愿望就是旨在牢牢掌握着自身身体的愿望”[4]。

以“村超”为代表的中国乡村体育赛事，之所以吸引大众广泛参与，并火爆全网，基础条件是这些民间体育赛事蕴含了人们对健康和身体解放的追求。人们普遍渴望在体育运动中得到健康的身体，追求健康没有身份差异。各种各样的乡村体育赛事是体育运动的集中展现，对社会来说是发展乡村体育，促进国民身体素质提升；对个体来说，热衷体育则是“锻炼身体”“身体健康”的一种基本方式。而健康又是人类获得幸福的基本前

1. ［德］恩斯特·布洛赫：《希望的原理（第二卷）》，梦海译，上海，上海译文出版社2020年版，第7页。
2. ［德］恩斯特·布洛赫：《希望的原理（第二卷）》，梦海译，上海，上海译文出版社2020年版，第8页。
3. ［德］恩斯特·布洛赫：《希望的原理（第二卷）》，梦海译，上海，上海译文出版社2020年版，第9页。
4. ［德］恩斯特·布洛赫：《希望的原理（第二卷）》，梦海译，上海，上海译文出版社2020年版，第8页。

提。在健康和疾病面前，不论身份、阶级和穷富，众生平等，体育是一种可以跨越阶级和财富实现健康的便捷通道。更为重要的是，当人们在“村超”球场挥汗如雨时，疲惫的身体得到了释放，获得了短暂的身体自由，而这是人在现实工作中很难得到满足的。

对“村超”而言，这种体育和健康又被赋予了特殊意义。2024 年 9 月 5 日，中国男足在第 23 届世界杯的预选赛第一轮对阵日本队，最终以 0∶7 落败，刷新了中国足球史上最惨纪录，一时间让无数国人惊愕不已，也给中国国家男子足球队带来一波新的质疑。始于 1994 年的足球职业化改革，曾带给我们惊喜，但 30 年过去了，“至今也没有改变中国足球水平整体落后的局面，甚至在某些方面不及职业化之前，中国足球也因此遭受球迷乃至全国人民的质疑”[1]。中国足球的改革被视为一场文化运动，“集中反映了传统与现代文化的交融，保守与激进的思潮博弈”[2]。在中国足球跌入谷底之际，“村超”与之形成了鲜明对比，有人感叹：“村落里的足球氛围如此这般，它激活了国民对中国足球运动‘认知’。”[3] 通过火爆的“村超”，很多人似乎又看到了中国足球的希望。

还有一种观点认为，中国人乃至黄种人体质不行，耐力不够，不适合踢足球。这种观点刺痛了很多国人内心，我们不仅需要体育强身健体，更需要在足球这种在全球广受欢迎的体育运动中证明自己。中国男足之所以备受争议，不无这种民族主义和爱国主义的情感。而在对中国足球的反思中，现有足球体制被视为一个阻碍。对很多球迷、非球迷来说，“村超”让他们看到了足球人才培养的另一种模式，被寄予了希望。人们希望，通过足球体制和足球人才培养模式的颠覆性改革，提高中国足球的国际竞争力，打破体质论的偏见。

1. 孙革：《建国以来我国足球运动改革发展的回顾与反思》，《运动》2009 年第 4 期。
2. 孙科、乔凤杰：《中国足球文化发展审视》，《沈阳体育学院学报》2016 年第 1 期。
3. 周岩：《“村超”的夏天！那里的足球很纯粹》，《足球周刊》2023 年第 871 期。

闲暇、快乐与梦想

闲暇是人类除社会劳动时间外的、可用于个人休息和娱乐的并由个人自由支配的时间。马克思认为，自由时间就是“可以自由支配的时间”[1]，“这种时间不被直接生产劳动所吸收，而是用于娱乐和休息，从而为自由活动和发展开辟广阔天地”[2]。当下，都市生活节奏快、压力大，人们渴望晚上、周末、假期这些难得的属于自己的闲暇时间，更加多样化、个性化的梦想“安家落户在下班后的时间中”[3]。即便闲暇期间的工作日、营业日被放弃，但却“以一种‘轻松的’方式延伸”，“社交性在很大程度上重复人与事物之间的关系”，社交成为很多人闲暇之际不得不应付的事情。就此，布洛赫认为，人们在为生活及其被认可的形式而进行斗争中，“快乐充当尚未取得的东西的一种替代品”[4]。

如何在闲暇时光获得快乐？体育运动成为重要的情绪出口。在业余时间，体育运动可以在一定程度上调节来自现实的压力，“好像以这种方式，至少这个身体就被赋予了权利；好像以这种方式，至少在这个领域里人仍然是有价值的东西”[5]。也正因如此，足球、篮球、夜跑、骑行、马拉松、广场舞越来越流行。对个体而言，不管次日醒来工作压力是否继续，但起码运动时可以暂时抛却烦恼，获得短暂的释放和快乐。

相比体育运动，节庆活动在人们闲暇时扮演着更重要的角色。在布洛

1.《马克思恩格斯全集》第 26 卷，北京，人民出版社 1974 年版，第 280 页。

2.《马克思恩格斯全集》第 26 卷，北京，人民出版社 1974 年版，第 135 页。

3. [德] 恩斯特・布洛赫：《希望的原理（第二卷）》，梦海译，上海，上海译文出版社 2020 年版，第 682 页。

4. [德] 恩斯特・布洛赫：《希望的原理（第二卷）》，梦海译，上海，上海译文出版社 2020 年版，第 683 页。

5. [德] 恩斯特・布洛赫：《希望的原理（第二卷）》，梦海译，上海，上海译文出版社 2020 年版，第 684 页。

赫看来，喧嚣的民众节日是“最不费力的业余爱好”[1]，因为在节日中，“最私人的乐趣空间变成最公共的乐趣空间”。尽管如此，节庆依然是民众闲暇时最为重要的群体性活动，也是民众获得快乐的重要来源。在民众节日的“飞地”里，“生活感觉的间隔还不是金钱，欢乐自在也不是被粉饰的坟墓”[2]，“民众节日重新转变成真正的‘下班后’的自由日子”[3]。不仅如此，在民众节日中，人们工作后的“一些希望已成为基本的生活现实，并且正在变成越来越重要的现实”[4]。

闲暇对人的重要性在于能够获得自我掌控的时间和空间。正如布洛赫所言：“文化不是在下班后的休息的幻想中，而是在属于其工作的闲暇中形成真正的自由时间的实体。”[5]在节假日，人们可以暂时远离业务，这种没有工作的空间是人们所渴望并视为简单而自在的生活的保护空间。正因如此，旅游、野钓、骑行、露营等逐渐盛行，而一些人则选择宅家里或疯狂购物、大吃大喝，都市里的棋牌室、养生馆、酒吧、咖啡馆等也成为人们闲暇的生活空间。这些闲暇空间里，或荒无人烟、人迹罕至，或热闹非凡、充斥着非理性消费。尽管如此，这些行为“对人类并不持一种敌对态度”，而且“这个时间乌托邦化为自然的田园景色”[6]。受此影响，乡村成为很多人闲暇的选择。“在隐蔽的地方生活吧”，这一建议“可疑地诱使人们

1. [德] 恩斯特·布洛赫：《希望的原理（第二卷）》，梦海译，上海，上海译文出版社 2020 年版，第 687 页。

2. [德] 恩斯特·布洛赫：《希望的原理（第二卷）》，梦海译，上海，上海译文出版社 2020 年版，第 688 页。

3. [德] 恩斯特·布洛赫：《希望的原理（第二卷）》，梦海译，上海，上海译文出版社 2020 年版，第 689 页。

4. [德] 恩斯特·布洛赫：《希望的原理（第二卷）》，梦海译，上海，上海译文出版社 2020 年版，第 690 页。

5. [德] 恩斯特·布洛赫：《希望的原理（第二卷）》，梦海译，上海，上海译文出版社 2020 年版，第 695 页。

6. [德] 恩斯特·布洛赫：《希望的原理（第二卷）》，梦海译，上海，上海译文出版社 2020 年版，第 696 页。

大利侗寨秋色（魏萍 / 摄）

远离尘嚣、与世隔绝”，“也毫无疑虑地提请人们过一种安静独处的生活”[1]。乡村空间无疑是首选。在乡村，逃离喧嚣城市的人可以在回归自然的外在环境和内在心境中找到独有的安全感，产生一种闲暇的“母性空间”和“田园真理”[2]。布洛赫认为，美好的田园的视野，壮美的森林、山岳、海洋，都活生生地保持着一种伟大的、美妙的非机械反应要素，有朝一日，这种要素能够而且将会进入具体的闲暇中。[3]

人类利用业余闲暇对抗生活压力，离不开内心梦想的支撑，“民众从

1. [德] 恩斯特 • 布洛赫：《希望的原理（第二卷）》，梦海译，上海，上海译文出版社 2020 年版，第 697 页。

2. [德] 恩斯特 • 布洛赫：《希望的原理（第二卷）》，梦海译，上海，上海译文出版社 2020 年版，第 698、第 703 页。

3. [德] 恩斯特 • 布洛赫：《希望的原理（第二卷）》，梦海译，上海，上海译文出版社 2020 年版，第 703 页。

他们的理想和幻觉中积聚能量”[1]。现代社会是一个不断加速的社会，每一个个体都被迫卷入竞争、效率和速度的加速世界之中，从而产生了普遍的现代性焦虑。对此，人们也在采取各种方法对抗社会加速带来的焦虑。深受游客喜欢的成都太古里，作为时尚潮流的引领者，凭借的是独特的购物及生活方式体验，让都市里的年轻消费者从购物、美食中满足物质需求。而在国内外广受欢迎的李子柒，用短视频“艺术化地重构和再造‘田园生活’，从视觉、心理和审美等不同层次‘按摩’焦虑中的观众，激活和唤醒了他们对业已消逝的乡村田园世界之情感，并努力在新社会语境中建构人们对过去世界的‘新情感结构’”[2]。乡村为人们提供了一个与都市文化大不相同的审美空间，与城市相比形成了一个“异质世界”。在都市文化占据主流的整体氛围中，乡村赛事的广泛出现，为都市观众“提供了一个进入并参与异质世界的想象性再现的空间，成为以城市为中心的价值观相对化的精神诉求”[3]。从消费主义的压力宣泄到回归乡村的心灵寄托，人们缓解焦虑的方式在发生变化。

乡村体育既是体育、锻炼、健身的身体需求，也是村民休闲娱乐的精神需求。当人们对“村超”津津乐道时，他们内心既有足球、比赛这种运动维度的情感，也有自然风光和民俗风情的休闲维度延伸。人们与其说是看精彩球赛，不如说是享受球赛氛围。在球场上，不同民族的文化展示，普通村民的自发参与，尽情释放的中场狂欢，其深处体现的是现代社会承受城市文化、职场文化压力的人们，找到了一种去阶层、去金钱的释压场所。因此，“村超”不仅是对足球的热爱，更是一种精神需求和希望寄托。这种希望与“村超”相遇，使“村超”本身也成为一种激情四射、全民狂

1. ［法］赛奇·莫斯科维奇：《群氓的狂欢》，许列民、薛丹云、李继红译，北京，中国法制出版社 2019 年版，第 31 页。

2. 曾一果、时静：《从“情感按摩”到“情感结构”：现代性焦虑下的田园想象——以“李子柒短视频”为例》，《福建师范大学学报（哲学社会科学版）》2020 年第 2 期。

3. 陈接峰、冀铮：《乡愁共振与寓居想象：乡村综艺的双重侨寓》，《现代传播（中国传媒大学学报）》2020 年第 12 期。

欢的希望媒介。从这个角度来说，“村超”也承载着梦想，传播着希望。因为“村超”，越来越多的榕江群众有了走出大山的机会，球队、拉拉队到中国香港大球场和香港明星队交流足球，去巴黎参加奥运会开幕式，去德国参加欧洲杯，还去了河南洛阳、内蒙古、北京等地。这些机遇是大山里的孩子从未想过的，对这些逐梦少年来说，他们的一生因此而改变。

我们看到，社会上各行各业都在“内卷”，互联网贩卖焦虑的声音此起彼伏，人们工作、生活、精神压力巨大，更需要希望。正如徐勃所言，“村超”的价值和使命在于真正地传播真善美文化。“村超”告诉我们，快乐很简单，不要去贩卖焦虑，快乐就是真善美，就是每一个平凡人物真实的、走心的、感人的故事。不仅如此，徐勃也表示，“村超”的未来绝不仅仅是踢球，更要踢出健康，踢出友谊，踢出文化，踢出希望。这是榕江对乡村足球未来发展的希望，或是一条新的发展路径。“村超”新媒体传播负责人王永杰也表示，“大家需要这种情绪的释放，去感受这种人与人之间的温暖，这些东西以前感觉就在身边，但随着社会快速发展却变成很可贵的东西了，如今只有在这种浓浓的乡土味里面得以体现”[1]。不管是“村超”还是其他“村赛”，人们从中感受到了一些我们以前拥有过而现在渴望再次拥有的东西。

追求快乐的根本不是快乐本身，而是寻找梦想。徐勃表示：“村超”通过乐子探路子、发展路子强乐子、塑造牌子富日子，人民群众的老乐子就是我们发展的新路了，“村超”是在乡村体育的乐子中找到了乡村振兴的路子，是在探索人文经济学视角下的“乐经济”与“暖发展”。[2]“村超”让快乐足球和快乐文化融合，发展快乐经济，让人民群众更有参与感、获得感、幸福感、安全感。快乐是人们眼前需求，更长远的是为了幸福。“村超”的快乐及其带来的外溢效应，给予了人们一种希望的想象。

1. 以上内容来自 2024 年 10 月 31 日的座谈。

2. 徐勃：《踢好快乐足球　传播快乐文化　发展快乐经济》，《传媒》2024 年第 11 期。

话说回来，在追求快乐和梦想的途中，真正运用好闲暇并不容易。正如布洛赫所言：“不容易满足的意识形态不仅是闲暇这一可能的鱼塘的梭子鱼，而且它也阻止了后者成为鱼塘。”[1] 过于追求快乐和松弛感，潜含着安逸、躺平抑或欲望膨胀。如何度过闲暇而真正获得自我？布洛赫认为：“人们越是不受生计所迫，可以无后顾之忧，最终，从工作中获得的自由已成为这样的一种秩序井然的闲暇方式，人们就越是纯粹地、精确地占据和证实美妙的闲暇时光。”[2] 这对每一个人、每一个社会都是一种梦想或希望。

狂欢、活力与希望

狂欢是人的特性，“将人与动物区分开来”[3]。狂欢活动大多来自民间，无论是传统的庙会还是当下的晚会、跨年、音乐节、舞会、庆典，无不体现出一种狂欢精神。这种狂欢精神是“群众性文化活动中表现出的突破一般社会规范的非理性精神”[4]，许多国家都有的传统狂欢节就是生动体现。不论是“村超”还是“村赛”系列，都能体现出民间狂欢精神，一旦身处其中，人们就会不由自主随之欢呼雀跃。

人们为何喜欢狂欢？狂欢究竟有何魅力？社会心理学家亚伯拉罕·马斯洛认为，人们在狂欢中，会在身体的界面上感受众生平等、众生自由，从而出现众生癫狂，人们的整个身心仿佛处于巅峰体验之中。他说：“我不知道你是否愿意把这称为音乐、舞蹈、韵律、体育，或别的什么东西。对躯体的爱，对躯体的感知，对躯体的崇拜——这些显然是通向高峰体验

1. [德] 恩斯特·布洛赫：《希望的原理（第二卷）》，梦海译，上海，上海译文出版社2020年版，第706页。

2. [德] 恩斯特·布洛赫：《希望的原理（第二卷）》，梦海译，上海，上海译文出版社2020年版，第709页。

3. [德] 恩斯特·布洛赫：《希望的原理（第二卷）》，梦海译，上海，上海译文出版社2020年版，第386页。

4. 赵世瑜：《狂欢与日常——明清以来的庙会与民间社会》，北京，北京大学出版社2017年版，第98页。

的良好途径。”[1] 哲学家尼采从西方酒神文化传统出发对狂欢作出解释，描述了狂欢中特有的神秘、痴迷和沉醉。在他看来，人在狂欢之中，“从人的最内在的基础即天性中生起的充满幸福的狂喜，我们就瞥见了酒神的本质，把它比拟为醉乃是最贴切的。或者由于所有原始人群和民族的颂诗里都说到的那种麻醉饮料的威力，或者在春日熠熠照临万物欣欣向荣的季节，酒神的激情就苏醒了，随着这激情的高涨，主观逐渐化入浑然忘我之境”[2]。这种“忘我之境”是人们痴迷狂欢的一种内在动机。苏联文艺学家米哈伊尔·巴赫金认为，“节庆都是同自然、社会和人生的危机、转折关头相联系的。死亡和再生、交替和更新的关头始终是节日世界感受的主导因素。正是这些关头——通过各种节日的具体形式——造成了节日特有的节庆性”。在巴赫金这里，节庆性是人人共有、自由、平等和富裕的乌托邦的大众第二生活方式，“与一切官方节日相对立，狂欢节仿佛是庆祝暂时摆脱占统治地位的真理和现有的制度，庆祝暂时取消一切等级制度、特权、规范和禁令”，“它是面向永远无限的未来的”[3]。这些对狂欢的解释揭示了人们追求狂欢的心理：狂欢让人们体验自我感知，感受忘我之境，面向无限未来。

从根源上看，“现代狂欢活动和人们的狂欢意识是由多种民间节庆的传统共同促成的”，正因如此，“狂欢无论是作为人的心理状态还是作为文化行为，都有着复杂的社会文化功能”[4]。在身体的运动和狂欢中，人的生命力得到了宣泄和解放。从这个意义来讲，体育赛事的狂欢是人的一种短暂的自我解放。为什么人们会追捧乡村体育赛事？这些文化体育活动的集

1. [美] 亚伯拉罕·马斯洛：《人性能达到的境界》，曹晓慧、张向军译，北京，世界图书出版公司北京公司 2014 年版，第 163 页。

2. [德] 尼采：《悲剧的诞生》，周国平译，上海，生活·读书·新知三联书店 1986 年版，第 5 页。

3. [俄] 巴赫金：《巴赫金文论选》，佟景韩译，北京，中国社会科学出版社 1996 年版，第 103—105 页。

4. 王振成、李亚英、刘少华：《当代体育哲学文化反思之四　体育、身体与“狂欢”》，《体育文化导刊》2005 年第 1 期。

“村超”球场上，烟火绚丽多彩

体狂欢隐喻了什么样的深层社会心理？是希望。何谓希望？在希望的探索中，布洛赫高扬主体内在的希望精神，追问反思其存在的根源，并以“尚未”的本体论与“一个更美好的生活梦”为核心建构了希望哲学体系。在希望哲学的视域下，人们“对新时代美好生活愿景加以新的审视，发掘其蕴含的人的内在本质，能够激发原初的乌托邦冲动，从而使人类在物质财富增加的同时收获相同比例的精神宝藏”[1]。

无论是个体、集体还是国家，永远都需要希望。在布洛赫的希望哲学中，个体的希望感借助白日梦与夜梦的融合得以呈现。对于个体来说，“一旦渴求某物，我们积极呼喊着”[2]。不仅如此，“有时我们渴望自身的身体不被人看见。于是，我们寻找可以保护和隐蔽的某个角落”[3]。因此，我们实际上一直处于希望或寻找希望之中，希望给了人源源不断的动力乃至自我修复。“即使更美好的东西长期受到阻碍，对更美好的东西的愿望也会继续存在下去。一旦出现朝思暮想的东西，我们当然喜出望外、欢欣鼓舞。”[4]

对美好的向往和追求造就了希望文化。所谓希望文化，指的是国家、社会或公众对未来充满希望或对希望的向往的一种文化心态。希望文化是一种蕴含或表达人们希望的现象性文化，是一种社会心理在社会现实中的呈现，会对社会发展产生潜在影响。正是有了希望文化，公众才愿意主动参与到社会活动中，从中感受快乐氛围，寻找内心的希望寄托。对公众来说，生活幸福感是希望的源泉，这种幸福感“是一种积极情感多于消极情感，占据情感体验的优势地位，从而使个体能从整体上对生活感到满意的

1. 刘聪、邹静：《希望精神与美好生活——布洛赫希望哲学的当代审视》，《辽宁省社会主义学院学报》2022 年第 4 期。

2. [德] 恩斯特 • 布洛赫：《希望的原理（第一卷）》，梦海译，上海，上海译文出版社 2012 年版，第 1 页。

3. [德] 恩斯特 • 布洛赫：《希望的原理（第一卷）》，梦海译，上海，上海译文出版社 2012 年版，第 2—3 页。

4. [德] 恩斯特 • 布洛赫：《希望的原理（第一卷）》，梦海译，上海，上海译文出版社 2012 年版，第 28 页。

心理状态”[1]。在巨大的工作、生活压力下，“满足无疑低于幸福，而工作则意味着在无尽劳作这有限意义上的满足”，受此影响，“幸福被代之以焦虑与本真性”[2]。对于未来，我们充满不确定性，也无法形成知识，而只是满怀希望，“希望以预言的形式运作并且往往成为失败的预言，这是因为希望是偶然的”[3]。可见，在人们追求幸福的过程中，狂欢是一种表象，体现的是活力，感受的是快乐，最终实现对幸福的追求。而在这一过程中，希望是支撑这种追求的精神动力。一旦失去希望，人们就难以狂欢，失去活力，也就没有了快乐和幸福。

“村超”之火，不是因为“村超”的专业性，也不是因为“村超”有大牌明星作代言，其关键在于乡村文化、全民参与和狂欢氛围，为人们提供了希望的寄托场所。人们追捧某种现象，往往不是对现象本身的痴迷，而是对现象背后的精神的追求。激情四射的“村超”现场，提供了一种“想象力的气氛”[4]，拥有“粗犷而辛辣的气氛”[5]的“村超”俨然已是刺激希望的媒介。“村超”的内涵早已不再是“农村足球赛”本身，其热闹、狂欢的氛围能让个体得以尽情释放，体现乡村民众、乡村文化和经济社会的活力，最终获得快乐，提升主观幸福感，从而燃起对未来的希望。从这个意义来看，“村超”是一种文化，一种精神，一种追求，这种文化和精神就是希望文化。

呈现希望图景的同时，“村超”也作为一种希望媒介存在。借助赛场上的激情，“村超”成为人们感受快乐、激发活力、表达希望的平台。英超联赛的国际高级顾问格雷厄姆·鲁滨逊结束榕江县足球考察后，被

1. 邹琼：《主观幸福感与文化的关系》，《中国心理卫生杂志》2005 年第 2 期。

2. S.罗森、成官泯：《德性与幸福：康德对亚里士多德》，《世界哲学》2005 年第 2 期。

3. 孙斌、张艳芬：《希望比知识更重要——对罗蒂希望理论的一个考察》，《云南大学学报（社会科学版）》2020 年第 4 期。

4. [德] 恩斯特·布洛赫：《希望的原理（第一卷）》，梦海译，上海，上海译文出版社 2012 年版，第 112 页。

5. [德] 恩斯特·布洛赫：《希望的原理（第一卷）》，梦海译，上海，上海译文出版社 2012 年版，第 111 页。

榕江足球的群众氛围、当地群众表达出对足球的极大热爱感动，深有感触地说："球员们踢球时展现出的激情，给我留下了深刻印象。"球场上，无论是侗族大歌内含的文化表达，还是"村超"现场的激情，已经成为"村超"的一部分。这些是希望文化的载体，是希望传播的媒介，摆脱了物化的媒介形态，也意味着情感、精神也能作为媒介存在。如果把"村超"视为媒介事件，推动"村超"出圈背后的媒介无疑起到了至关重要的作用；但是如果把"村超"本身视为一种希望媒介，那么正如"媒介即讯息"所论，"村超"出圈的不是足球比赛本身，而是寄托于"村超"的各类精神象征和希望。这既是一场全民参与的民间体育盛会，更激起了人们对乡村文化、城市压力及中国足球的思考和对未来的希望。

"村超"是一种希望媒介，不仅营造了希望文化，也在传播着希望，这种希望传播现象又反过来充实了希望文化。在"村超"中，体育搭台，足球为媒，乡村文化、民族文化和烟火气息在此汇聚，勾勒出了人们对美好生活的向往，也象征着政通人和、生活热情、民族一家亲。正如榕江县人大发布的一篇文章所指出的："'村超'火爆的背后是人民对美好生活的强烈共鸣，是人民当家作主的幸福表达，生动展示出幸福中国、健康中国和美丽中国的模样。"[1]

"村超"如此，"村赛"亦如此。它们之所以广泛开展且广受关注，核心在于让人们从中看到了乡村的希望，继而感受到自己的希望。面对巨变的乡村和充斥着压力的城市，何处安放心灵又该何处寄托希望？德国著名哲学家恩斯特·布洛赫看到了转型中人的希望与欲求矛盾，在他看来："历史之流及其变化的形态中，欲望需求不断增加，欲望种类也在花样翻新。"[2] 我们有了欲望，才会有更多希望，而希望终归是希望，一旦希望实

1.《"村超"——人民当家作主的幸福表达》，https://mp.weixin.qq.com/s/Vz3-guXT8d1096uE3V5RaA，2024 年 5 月 8 日。

2.［德］恩斯特·布洛赫：《希望的原理（第一卷）》，梦海译，上海，上海译文出版社 2012 年版，第 35 页。

现，欲望可能变得更加强烈。正如布洛赫所言："我们战战兢兢，唯恐一败涂地；我们充满希望，渴望辉煌的成功。因为可能的东西既可成为虚无，也可成为存在。"[1] 为此，我们必须"带着满腔的愤怒和热情"，"站在向前的"已知的想象力的一边，站在心理上接近更美好的生活的客观可能性一边。[2] 这或许就是希望文化对人的意义，是希望所带来的文化想象力。

希望的力量是无穷的。在乡村振兴的时代背景下，农民追求的不再是温饱，而是更高层次的精神生活。"村赛"这种简单且纯粹的快乐更容易带来成就感和满足感，体现的是人们对美好生活的向往和对美好精神世界的追求。乡村振兴的目标是中国千千万万个村庄的崛起，重新展现中国乡村的农民精神、文化魅力和经济社会价值。腰包鼓起来是一方面，精神丰富起来是另一方面，而乡村的活力和希望是基础。如何让乡村活起来，让人气聚起来？如何释放快节奏生活压力，让人们幸福起来？不快乐的人各有各的不快乐，不幸福的人各有各的不幸福，但不论是谁，都希望自己能够快乐、幸福，希望未来看得见希望。有了希望，生活才有激情，人生才有动力，社会才会健康。"村"字头赛事的巨大流量折射出压力之下的人们渴望彻底放松的快乐，也蕴含着人们渴望幸福、寻找希望的期待。

1. [德] 恩斯特·布洛赫：《希望的原理（第一卷）》，梦海译，上海，上海译文出版社 2012 年版，第 298 页。

2. [德] 恩斯特·布洛赫：《希望的原理（第一卷）》，梦海译，上海，上海译文出版社 2012 年版，第 119 页。

后 记

这本书缘起于一次调研活动。为落实推进《贵州省人民政府与中国社会科学院战略合作协议》，中国社会科学院新闻与传播研究所与贵州省社会科学院开展合作，承担“新时代贵州形象建设研究”的课题。我加入了这个课题，并在所党委书记方勇的带领下于 2023 年 7 月赴贵州调研。在贵州省委宣传部，我们召开了一次座谈会，贵州省委宣传部及来自贵州省的各大省级主流媒体为我们介绍了贵州及乡村赛事火爆的现象，让我对贵州的“村超”“村 BA”有了较为系统的了解。我们又到黔东南苗族侗族自治州台江县开展对“村 BA”的调研。调研过程中，大家经常会提及“村超”。

2024 年 9 月，方勇书记带队，我们再次到贵州调研。这次我们先到了贵州省社会科学院，通过座谈会，对“村超”“村 BA”有了更加深入的了解。座谈会后，我们就赶到了榕江县，对“村超”作深入细致的调研。在榕江县大利侗寨，我发现这里的花桥、鼓楼等传统民族建筑，不仅承载着民族历史文化，也成为当代社会中村民议事的场所，这种跨越历史的文化延续与创新，让我看到了这里传统文化的当代价值。回来路上，我与方勇书记探讨，想从文化角度对“村超”作系统深入的研究。方勇书记听后非常支持，并给我指出思路，其间一直对我的研究非常支持。在此，对方勇书记表示感谢。

这次调研后，我又组织了一次调研。在刘利副所长带队下，我们一行人在榕江县作了 5 天的调研。我们深入苗寨、侗寨、水寨，对“村超”组织者、参与者、球员、拉拉队、新媒体达人等一众人进行了深度访谈。特别值得一提的是，这次调研期间，我与同事沙垚、榕江县委书记徐勃三人在夜晚的“村超”球场跑道上散步、畅聊，对“村超”台前幕后有了更多了解，也从中看到徐勃书记对“村超”的常规规划以及他心中的“村超”梦。在此，对徐勃书记表示感谢。

两次调研期间，我们开了多次座谈会，榕江县委宣传部、文旅局、融媒体中心、新媒体专班、“村超办”、品牌公司、足协、乡镇、村寨等都参与到我们的讨论之中，对“村超”的发展过程和细节做了介绍。我们也采访了“村超”相关的政府部门负责人、村寨党支部书记、“村超”传播策划负责人、企业负责人、球队队员、返乡创业者、非遗传承人、网红主播、游客、村民等众多人员，掌握了大量一手资料。

此后，我又一个人多次到榕江县各村寨，开展田野调查。其间，我到“村超”球场感受贵州省体育局主办的“多彩贵州”（县域）男子足球联赛黔东南区的半决赛、决赛，到“三宝千户侗寨”感受“村超”起源地的文化氛围和足球氛围，到乐里镇“七十二寨斗牛城”感受斗牛文化和“天亮文化”，到大利侗寨散步于清乾隆五十八年建的石板古道，到“侗族大歌之乡”宰荡侗寨聆听来自非遗传承人的天籁之音，到摆贝苗寨探寻古老栽岩如何成为现代规约，到兴华乡田懂水寨感受流动村集的热闹景象，到寨蒿镇乌公侗寨体验侗年和侗族歌舞，并对榕江本地的记者、球员、志愿者、出租车司机、小商贩、饭店老板、酒店服务员、留守老人进行了广泛的访谈，从中获取了很多普通民众对“村超”的看法和期待。

在这一过程中，我一次次感受到了榕江县历史悠久且颇具民族特色的文化传统，感受到榕江县委、县政府及各个部门、乡镇、村寨对“村超”的重视，以及他们投身“村超”事业的积极性和成就感，也一次次感受到“村超”给榕江县城、乡镇、村寨带来的影响。在此，我要对所有参加过座谈会、接受过访谈和采访的人表示感谢。特别要感谢榕江县委宣传部副部长、榕江县新媒体专班主任申敏女士，她协助我完成了数次调研行程。

我也要对中国社会科学院新闻与传播研究所胡正荣所长、刘利副所长、殷乐副所长、沙垚研究员表示感谢，他们对我的研究给予了很多支持和指点。对研究生王晗、张少帅、张译文、曹志婷、时瑞泽表示感谢，他们参与了部分资料的整理和撰写。

我还要对学习出版社总编辑黄强、编辑室主任彭绍骏、编辑李琳表示感谢。在出版过程中，他们给予了很多指点。

时间仓促，拙著难免留下遗憾。期待与更多对此议题感兴趣的同人一起讨论。

叶 俊

2024 年 12 月 1 日写于榕江县

贵州村超酒店